黃石城看台灣

無私見證台灣五十年手記

黃石城 著

黃石城看台灣【卷一】

目錄

黃石城看台灣【卷二】

目錄

黃石城看台灣【卷三】

目錄

1998年

3/15 ・古人提倡以道德爲基礎的多元化發展，因人類的品質提高，人的生活內涵與其他動物不同，有萬物之靈之稱呼。現代政治人物缺道德認知和素養，一味倡導無道德的多元化價值，模糊是非善惡，以達其無知、無賴、無恥、無能地壟斷人類社會生存，而滿足其榮華富貴之私慾。

・道德並不會阻礙社會多元化發展，甚至可促使更多更多的多元化發展，誠如有道德就無法賺錢嗎？無道德所賺的錢有何意義和價值呢？有道德就無法多元化嗎？無道德的多元化有何意義和價值呢？如財團或喜歡金錢的人，有的以官商勾結利益輸送而得財富，有的貪汙而得的賄款，有的賺汙染環保的錢，有的搶劫、殺人而得的錢（如白案三犯），上述賺錢方式可說是多元化，但均非基於道德的多元化，有何價值呢？甚至是多元化的罪惡而已。

3/16 ・與楊鴻游談陳水扁：以智慧處理、解決問題，不要以情緒處理、解決問題，以智慧才能客觀、超然、公正、不偏頗、不刻薄，令人口服心服，完滿眞正徹底解決問題。

3/19 ・無道德的多元化發展，才造成人性消失的社會，公安、飛安、治安、破壞地球……沒完沒了。

3/21 ・賄選比專制政治更惡劣，還有資格遑論民主嗎？

・黨產千億，黨金合一、內線交易，應向世界宣告非民主國家。

3/22 ・不僅是官大學問大，還有錢大學問大，官大財大，學問就大，那是專制。

・賄選如政府無法抓，人民可代政府沒收賄款。

・嚴重的治安、公安、飛安均是黑金治國的結果，人民如不覺醒，仍支持黑金，則成幫兇。

3/23 ・民主化是否定倫理道德，多元化是製造紛亂，然後混水摸魚（不是利頭就是權力）。

3/24 ・《德國政黨法》第十八條規定，政黨所補貼的競選經費，以該次聯邦眾議院選舉，每一選舉人金額爲五馬克統合計算金額。

德國憲法法院在一九九六年作出政黨財務判決當中，明白表示對政黨任何「一般性補助」均屬違憲。

日本政黨補助法規定，政黨補助金額用於真正選務上，而不是用在買房子、車子或其他享樂上。

3/25 ・飛安問題、聯勤大弊案，無恥的政務官賴下去，這是國民黨政權正作困獸之鬥。

3/26 ・交通部長蔡兆陽不下台原因在於「利」字當頭，財團動員有關立委，立委本身為分七千億交通建設預算，受制於蔡的權力之下，不得不護航蔡，蔡在財團和立委的護航下才不下台。

・朱鎔基與閣員約法三章，對目前社會不正之風和民怨沸騰，提出五項要求（錄自《中國時報》第九版）──

一、牢記自己是人民的公僕，全心全意為人民服務。

二、恪盡職守，敢於說真話。

三、從嚴治政，敢得罪人。

四、清正廉潔，懲治腐敗。

五、勤奮學習，刻苦工作。

與大家約法三章──

一、國內考察工作輕車簡從，減少隨行人員，簡化接待禮儀，不陪餐、不迎送。

二、精簡會議、壓縮會議時間，減少會議人員，不在高級賓館和風景名勝開會。

三、除黨中央、國務院統一組織安排的活動外，各地方、各單位召開的會議，不參加接見、照相、頒、剪綵及首發、首映式等事務性活動，不為各部門工作會議發賀信、賀電，不題詞、題字，把精力集中到研究處理重大問題上。

3/28 ・封建排場如隨員一大堆、接見秀、照相秀、剪綵秀、頒獎秀、賀電秀、題詞、題字秀……上述是國民黨政府大官的職業，是最封建的表現。

3/29 ・朱鎔基為官之道「我們是人民的公僕，公私一定要分明，一定

要做到一塵不染，兩袖清風。」古人說得好，「吏不畏我，嚴而畏我廉，民不服我能，而服我公，公則明，廉則威」。

4/1　．不算現帳而算老帳是不智的，反對派或有理智的人應算現政府的帳，不要算死人的帳。

4/3　．以道德為基礎，處理功利問題，將可更佳地解決問題。

4/4　．數十年來國民黨惡的連續劇繼續演下去，使社會沒完沒了。

4/5　．不可以自己的優勢強姦道德、壓扁公義，所謂優勢係指權力和財富。

4/6　．最早中西方均為專制政治獨裁政治，中期西方發展出民主政治。台灣假民主政治之名，發明金權政治和黑金政治，黑金政治比專制更惡劣，完全違背道德和公義原則，還腐化人心社會，禍害子子孫孫。

　　　．是黑金政治不是民主政治，是金權政治不是民主政治。

　　　．前幾天蕭萬長重彈濫調說，中國必須統一於民主、自由與均富之上。其實台灣的民主是金權政治、黑金政治，自由是無道德、無法治的自由，是死囡躺式的政治，是天下大亂，無政府狀態的不負責任的自由。均富更是騙人，台灣貧富差距最大，官商勾結、利益輸送，大官小官均看財團頭臉生存。因此如果統一在台灣式的民主自由均富，那就完了。

4/7　．過去是單純的君權專制，現在代替以黑金專制或金權專制。靠金錢買來的政權就是金權政治，而不是民主政治，更不是民權政治。

4/10．政治人物如果無良好的風範、風骨、風格是不值得尊敬和懷念的。一個國家社會良窳端看元首、大官、民意代表的好榜樣。如果元首、部會首長、民代均功利、現實、缺道德、言行不一致，極盡奢侈榮華、騙來騙去、拍來拍去的反示範，造成今日人不人，獸不獸的政治社會。今日台灣政治敗壞、社會風氣惡劣，治安、公安、飛安惡化，倫理道德淪喪，政治人物應負全責。

・爲何我不參加台灣這些無公義如幫派的政黨？很少人有追求公義和理想責任而參與政黨，入黨的人大部分是攀龍附鳳的「騙仙」、「拍仙」、「假仙」，與這些人爲伍，是見笑的。

・南亞廠爆炸，余政憲「震怒」。封建帝制的官員心態，眞正民主政治出了事官員無「震怒」的權利，只有「下台」或「責任」的選擇。

・公權力被民意代表及財團瓜分，造成公權力的破功。破功的政府，自身難保了，還能給人民做些什麼。

・民代破功政府的招數是：一、藉監督權，包工程、貸款、都市計劃來賺大錢；二、提高自己的待遇；三、不知的管知的，惡的管善的；四、瓜分預算，人情工程自肥，造成惡性循環，反淘汰的結果。

・財團破功政府的方法：一、利益輸送；二、飼養民意代表迫使政府做利於財團的政策和法案；三、以金錢控制官員予取予求；四、高層與財團關係密切，控制部會首長任免權。

・昨天電視晚報報紙頭條均報導廖正豪要辭法務部長，其父放鞭炮慶祝，廖正豪如孝男般的哭泣流淚，立委林宏宗、彭紹瑾也無是非地跟著起舞、流淚、擁抱，此種無知的政治，台灣人永難出頭天。此幕劇分析如下——

一、民主國家任何人都可當大官，尤其政務官如與上級理念不合，當然要辭職爲快，有什麼可哭呢？如果部長都會受委屈而哭，那無數的人民更受盡委屈，如何哭起。

二、廖正豪能當部長，是李、連的提拔，並非他有超人之格。

三、哭著聲聲說不做官，不做官就不做官，何必哭呢？是否認爲辭官太可惜，不情願才值得哭，否則何必哭呢？輿論、民代，也隨著起舞。

・行政院要在南部設政務中心，足見國民黨只有設機關、增員，欲做做人情而已。在台灣這麼小的國家要設分部，浪費公帑，只有執政者可多賣官、酬庸做人情而已，完全無作用可言。倘

照台灣的做法，中國大陸國務院可能要設立數百政務中心，然大陸有設嗎？足見國民黨的主政者只會做形式工作，無法做實事。

4/17 ・廖正豪留任是接受總統、副總統的慰留才留任，蕭院長留任無效，廖更不見張有惠。

由於修憲成雙首長制，才發生廖有總統為靠山，而不理會蕭院長，然蕭竟說總統、副總統出面慰留是他拜託的，由此可見廖根本不理會蕭更看不起蕭。如果廖眼中有蕭，在蕭慰留後應即接受，何必蕭勞師動眾，再由總統慰留呢？足見在此體制下，廖部長眼中只有總統無蕭院長的存在，鬧成此局，總統應負責任，他　壞了廖正豪來對抗行政院長。

4/20 ・國民黨的高層口裡常說要革新、改革，但這是騙人的，不可能的——

一、所提名的民代、縣市鄉鎮市長，大部分為爛貨、舊貨、中古貨，這些垃圾怎能改革呢？

二、國民黨提名的對象必須有錢買票，有能力買到票的人（黑道），以金錢取得權力的人，自己賺錢都不夠了，怎會替國家社會工作，這種人是被改革的對象，怎能改革呢？

三、國民黨不用有道德、有智慧、有能力的人，怎能改革呢？沒反淘汰就不錯了。

4/22 ・官有兩個口，說來說去都是他對、他好，一口是，一口非，是非通吃，是也是對，非也是對，等於無是非的人，就是官。因此要做事，不做大官。

4/23 ・治安惡化、殺人、搶劫、擄人、綁票、股市、炒作、詐財、貪汙、包工程……沒完沒了，其原因是看到高層官員居豪華住宅，珠寶閃閃，魚翅、燕窩、鮑魚，如此榮華、享受、奢侈，百姓怎不會眼紅、羨慕、追求、學習，結果造成社會治安、政治問題。高層官員薪水固定，然財產暴增，又不繳所得稅也不能兼營商業，何來鉅富？不是利益輸送，便是官商勾結而得來

的。新加坡、日本、中國大陸，兩蔣時代的高層官員，都無鉅富，退休後更無享受榮華，包括其子孫，世界上只有印尼的蘇哈托和菲律賓的馬可士與國民黨政權，專心於物質的享受和退休的安排，利用在位的權力，無所不用其極，不怕歷史的批判、立委輿論的揭發，這些高層只把它當成耳邊風，我行我素，只要我喜歡誰也管不了我，如此不良的示範才造成今日腐敗的政治，和腐化的心靈。

· 公權力不彰在於政府（官員）公信力的破產，是高層信用的崩盤。

· 國民黨黨產管理人是民主的罪人，是政府內線交易的總指揮，是國庫通黨庫的關鍵人，是高層通財團的掌櫃。

· 民代自肥也非民主政治。

· 中午民視播許信良率張俊雄、王雪峰、呂秀蓮、林豐喜、王拓，拜會王永慶、王永在近一小時，談產業政策。我想民進黨這種安排，醉翁之意不在酒，而是想建立個人與財團的關係，不是真正商討產業政策。

· 連方瑀匯款三千六百二十八萬給伍澤元。連戰及其法律顧問曾憲廷均說是借給伍澤元選縣長的，非政治獻金。此語一出，問題叢生，沒完沒了——

　　一、借款應在申報財產時申報，否則會受罰。

　　二、縣長選舉經費最高限額為一千兩百萬，為何借給三千六百二十八萬，不是違背法令嗎？

　　三、借款應整數，怎麼會是三千六百二十八萬呢？有零數。

　　四、一個元首如果一件事就違法二次，怎能當元首呢？

4/24 · 是錢主化而不是民主化，是無責任而不是自由化，是金權而不是人權。

4/26 · 白道說是政黨，黑道說是幫派，黑道漂白後也成政黨。

· 義大利不允許政黨成立，過去的政黨不是黑手黨便是貪污黨，因此人民唾棄政黨。現在義大利競選只有聯盟，不能用政黨。

4/27 ・連戰貸款給伍澤元三千多萬元，國民黨立委動員護航，這種作為是幫派利益行為，非政黨的行為。個人操守，不能表決、不能護航，是「是」與「非」的法令問題，非關公共政策、預算、法案，立委不得動員多數來為非作歹。如果民意代表是如此，完全是反民主、反道德、反法律。

・談判如不誠實不誠信，何必談判呢？無誠信的談判等於浪費時間，多費心機而已。

・黨員是靠黨吃飯，不是靠公道而生活。幫派分子也是靠幫派吃飯，不是靠公道而生活。不靠公道生活的人是吃軟飯的，無人格可言。

・一切都是錢害死人，連戰借款伍澤元三千六百二十八萬，在立法院掀起軒然大波。曾振農說有些民進黨立委曾向他借兩千五百萬，陳宏昌說民進黨國代二十多人向謝隆盛貸款，因此民進黨立委、國代均受債務所困，均應聽命於國民黨，如此為自己的利益出賣公權，是台灣民主政治的悲哀和下場。相信還有很多民進黨員向國民黨財團借錢，欠人家錢，自然要聽人的話，台灣確實是受閹割的民主政治。

4/28 ・民進黨公職人員當選後向國民黨財團、民代（如曾振農、謝隆盛）貸款，或由國民黨安排的財團，收買反對派民代，支持國民黨政權，均為民主的罪人。台灣式的民主就是這樣，比專制獨裁更難看。

4/29 ・都是錢惹出的問題，錢在主導台灣的民主——

一、高層與財團掛勾、利益輸送，財團可影響高層人事和政策。

二、財團供養民代影響對財團有利的政策，和支持有利害政黨的政策和首長。

三、民主的泉源是買票，權力基礎在於金錢而非人權，以金錢來踐踏人的尊嚴、欺騙世人，是國民黨在人類有史以來未曾有的罪惡記錄。國民黨不但無法剷除賄選，且在助長、

鼓勵賄選，使賄選正常化、合法化。賄選即民主，民主即賄選，人民也養成賄選習慣，不買票選什麼舉，選舉就是買票，花錢比賽。

四、反對黨也向錢看齊，以權力換取利益、貸款，然後受制於執政者，根本談不上制衡，相反地被金錢制衡。

- 《自立早報》第二版，朱高正引馬克思的「話」批民進黨，國會議員最怕被資產階級掐住脖子。

5/1　‧是金權政治不是民主政治，是人治（選擇性執法、違法與道德用政黨表決）不是法治。連戰三千多萬貸款給伍澤元，不以證據澄清而以政黨角力而決定，是政黨專制，不是法治國家。觸及違法案件，政黨政治人物不可介入，否則就不尊重司法，無法治觀念。

司法落入執政者之手可遮天，是台灣的悲哀。連戰案，廖正豪等在立法院的答詢，足見司法已不獨立，而成為政黨工具及升遷的枷鎖。法務部長、檢察長均要看執政者的臉色而做選擇性執法。因此人民對司法失去信心，法官、檢察官也被看不起，法治名存實亡。無法治而談民主，緣木求魚，永無民主可言。

5/2　‧聽他說話就知道他的人。說真話、誠實話、有責任的話、有內涵的話，從他的口氣和表情都可看出來。政治人物大部分不說真實話，不說有責任的話，無法說有內涵的話。說實話，水清到底就無戲搞了。

5/7　‧寧做有靈魂的小民，不願做無靈魂的大官；寧做有靈性的人，不做傀儡或劊子手的大官。

5/8　‧處理問題——先客觀後主觀，凡事切勿主觀。

- 以智慧、真實、公道地化解錯失，不可為維護錯失而強辯。各黨代表在電視上的辯論，很少人用智慧面對問題，是為個人和政黨利害而辯，由他們的發言，足見他們無格。

5/11　‧威權時代有蔣彥士為翻船負責而下台，民主化時代，華航死兩百多條生命，推來推去不願負責。民主與威權孰是孰非？

5/12 ・賄選是貪汙之源。要杜絕貪汙必先杜絕賄選，賄選不除，貪汙是自然的，會更嚴重的。

5/13 ・行政首長如說出問題，應有馬上解決問題的能力和責任，不是只說風涼話的問題而不解決問題。如廖正豪身為法務部長，既然知道黑槍可裝備幾個師，自應有消除黑槍的能力和責任，否則應下台。

5/14 ・如果道德標準可多元化，則法律也可多元化，如此，如何守法呢？所謂多元化是相對性的，法律可相對處理，那就等於選擇性執法，即人治非法治也，道德也然。

5/15 ・政治家應有理想的歷史使命感，一個有理想的政治家應具道德風範和高度智慧、遠見，否則就是政客。政客不重道德，如做生意言行不一致，無一點的遠見，以自私出發點的恩怨好惡為決策、用人標準，所用的人大多是不具有政治理想的人，而是工具。真正有理想的人難相容，有獨立思考能力的人絕不會充工具、馬屁精，這種人也難共存。自己無理想的條件批他人無理想，這是做賊先喊賊的聰明招數。

・黨產未充公的所謂民主，只不過是丟下兩塊肉骨給民進黨和新黨搶的政治而已，與過去的國民黨本質相同，甚至更不公道。

・搶肉骨式的反對黨，是民主政治的悲哀。把持黨產做為政治資源的領導者是民主的罪人、歷史的罪人，這種人連政治常識都沒有，還談什麼政治理想，甚至自封為有理想的人，見笑！可憐！

・做生意的人只顧賺錢、現實，才有利可圖，因此較無理想可言。談理想就無錢賺，故學商科的不會有理想，只有現實才是成功的商人，如只談理想將是失敗的商人。由他所學所為，可看出這個人是否有理想或現實。

5/17 ・樹根已爛了，無良心的國民黨和其他政黨還搶看摘花果樹葉樹枝呢。國民黨政府無心維護地底下人家看不到的根，讓其腐爛，還要取它的枝。

5/20 ・國民黨政權的所謂民主改革是金政權在握，偶而丟下兩、三塊肉骨頭給反對黨搶甜頭而已。反對黨少數人士搶到甜頭的就肯定國民黨的民主改革，則他們肯定民主化是瞎說的。有黨產千億及賄選永不能談民主改革。

・孫中山提倡「主權在民」的理念，現在是提倡「主權在錢」。賄選非「主權在民」而是「主權在錢」。明明是「主權在錢」，偏偏說是「主權在民」，欺人太甚。

5/23 ・這個社會無正氣的氣氛，更無道德的餘地。

5/27 ・勞動與運動均為我生活中的最愛，也是我生活中最自然的內容，比任何物質享受好，這是我的體會。

・反對黨不反對黨產及賄選，還談什麼民主呢？

・不要與無良知的人相識，更不可與無良知的人為友，無良知的人猶如洪水猛獸，隨時災難降至。

・民進黨之失敗在於公職人員當選後則為個人利害、個人榮華，無法為理想「乘勝追擊」直至理想實現而「不罷休」，因此才促使國民黨腐敗政權延續，甚至還惡化，而反對黨公職人員仍肯定國民黨，甚至甘為國民黨的臣民。這是台灣為何迄今仍無是非公義的社會。

5/29 ・他們美其名為爭民主而坐牢，其實是爭補償金流百萬。黨產不充公，焉有民主可言？自己的補償金要緊，民主不要緊，這是所謂坐牢者的彌補。

5/30 ・如果被選者均為黑金，倒不如用抽籤方法為之，至少部分賢能也有機會抽中，總比全部被黑金當選好得多。

・對政敵趕盡殺絕非民主時代的領袖，而是專制時代的領袖。

5/31 ・消除賄選唯一辦法是先選幾位，然後用抽籤方法抽籤而當選。如此誰敢賄選？如希臘雅典過去的民主是以抽籤為之。

6/2 ・行政院南部辦公室（服務中心）昨落成，又行政院決定修正行政院組織法，從八部擴為十五部，這些均為增加做大官機會。而中國大陸朱鎔基總理要將五十部減半，同時大陸人口為台灣

六十倍，土地面積是台灣三百多倍，並未設國務院分部。台灣與中國比較，足見台灣盡量擴大做大官機會，不顧浪費和效率。

6/6 ・賄選是民主之毒，比鴉片更可怕。

6/7 ・科學、人權、自由、民主其根為道德。如果沒有道德，這些無法達成。

・無根的枝葉不能生存，無道德的民主、自由、人權、科學均是假的。反淘汰有害人類。

・日本為單一民族，族長象徵的天皇制不必廢，美國是雜種國，不可能有君主制，故必須選總統。日本、英國與美國完全不同，因此不可以美國制來廢現制。

・權利與義務等於購物與付錢。只說購物不付錢是不行的、不公平的，也即與只說權利不負義務一樣，現代人只說權利不說義務責任是不行的。

・知道名詞要深入地依名詞的精神和內容去體會、去活，不要只止於會說名詞而已，要說內容不要只說名詞。

・六氫花三千億抽砂造陸建廠，王永慶只去四次，與李總統去的次數相同。王永慶說「我不必去現場，只看報表就可以」。比起我們部長以上官員每日到各地美其名為巡視下鄉，實則作秀，無時間考慮問題、研發問題。我欣賞王永慶的作法，由此可見真正做事的是王永慶，真正作秀的是高官顯要。

6/8 ・如果說物質與精神並重，那就等於物質一半，道德一半，如此等於無道德。

・賄選和黨產（擴大經營）是國民黨政權式民主化的貢獻，也是歷史的萬年遺臭。

6/9 ・演講如同辦宴席，一篇好的演講應有幾道精彩內容，打動聽眾的心坎，聽得舒服愉快、印象良深，才是成功的演講。一桌宴席也然，應有幾道好佳餚，如魚翅、燕窩、鮑魚，使人吃了口味橫溢，讚不絕口，思念不已，才是成功的宴席。

6/10 ・官員出巡主要目的美其名爲巡視，其實是作秀被拍馬屁，馬屁一拍就散功了，無精神思考問題、解決問題。難怪王永慶不喜到現場出巡，三千億六氫照樣完成。

・許信良說領導民進黨轉型成功，其實是與國民黨合流成功、分贓成功。

6/11 ・報載日本也裁減部會，由二十二部會裁減爲十二部廳，只有台灣從八部擴大爲十五部，足見台灣完全爲增加大官位著想，並非爲提高行政效率、節省財源。

6/12 ・國民黨政府只能說是「善後政府」，只能處理善後而已，沒有「無爲而治」的人才。

・黑金政治的民主化，黨產千億發揮不公平競爭的民主化，用金錢收買反對黨、控制政權的民主化、反道德的民主化，言行不一致的民主化，選擇性執法的民主化，搞權謀分化的民主化，用人非才的民主化，賄選政權的民主化，與財團利益輸送的民主化，享受榮華生活的民主化，違法表率的民主化。

6/15 ・政治人物應具哲學基礎和歷史觀，否則只是奸商而已。

・台灣反對力量雖名爲爭民主自由或爲民服務，其實只顧自己喝到甜湯就夠了。甜湯就是它們的理想，與國民黨完全同質化。

6/16 ・說的好，寫的也不錯，只是做不好，這是台灣官員的現象。

6/19 ・權力足以使人腐化，在權力周圍的人更會腐化，不腐化你就難容於權力核心。

6/21 ・政府再造，選民更應再造。

・釐訂政策的人應先去做做看！否則釐訂的政策只是空中樓閣。

6/22 ・精神營養比物質營養重要。精神營養是智慧，每日有智慧，精神營養分才夠。

・官員（大官小官）法治教育比民眾更重要。官員的守法比民眾的守法應更嚴格（新加坡官員爲例），如果一味強調民眾守法，而大官自己不守法，法治更難存在。

・廖正豪只會說社會亂象，如黑道、賄選、貪汙、毒品、槍械

等，既然主管部長無法消除，那要叫誰來做呢？叫誰來消除呢？如果僅能說亂象和批評，當記者或反對的在野人士的角色就可以，何德何能能擔任主管司法的首長。

- 廖在報告中對黑金、暴力等原因無法說出來，也許是不敢說。造成原因是執政者統治出來的，執政者為維持統治權，不惜以賄選與財團利益輸送，與黑道掛勾，才造成惡性循環，反淘汰的結果。

- 首長有的不知道，有的知道皮毛，說風涼話騙騙人民，有的不知首長自己責任，反而喧賓奪主倒因為果，擔起批評的角色，表示能批評就可充任首長，這是台灣不可救藥的主因。

- 不擇手段傾盡全力維護垃圾政權，是國民黨最後爭扎。

6/23
- 官員只能解決問題，無權批評或說風涼話，只有民眾有權批評或說風涼話，國民無權責解決問題。

- 賄選是貪汙之源，賄選不除國乃滅亡。賄選是政治風氣敗壞的主因，賄選的國家算民主國家嗎？

6/24
- 任何名、利、地位、聲勢，均可以金錢來製造（俗言「有錢使鬼能推磨」），獨獨每日生活的道德無法以金錢製造出來。無道德的名、利、地位，均以金錢買造聲勢、買收人心，來捧他、馬屁他，此種以金錢買來的名利和地位，均是不道德的。不過現在台灣的名、利、地位大都是以金錢為主體而來的。

- 國民黨政府連準時的守時教育都無法做到了，還談什麼大建設、什麼大有為政府，更不要談什麼心靈改革（到處不守時）。

6/25
- 政府不是道歉便是處理善後，這是國民黨政府高官的本領。

- 我一貫觀念是為國家和全民做事，我不是為某一人做事，亦非為某一黨做事，這才是民主。如為某一人做事，而非國家和全民，這是獨裁專制，不能說為民主。

- 報紙媒體不值一看，如果要看，是要看那些政治人物如何在騙人，和其殺人放火而已。

6/26 · 《聯合晚報》第三版刊載，柯林頓訪中國西安，首次演講點出「人民至上」。但台灣和有些國家其實是「金錢至上」，可能功利主義國家均如此。因此「人民至上」不是口號，便是政客欺騙人民的手法。政治家才能做到「人民至上」的理想，功利主義者和政客是「金錢至上」，是「認錢不認人的」。

· 傳統道德觀念是先負擔義務後才要求權利，也即付出勞務後享有工資的權利、付出代價後才得到報酬的權利。如果不做工要錢、不付錢要白吃，這是人權嗎？本來人的權利和人的義務是對等，享權利自然要負義務，不盡義務而僅要權利是惡霸。至於弱勢人士則不能以權利義務對等原則處理，雖無法盡義務，但應有受特別照顧的權利，稱為「人權」。除了弱勢人士應維護他們的人權外，其餘的人一律平等，平等表現於權利義務的對等。權利義務不均等的所謂人權，其意義何在，我實不清楚。

因此我主張：一、弱勢人士的人權；二、權利義務均等才有人權，無盡義務的人權我不接受。

任何政府或官員侵害有負義務的人權，均應受譴責或被推翻，未盡義務而企圖擾亂社會、製造不安、破壞人民生活的人，不知他的人權何在，為何值得維護其人權呢？相反的，那些默默地負義務的人權誰來保障？

6/29 · 一魚三吃，一權也三吃，一是賺錢，二是管官員、人民，三是到處被拍馬拍。

此權此職是至高無上，此種民主選舉是最惡劣的制度，人民又無水準清楚這些人的面目。我常說台灣的政治人物大部分是「吃天吃地」、「吃人民」、「吃政府」，同樣也是一魚三吃。

· 賄選不是民主，民主就沒有賄選。

· 看到高雄鳳山市垃圾問題的抗爭，動員千人鎮暴警察的電視，感慨政府連垃圾都沒法處理了，還奢談什麼大有為政府，各縣

市垃圾問題層出不窮。

- 兩岸均無民主只是台灣有賄選的民主，中國大陸則連行賄和受賄機會都沒有。

7/1　・每日活在權力和財富上的人，自然與人的本性將有差異。

7/3　・無道德就無法治。人以外的動物缺道德條件，須如動物園般的用籬笆圍起來，或以繩索鏈條牽制，否則會自相殘殺或傷害人。因此人如無道德，也須以動物方式控制，如此就毋須法治了。

- 中午台視新聞一節「高雄人與牛的性關係」報導，真是人與獸同。這是我數十年來一直強調人性消失，倫理道德淪落，人與獸同，果然如此。這是所謂開放社會的現象，何必大驚小怪？大官財閥暗地裡還不是如此，道德無，只強調開放、自由，最後是人獸不分。

7/4　・選舉就是收冬，這是台灣民主的意義。

7/10　・賄選不除國乃滅亡。

7/14　・道德如地基，地基不穩就是多堂皇大廈，不只危險且隨時會倒垮下來。無道德的大官和富人就如地基不好，危險又隨時會塌下來。

7/16　・面子文化是台灣人生存的重點：一、婚喪喜慶的鋪張面子、二、打腫臉充胖子的面子、三、做官看臉色的面子文化、四、虛偽吹牛的面子文化。

- 台灣的政治可說「無知騙無知」。因為任何人都可當官，也很好做，因為無知也能做，騙人又無知。

- 有道德才有智慧，有智慧才有包容，有包容才有寬胸，胸寬才有厚道。政治人物大部心胸狹窄，無道德、無智慧也，因心胸狹小易搞鬥爭，排除異己。

7/18　・大官大部分說「吃便領便」的話，因此馬馬虎虎，不負責任，不值得一聽。

7/19　・朱鎔基言「甜不過家鄉水，親不過故鄉人」。

- 觀點誤差，導致不同主張，其原因——
  - 一、有的著眼於長遠，有的著眼於眼前。
  - 二、有的重理想，有的重現實。
  - 三、有的重具體，有的重抽象。
  - 四、有的重證據，有的說無證據的話。
  - 五、有的說有責任的話，有的不負責。
  - 六、有的重道德，有的重功利。
  - 七、有的爲公，有的爲私。
  - 八、有的單純，有的複雜。
  - 九、有的誠實，有的虛僞。
  - 十、有的要「加」，有的故意要「減」。
- 「政治販仔」、「政治豎仔」、「政治騙子」，台灣政治人物大多屬於上述類型。
- 高官所謂「多元化」，就是「騙來騙去」的意思。

7/21
- 故宮博物院專門典藏那麼多中國歷代古物、文物，中國怎肯善罷干休，存放這些中國文物、古物，足以證明台灣屬於中國，因此台灣如要脫離中國，故宮博物院應歸還中國。

7/23
- 政黨比例代表制是酬庸或以金錢取得，與學理上或外國的比例代表制完全迥異，這是幫派的分贓。

7/26
- 國民一黨專政，外省新黨，無力的建國黨，台灣無強而有力的反對黨。
- 乞求式的補助或幫忙不如依理、依法力爭解決之。

7/27
- 撕票警察可領到獎金，那更多的撕票，警察就可增加領獎金的機會。如最近發生的，其母親「甚爲不滿，無法救出肉票，更濫發獎金作秀」。其實破案是警察人員的天職，爲何還要發獎金，甚至爭功，太不知恥。

- 不分區立委或國代成爲分贓制度，並非給賢能之士，只要有錢捐給黨，他就不勞而獲地成爲不分區民代，完全失去不分區制度的用意。

21

7/28 ・前日總統府副祕書長黃正雄電告李總統要我擔任監委，我當場婉謝。他要我考慮一夜，我說不必了，監委任期六年，六年太長了，如接受此職，又要浪費六年，任滿我已七十歲了。我要利用七十歲前的六年，在我人生旅途上，好好為下一代幹一番，不能當寓公的監委。

7/29 ・無名利的念頭才有清淨之心，無名利包袱的人才能發出無限力量。修到無名利的念頭時，才算淨化，才能淨化。淨化的人，才能與大自然結合，因為大自然的所在均未受汙染，才是最乾淨的地方，也是無名利的地方。

・名利是心靈的汙染源，很多人只能說「淨化」，但淨化什麼？淨化的內容是什麼？講不出來，名利慾小才能淨化。

・台灣的民主特色：一、花錢比賽（賄選比賽）、二、抹黑比賽、三、黨產操縱市場，壟斷經濟與民爭利。

7/30 ・有分是非善惡的自由才不入黨，有主持公道的自由才不入黨。

8/1 ・國民黨是三頭六臂，由一黨專政到各政黨歸一統。

・應推行「政黨陽光法案」。

8/2 ・大官在酒宴競爭說客套話、捧場、互相馬屁，其實等於互相麻醉。宴席一散，麻醉容易上下其手，要宰要割任憑處理，因此我不喜參加大官的宴會。

8/6 ・民主、民主，世上多少政客假汝之名以行。

・口號是民主，實際是專制，政客的本性。

・權力只有足以使人腐化，其他一無用處。因古代有「仁政」，權力可達成倫理道德的政治，權力才不會腐化，現在只有功利，權力腐化是必然的。

・破壞司法正義的兩大因素為權力與財團，不法的司法人員甘願屈就於權力與財團之下，造成無公義的社會。

8/7 ・足球問題——

一、中國看足球賽人口很多，幾乎放下工作或請假去觀賽，台灣恰恰相反，只要有錢其他都不要。

二、設立足球學校。

三、隊員英語訓練。

· 韓元貶值，韓婦女及韓僑紛紛將金飾捐獻，購入韓元減緩貶值，這是韓國人的精神。如果是台灣，台幣要貶值，大家搶購美金，這是台灣人的自私性。

8/11 · 郭來富說，英國婦女必須上人格學。

8/12 · 我心如秤，是不可救藥的公義主義者，也是永遠的道德堅持者，在功利社會，我越來越無生存空間，如即將乾涸的池塘魚。

· 淡泊名利，如吃東西要清淡才能健康，淡泊名利的人才會健康。

8/13 · 民主制度以抽籤代替選舉。從希臘的抽籤到歐洲的選舉賢能，而到台灣的黑金選舉，不如回復希臘時代的抽籤制度，至少賢能有百分之五十抽到的機率。

8/14 · 無靈性的生活與禽獸無異，無靈性就無是非之心，非人也。

8/15 · 不分區是用標的，是酬庸的，並非爲賢能之才，因不分區立委與不分區制度宗旨不符，應廢棄。

· 國會助理也應廢除，大多成爲選舉椿腳的酬庸，憑什麼資格當助理。

8/16 · 黑道與黑心，有權力的黑道稱爲白道，無權力的黑道才叫黑道，黑心的是白道。

8/17 · 現在是錢在做人和官在做人的時代，不是人在做人的時代（看到大企業家婚喪喜慶，雖對社會貢獻不多，但冠蓋雲集，大官盡其拍馬屁之能事，可能有錢人私下只巴結這些大官之故）。

8/18 · 有權無責的政府能算「主權在民」嗎？「民之所欲，長在我吾心」，其實是「己之所利，長在吾心」或「民之所惡，長在吾心」。

· 大家都厭惡黑金政治，爲何不群起推翻之。口口聲聲說黑金政治不好，但大官政黨仍大力提名支持，人民也然。

- 盧修一的告別式，國民黨高官顯要傾巢而出，包括總統夫婦、副總統、行政院長、五院院長、祕書長、部會首長均參加，以盧氏過去對付國民黨的態度，今日能受國民黨的禮遇，覺得有點受寵若驚之感，我想政治意義大於追念，也是國民黨收編民進黨的手段。不久國、民一黨又要專政了。

- 蕭萬長主持國家策略班開訓，受訓對象為企業界。這些企業界大多為籌措國家政策研究院成員，照理國家培訓人才應訂有辦法公開應徵、公開甄選，非酬庸或結黨，公器不能私用，不能公私不分，不可利用國家資源作酬庸式營私結黨，蓋行政院非國民黨革命實踐研究院也。

8/21
- 一齣戲如果只有奸人的角色而無忠的角色，這齣戲將不成戲。現在的政府正如這齣戲，整棚戲都是奸的，民進黨也加入國民黨，無法扮演監督者角色（即忠的角色），非主流也被壓死了。雖然表面上言論開放，誰能聽進去呢？如執政者聽不進去也無法從善如流，言論自由有何用呢？

- 言論既對執政者無動於衷，則言論自由是騙人的，譬如土匪本性不改，你罵他土匪，他也不在乎，土匪照幹，只要有利可圖，你越罵，他越是麻木。

- 整齣戲都是奸臣在演，也是壞人在演，忠臣、好人受得了嗎？

- 司法首長不可由政客來擔任。司法首長應有崇高道德情操、公義的性格，是就是是，非就是非，對就是對，錯就是錯，善就是善，惡就是惡。很可憐，我們現在是用政客來擔任司法首長，無道德情操和公義性格，是非、對錯、善惡均應看人的頭臉而分，難怪首長做不良的示範，法官、檢察官均效尤之。公義、公道何在？

8/24
- 司法院長、法務部長、院檢首長，應具主持公義的智慧和能力，只認公義不認皇親國戚，淡泊名利，執行公義比生命還重要的勇氣，司法才能清明，如果以做官的心態從事司法，司法絕對腐敗。

- 政治人物「前面是假的，後面才是真的」，所以最不可信的是政治人物，最可怕的也是政治人物，最厲害的也是政治人物。政治人物大部是活假的，太可惜！
- 台灣的民調可信嗎？是政客在欺騙人民模糊選民的花招而已，也是作秀、出出鋒頭的方式。
- 國民黨的人為何官僚無責——
  一、只享權利，只知權利，不負義務，不知義務，久而久之已成習。
  二、品質差、幼稚、無知、無恥、無賴、無能。因此再好的人進入國民黨，很快受感化，自然形成官僚無責。

8/25
- 求名求利之中，勿忘了生命被折舊了多少，淡泊名利，清淨有道德的人，永能保持生命的鮮度，生命折舊率最低，是最合算的。
- 有「正氣」才有「智慧」。

8/27
- 黃主文要辭內長，蕭萬長強烈慰留，又辭不成。王志雄執意參選市長，王玉雲甚至要當謝長廷競選主委，加入民進黨，昨天李先生到其府上吃飯勸退，又不選了。「辭職參選」很少「辭成」，也很少「選成」，是「以退為進」或「爭取有利空間」的籌碼而已。「辭而不退參而不選」均經「慰留」或「勸退」，如此政治人物，顯無理想，「骨」、「格」可言。

8/28
- 到日南市伊東家族、鵜戶神宮等風景區，到處乾淨清潔花木並茂又整齊，這是倫理和敬業的國民始能做到。台灣人人功利，以功利為中心，說利害的社會結構，倫理和教養是很難存在的，因此台灣只有爛下去一途，別無他法，因為人民的共識是「功利」，沒有什麼好談的。

8/31
- 台灣國民只會丟垃圾，日本、新加坡是拾垃圾的國民。差距如此大，執政者還說他人的壞話。

9/4
- 政府不只不守法，甚至強行違法。
- 神以無形的運作來保護人類的存在，從看不見祂的功勞和表

現。眞正能做事的人也正如神，要以無形的運作來解決問題，人家看不到運作和表功。

‧公權力不張原因：一、公權力成爲私人所有財富，二、公權力受到民代和財團的介入而崩盤、破功，三、官員出賣公權力，四、政府無公信力。

‧台灣的社會權力是道德也是學問，因此大家爭權奪利，是台灣人的無救。

9/5　‧德國《明鏡周刊》形容台灣「像個豬窩」。（錄自《中國時報》當日第三版）

9/8　‧讀書人愛眞理比自己的生命重要。

‧國民黨提名的立委候選人，大部分是黑金、是糞渣。這些人是用黑道和金錢美化民主，然後當「當權者」的工具，保護當權者的政權，這些人怎能負起跨世紀的工作？我想是跨世紀的垃圾。

‧台灣的正義、道德已消失，剩下的是政治垃圾，是無知、無恥、無賴、無能之徒在主導這個國家、社會和後一代子孫，很可悲！

‧從萬年國會改爲黑金國會，從威權時代進入金權時代。

‧以抽籤代替投票的選舉制度，在台灣可考慮。也即實施抽籤政治以樂透方式爲之。

9/9　‧民進黨捧國民黨比國民黨更屬害：如陳水扁由反對成爲核淮國民黨中央黨部，台中市長張溫鷹就地合法化林肯美國學校。

‧金權比黑道更惡劣，有人要限制黑道參選，我想限制金權參選更重要。

‧如果國內人的品質降低，每日不是殺人放火，便是搶劫、擄人，還有貪汙舞弊、利益輸送，不正義的司法、劣質的政治人物、黑金政治，您說這個國家如何國際化、民主化？只不過是一個堂皇的動物園而已。我不知他們治國理念何在，國民如動物，他獨爲園長而已。

9/10 ・是選立委不是選「利委」，是選「立法委員」不是選「利發委員」或「立發委員」。台灣現是選「立發委員」，不是選立法委員。

9/11 ・認錢不認人的社會，要錢不要公道的社會。

9/12 ・領導人員只會說大話來掩蓋真相，誤導人民無法面對問題、了解真相，如被麻醉般的麻木不仁，如此永掌政權，魚肉子孫和自然。

・是金權化、黑道化，而不是民主化。

・不如直接說實施金權政治，司法人員就可免魚抓賄選之苦，其實也無法可抓，想必可經由立法合法化買票，真是假民主！

・國民黨立委要求農地開放自由買賣，結果被財團炒作，農田將落入財團之手。農田是國家資源、生活環境、自然生態、文化民俗傳承，代代子子孫孫生存之根，怎可以選票為目的斷送子孫的生存權？尤其台灣大財團甚多，如開放買賣，每財團控制萬公頃者為數不少，將來人民將成財團的奴隸，國民黨正在斷送未來子孫的生機。

9/13 ・道德如Motor，能發揮無限力量，更能產生智慧和潛能。

・望子成有道德的龍，望女成有道德的鳳。

・國民黨提名黑金腐蝕國本，不擇手段，捍衛腐敗政權。

9/14 ・國民黨是靠政權與黑金互相狼狽為奸而存在的怪物。

・民進黨肯定國民黨黨產的存在，是台灣無法實施真正民主的主因，也是民進黨的罪責。

・是政黨合流，不是政黨制衡。可悲！

・台灣是政治黑金化，不是民主化，是黑金黨不是政黨。

9/15 ・黑金共治時代，政府表面可給那些大官風光一番，其實背後不過是看財團的頭臉（財團談滿漢全席，又送名貴禮物），一點尊嚴都沒有，這種狗官實在可憐！

・台灣在功利政客主導下，人性完全崩盤，愧對祖先和下一代。

・台灣應開「黑金政治學」的課，讓大學政治系學生讀，畢業後

才適用。

9/17 ・黑十金十奸＝權力；賢十能十忠＝被統治者。

9/18 ・政府一逢選期，不分黨派大送紅包。不管是政策性紅包或工程紅包或提高待遇紅包（村里長待遇）或老人紅包，在在為選票做不良示範。此種以「利」為出發而無公義的政府，一定是腐敗不乾淨。

9/19 ・用「民主」欺騙天下人。「民主」是權力者或財團、黑金上下其手的機會的藉口。

・「暗」的威權，比「明」的威權更可怕。

9/20 ・金權政治：一、賄選，二、財團利益輸送，三、大官民代與財團掛勾，四、造成社會不公義、反淘汰的政治。

9/22 ・黑道連線——

一、政治連線：議長、副議長、代表會主席、副主席，大多為黑道全國連線，民代不少為黑金。

二、炒股票、電動玩具、六合彩組頭、非法砂石場、賭博連線，金錢來源，治安惡化，社會不公義的源頭。

三、媒體連線：第四台開放，大多為黑道控制，為黑金壟斷，選舉時部分候選人無法登上電視，如何競選？

四、領導人下鄉，站在旁邊的大多是黑道大哥，亡國之兆也，領導人與黑道連線。

誠實善良的百姓如何活下去？可憐的同胞！天啊！善良的人是如此下場嗎？

・是黑金島，不是美麗島。

9/24 ・對壞人不可中立，否則就無是非、無正義感了，台灣黑金政治猖獗，李遠哲豈能袖手旁觀、保持中立？如此對賢能者實不公平。如果是一個公平的社會，保持中立是應該的。對不平的黑金政治，任何人均應站出來向黑金宣戰，怎可中立呢？

・國民黨有知識青年黨部，黑金黨不配談知識。

・現在真正知識分子是弱勢群。

28

．沒收賄選款救子孫。

9/29 ．上有腐敗政府的刀槍，下有黑道的刀槍，上下壓力夾攻之下，
又無好的政府可保護。台灣人除了金錢的傲慢之外，實比生於
水深火熱中更慘更苦。

10/2 ．政黨政治惡性競爭造成黑金天下。

10/3 ．社團成員素質差，雖經常集會活動，但猶如參加喜喪事般的浪
費時間，無一點意義。

10/4 ．反淘汰的國民黨政府。

10/6 ．生也死，死也是死的人間地獄。

10/8 ．眼看政黨分贓、合流、政商勾結，民代品質低，立法亂修法，
為使政治人物負責，主張成立清算責任基金會，對亂立法亂修
法，亂主張的政治人員做有責任的嚴懲。

10/12 ．台灣選舉買票幾乎普遍化、公開化，政府既無法消除賄選，似
可制定公開的賄選法案，使賄選合法化。

10/15 ．台灣的公義已落在金權和黑道槍口下，無法喘息，悲哉公義。

10/17 ．斬稻仔尾式的治安工作，每逢兇殺或搶劫案，只看內政部長在
頒獎金的秀，官員無人為被害家屬贖罪或反省下台。難怪兇案
越多，首長越風光，獎金越多。

10/18 ．有廉恥的人才知道尊嚴。

．那些一再說台灣有民主的人，是禽獸不是人，是騙子、無良心
的人。台灣是黑金不是民主，是黑金國家是黑金獨裁，比威權
更可怕。

10/21 ．《中國時報》第四版刊載，李說大陸民主化，一切都好談。其
實，台灣黑金化，一切都不該談嗎？

10/24 ．黑金買票，不需文宣不需拜票，靠其黑幫組織戰把錢交給角
頭黑道，選票自然湧至，高票當選。這就是黑金政治。

10/25 ．政客很會說好聽話，用巧言作為騙人的工具，獲得掌權。

10/26 ．小人只活在利害的焦點上，君子則活在智慧的交集上，能與
有智慧的人相處為友，是人生一大快事。

- 偉峰的參選已遭套牢，不是民主而是黑金，是認錢不認人，偉峰所受委曲，父心難眠、難安，原來全是騙局。
- 稍有颱風，學校、機關就停課停止上班，一方面表示自然環境受破壞產生的安全問題，政府不敢負責，另方面不上班可休息不上課可不上課，將荒廢課業，同時使學生無法面對風雨交加的生活體會，對學童自然生活教育的機會不利。

10/28
- 是幫派政治而不是政黨政治。
- 殺人償命，欠債還債，種豆得豆，種瓜得瓜……均為因果論的例子。

10/31
- 國民黨自大統領至各部會首長均投入選戰。無內涵的選戰、模糊嚴重錯失的選戰、掩飾腐化政治的選戰、偽裝民主表象欺騙世人的選戰。國民黨集千億黨產和一兆多政府資源，還動員各首長不上班和財團選舉，結果勉強過半數的勝利，足見九牛二虎之力量還是空的。國民黨已被唾棄，國民黨只好做最後掙扎，困獸之鬥。
- 國家整體建設的陽光法案、工程建設的陽光法案，如此才可杜絕政策性賄選，人情建設的賄選。

11/2
- 政策性賄選、人情建設賄選均為賄選，應增訂於刑法罪章。
- 以利害為前提的文化觀，是台灣政治人物的文化素養。
- 黑金政治欺騙世人為民主政治，是國民黨政府最高明騙術。

11/4
- 為什麼我不入黨？因為現在的政黨，名義上是政黨，但實際是幫派，因此我不能入幫派。待真正以國家和全民高於一切的政黨出現，我會考慮入黨。

11/8
- 利是利自己，自私自利；害是害別（他）人，損他人。
- 施慶星《一貫道修持觀》——

　一、心中有道：良心，心中有佛性：慈悲。

　二、有道有德，社會會好，道是無形，身體有形，道是自然，感天恩，生命的大洪流大衝浪，犧牲自己完成他人五教同源，以道為尊，以德為貴，生命的文化、價值性。

- 張榮發是用一貫道精神在經營公司。
- 五教同源——道德（我曾說不講道德不成教，相同意思）。
- 道不能多元化，一貫道與多元化是衝突的，一貫道應是一貫性有原則的，不是多元變化。
- 施慶星說——

  一、道根：中國固有文化。

  二、建立好形像的思想，培養人才。

  三、不批評他教。

  我說智行合一，亦即智慧與行爲合一，「始能成道」。

11/9 ・民主政治就是樁腳政治，這是台灣式的民主。

11/18 ・國家建設無整體規劃，已落入黨派分贓的人情建設，以公的資源由公務員與民代分贓，浪費政府資源。
- 人情建設：一、破壞整體建設計劃，二、騙取選票，三、抽取三分之一回扣，四、爲賺錢破壞既有建設。

11/22 ・永靖國小百年慶：一、太政治化，二、校長致詞學生不靜聽，甚至有向後聊談；三、不懂人本教育，重功利。

11/24 ・看法與意見不合之原因在於光圈的大小，光圈大與小自然看法不同，意見也會相左。

11/28 ・國民黨式的選舉是黑金，是注射金錢而非選人。

12/3 ・黑金國是台灣人的悲哀！

12/5 ・絕對的腐化易推翻，平衡的腐化最難推翻。國民黨＋民進黨＋黑金＝無公義的社會。

12/6 ・黑金等於國民黨，黑金黨就是國民黨。黑金政權是台灣的毒癌，黑金不除國乃滅亡。
- 人情建設是圖利特權，國民黨政權公然提倡並配合特權，造成特權公然違法。

12/7 ・自然的正義才是真正義。
- 無法爲正義、公道、道德而竊占公職之位，國家社會猶如被毒癌所侵襲，將無救。

12/8 ・十二月六日黃主文在立法院公開聲明「賄選嚴重」，電視媒體看出來，主管治安的內政部長，明知賄選嚴重，竟無能消除，失職！

・國民黨黨產不充公，民進黨也會消失。黑金不消除，國民黨永遠控制政治，就是黑金專制。

12/10 ・紀念世界人權日：須記住賄選就沒有人權可言。國民黨的賄選政治是最無人權的政權，台灣成為最無人權的國家。賄選就無人權，人權就無賄選。用金錢收買人的心靈和尊嚴，是侮辱人格踐踏人的基本權利，是最無人權的手段。

12/11 ・如將省議員撥到立法院（由一百六十二人增至兩百二十五人），何來精省？何來提高效能？那麼多立法委員將製造更多特權而已。如果立法委員名額不增加，才有精省的意義，況且立法委員已太多，同時一百六十二人已運作不錯，憑什麼理由要增至兩百多人？顯然是為增加特權而設計，並非一百六十二人無法運作，而是增加官位。

12/12 ・台灣如真要消除黑金政治，必須實施如奧地利的全部比例代表制。

・規範性（非選擇性）文化，東方價值領先；非規範性（選擇性）文化，西方可能領先。規範性文化不應有東西方之分，非規範性（選擇性）才有東西方之分。

・小溪頭木屋火災燒死江翠國小兩位學生，南投縣處理方法是斷電斷水，此種政府已失公權力。人民根本沒將政府看在眼裡，因為他背後有官員最怕的民代為後盾、為靠山，政府只好採取最無奈的下策，以斷電斷水的方法，實在丟臉又見笑的事。

・斷電斷水是兒戲，天下有這種政府，對違法營業場所，無法律先行處理，而用最無公權力的技術上的斷電斷水，真是漏氣，有人去想去研究嗎？

12/14 ・台灣之癌：一是黑金政治，二是黨產問題，三是政治人物無理想、無理念、無責任感。

12/18 ・洛杉磯《國際日報》刊載，李先生贈言宋楚瑜「諸法皆空自由
　　　　自在」八字，源自佛教經典《心經》，惜很少人能做得到。
　　　　《心經》中的「諸法空相，不生不滅，不垢不淨，不增不
　　　　減……」我想是因果論。

　　　・政治人物利用佛教語「有則無，無則有」。今天中國時報刊登
　　　　柯林頓「否認」轟炸伊拉克，係轉移被彈劾的目標。城仲模
　　　　「否認」曾提總統延期任期案，總統府也「否認」授意延任
　　　　案。法官問被告犯罪否，大家均「否認」犯行。這些大官也學
　　　　會「否認」，其實「有」、「無」，天知道。（於洛杉磯）

　　　・民主政治是利害政治，只有利害結合，無是非、無道德的政
　　　　治，將破壞人性、人倫關係。有利害就無是非、無感情、無
　　　　親情。認「利」不認「人格」，認「錢」不認「人」。我過去
　　　　最重視人格、親情、人倫、感情，現在不見了，這是人類的悲
　　　　劇，與動物園的動物何異。

12/19 ・傳統的倫理道德在國民黨政權統治下幾乎消失，重視倫理道德
　　　　的人幾乎被封殺出局，所用的人絕大多數是功利主義者。

　　　・「馬克」代表著人民戰後在廢墟中，復興德國的血淚。「法
　　　　郎」代表著法國自文藝復興以來藝術、哲學的驕傲（錄自《天
　　　　下雜誌》）。歐元統一後，必統一稅制、統一社會補助，開放
　　　　獨占事業，使各國經濟發展條件統一，以提高各國競爭力。

　　　・國民黨高層只會說口號或引經據典說出名言，但自己的行為完
　　　　全與說的相反，這是國民黨騙人民的一貫伎倆，惜學者、專家
　　　　從不拆穿國民黨高層的假面具。

　　　・民主化後黑道世家搖身一變成為執政者，這是我最不服的，也
　　　　是台灣人有史以來最悲哀的。

　　　・無道德的國家，無道德的社會，我活在此有何意義。

　　　・我一生最苦難時期是現在，我就栽在執著堅持倫理道德之下。
　　　　天啊！倫理道德為何不容於當道呢？

12/20 ・執政者每日玩弄權術如魔術令人眼花撩亂，背後政商政黑掛

勾，魚肉人民。兩蔣時代雖專制，是明的，不是暗地玩弄權術，更無政商政黑掛勾情事。

- 「諸法皆空，自由自在」勉宋楚瑜，如果把省長當做享受榮華，此勉勵有當，倘省長是做事、爲國爲民奉獻犧牲，則該八字甚不得體。這八字是不要爭名爭利，社會自由自在的意思，以此八字勉宋楚瑜有點諷刺，似乎要宋做出家人，不知宋做何感想。

12/21 · 柯林頓總統受彈劾，須經參眾兩院通過才成立，加上民意測驗支持度而決定。如此，違法只要民意或國會支持，他就無事了。我想這是錯誤的，如有違法自應依法辦理，不能再由國會議員或人民介入始決定是否受法律處分。如此還談什麼法治，什麼「法律之前人人平等」、「王子犯法與庶民同罪」呢？民主政治實施到今已變調了。

- 特權就無法治，法治就無特權。

12/22 · 民進黨爲何不敢攻擊不公平的黨產、黑金政治？因民進黨正等有一天執政也要學國民黨，現在先留下伏筆。

12/25 · 文化是人的生活整體表現，不但含括了知識的訓練，還有道德的涵養、藝術的薰陶，以及社會各階層領導人士的行爲示範，是長期的教化過程。

12/27 · 應以「MQ」（道德商數）爲基礎的「IQ」才完美。

12/28 · 政商合一、政商掛勾、金權政治，國民黨黨產之龐大，控股公司之多，內線交易之嚴重，國民黨可說是地球上空前絕後的怪物。這種國家這種政治，永無公義和清廉之期。

- 加入幫派魚肉人民之徒，有什麼意義？

- 無靈魂的大官、無靈魂的地位，與死人何異！很可憐，在台灣隨時可看到無靈魂的大官和有地位的人，無靈魂的大官，再大也無用。

12/29 · 國民黨政權只要會騙人握手的技術，就可當大官了。

- 劉泰英是黨、政、商大舞弊的白手套。

12/30 ・國民黨的多元化：一、犯罪多元化，二、倫理多元化，三、道德多元化，四、犯法多元化，五、賄選多元化，六、是非多元化，七、害人多元化，八、言行多元化，九、破壞多元化，十、騙人多元化。

12/31 ・兩蔣專制——

　　　　一、政治有秩序，公權力強，政府還有點公義，但國民黨仍甚黑暗。

　　　　二、治安好。

　　　　三、社會風氣好。

　　　　四、不與黑金掛勾，黑金難生存。

　　　　五、平民有出頭機會，如李登輝、謝東閔、林洋港、黃尊秋、徐慶鐘。

　　　・民主化——

　　　　一、公權力不張，抗爭不斷。

　　　　二、黑金政治。

　　　　三、治安嚴重。

　　　　四、無公義。

　　　　五、有黨政和財團關係易出頭。

1999年

・房地產業好時機時，業主賺億、十億、百億，現在房地產業衰退時，政府以公款和政策救房地產業者。這種政府是什麼政府，顯然高官和財團掛勾。

・農會、水利會和寺廟已成為政治工具，廟寺被惡勢力假好人把持，成為選舉的工具，失去道德、善、公義的神態。

・寺廟的領導人員不少是功利主義者，完全無神的意識、精神、道德，將寺廟作為支持黑金政治，與權貴結合，無公義。神成為壞人的工具，寺廟成為罪惡之源，可惜！連「神」都利用，台灣人已成「真神」的敵人，愚弄神是最可惡的。

・消除黑金、賄選、黨產，只靠陳水扁，但願陳水扁不變質。陳水扁如當選下屆總統，首應消除黑金政治、賄選及沒收黨產，法務部請陳定南，調查局長請葉菊蘭，警政署長請蔡明憲，相信可消除國民黨腐敗政治。

・「人命關天」是自古以來的觀念，也是生命權的尊重，唯目前政治腐敗造成命案不斷（不管天然、公安、治安、交通或自殺傷亡），媒體每日數條新聞報導，本屬當然之事。奈政府高層一直怪媒體報黑暗面不應該，好像人命關天的事可以不報，只報導他們作秀、歌頌他才是應該。一面說生命的重要，一方不喜報導人命關天的大事，這種人何等殘忍？

・有道德才有力量。有道德的人縱使無權力和財勢，您仍舊永遠擁有最大力量。

・不以道德為基礎的國家社會均不適合人類生活，不以道德為基礎的政治人物（大官顯要）或財閥均難相處。

・有廉恥的人才有尊嚴，有尊嚴才有人權、才有人性、才有人格。

・「能者難任，任者無能」是國民黨政權的特色。

・壞人有發角的壞人與無發角的壞人。

・誰才有資格講價值觀？很少有價值條件的人說價值觀，大部分只具備價格觀而已。由價格觀的人來說價值觀，可恥。許多大

官是最功利的人，功利的人只有價格觀，根本摸不到價值的邊，唯無廉恥的社會均由功利的大官來説價值觀，實可笑。

· 功利最簡單的解釋是有吃的説有吃的話，無吃的説無吃的話，吃一點説一點的話。

· 他是權力在做人，不是人在做人。

· 政治人物絕大多數是功利的，是説價格的人物而已，雖也學會説價值觀的名詞，其實連價值觀的內涵都不清楚。

· 只要你會説心靈改革，自己可不做，你就可當部長。這是提倡心靈改革的人的意思。

· 掃黑是選擇性，不然就掃那些所謂環保流氓，從不掃政治流氓，因爲政治流氓是他們自己。

1/22 · 政府預算和政策並非由專家或國家通盤計劃而定，而是由主管的利害及民意代表（黑金）個人做人情或爲選票而定，這種政府怎麼會好。

1/24 · 尼采口中「我不是上帝，我不是道德，但我是一切」的統治者，是專制。

1/25 · 美國的人權標準——

一、專門支持反政府的人，才是人權，使各國政府混亂，互相抵銷、國家僵化、自我淘汰。而美國自然坐大，領導全世界。

二、提倡民主政治。只要有選舉，不管黑金治國、賄選的選舉，美國也肯定，讓其國家自然腐化、墮落，不管正義公道，這是美國要求民主的標準。

· 公營事業開放民營，出售股權和收入到哪裡去，國有財產無限制的出售，錢拿到哪裡去？現在台糖土地六萬公頃要繳國庫，如此大官和民代又有無數油水了。將來子孫如何活下去？所有財產均掏空，不負責任、腐化的政府才會這樣做。如此就像大家長將祖先財產全部賣掉，將錢拿來分給家屬或共同享樂，當然家屬一定肯定大家長的作爲，但祖產賣光了，將來的子孫如

何生存？

1/26　・巴結式的領導力而已。

　　　・新加坡國會議員水準高，專業研究和討論國事和人民福祉，因此很平順，內閣也然。我們的國會議員水準參差不齊，大都為私利，以私害公、假公濟私，國家被他們鬧得要發瘋，每日雞犬不寧，如此國家不倒才怪，怎能與新加坡相比。

1/27　・民主時代既以民為主，因此人民的話才可信，大官的話是不可信的。將來寫歷史的人，應知道現在是民主時代，非專制封建時代之以大官之言為準。現在大官三教九流均有，大家不知廉恥，只要沒有啞巴，什麼話都會講。

1/28　・國民黨政權專門破壞「公義」，達成腐化的體制，造成紛亂之局，如學制的破壞、大開走後門，和不正軌的民代漂白的機會。

1/29　・一、賣祖先財產的急功政治，理家的人一次將祖產賣光分給家屬享受，大家均讚揚理家的人偉大，但大家現實，沒有想到未來的子孫要吃什麼呢？

　　　　　二、倒死囝躺式的民主：不負責任的政治。

　　　　　三、公權力的槍口與黑道槍口夾壓下的生活環境。

　　　　　四、黑金政治。

　　　　　五、泡沫政治。

1/30　・聯考廢除將造成特權和金權破壞考試制度的公平性，如警察大學自行招生，弊端叢生、舞弊連連，這些政策完全是倒行逆施，製造紛亂。

1/31　・中央大學法律系四年生史同學上吊自殺，原因是學科成績不佳。我們還經常看到不少學生為了成績不理想而跳樓或上吊，然很多民代走後門，取得三流學校畢業證書來欺騙社會反而得寵，如此對得起那些自殺的學生嗎？

　　　・公平、公正的統治，大家都會口服心服，不管何人執政。

2/3　・我當縣長和政務委員只知責任感而無榮華感，因此分秒緊張萬

39

分。

2/4 ・行政院長蕭萬長召集財經首長，會談金融風暴，結論是經濟可
望下半年轉好。
一、「可望」的用語表示缺主政者的責任和主管卸責。
二、未來式可騙騙半年的老百姓，也是騙做半年的官位就夠
了，半年後，無知的老百姓又忘了。
三、半年內支票不兌現，請再給延半年。

2/8 ・國民黨政權是採取短線交易方式，騙騙短線政權而已。
・台灣是泡沫政治，經濟由於中小企業勤勞認真，雖政府泡沫，
民間並不泡沫。

2/11 ・學者無智慧、無是非、公義，學來一套馬屁精，一心只想當
官。如有些學者主張立委、國代、總統延長任期，其他當高官
的教授不說實話、良心話，只說奉承馬屁話。悲哉！

2/13 ・吳作棟總理昨天在河畔迎新春活動時說話──
一、此活動不但有助社會凝聚力，還能培養家庭價值觀。
二、對今年經濟，他坦誠地告訴國人「今年最艱難的一年，我
看經濟會比較差」來提醒國人。
台灣的高層不是護盤股市、房市，便是欺騙國人，對今年經濟
均說「安」字或下半年可恢復或可望、樂觀，從不說實話，也
不提醒國人，好像總要說好、騙國人，政權和官位才能保住。
・看到一片宇宙之美，一片銀色的山脈（下雪）有所感慨：臭氧
層遭破壞地球受毀傷，自然生態受破壞，自然之美將漸消失，
代之以價格觀為主的物質享受，科技和金錢掛帥，犧牲自然、
犧牲生態，結果人類也如地球受破壞，人性消失，萬物之靈之
稱將沒落，成為萬物之惡。
・如果政治人物有公義的智慧和能力為國家設想、為整體社會福
祉和歷史子孫的權益著想，反對黨就無反對的餘地。就是因政
治人物無智慧、無公義感和道德價值，自私自利，才把政治變
成菜市場的亂象，才有反對的抵銷，也令國民眼花撩亂，作給

後代不良示範，才使人的品質下降。

- 民主政治不是天下大亂才算民主，是因無公義良知的政客作祟，才使民主的價值受扭曲和破壞。

2/15
- 民主政治應建立於高教育水準的國民和公義的立足點上，才是真正民主。而建於非公義的黑金統制下的，只有形式選舉，則不只非民主，反而成為黑金主宰人民反淘汰的起源，將造成人類未來的災難。黑金政治將導致人類價值的崩盤，劣勝優敗的導向，反淘汰的惡性循環，未來子孫的不幸。黑金政治比獨裁政治更惡劣，前者是集體獨裁，獨裁者眾多，魚肉人民更甚，後者只一人獨裁，影響有限。

2/18
- 生活精緻化，人格精緻化，是今後存在的目標。

2/19
- 商業化的人類，將造成人性消失，萬物之靈的地位也喪失，人的價值和意義不如過去地神聖、尊嚴。功利化的人類無是非只有利害，以商業化主導人類社會，任何教育、社會，均無人的價值觀，如此人的問題叢生，政治、治安、環保、社會、教育，僅有價格觀而無價值觀，人的價值將打折扣。

2/21
- 英國到處綠地公園和運動場（尤其足球場），台灣一有一塊綠地，政府和民代或財團馬上動腦筋掛勾，先以便宜價讓售，然後變更用途為住宅或商業區牟利。這款政府，不要也罷！

- 過去黑道是弱勢，現在國民黨政權專門靠黑金治國，黑道成強勢，且主宰政治，因此黑道不再分派系，只有利害，黑道大整合與大官掛勾謀取大利益。

- 如果大家都無人性，不守道德和法律，那像什麼人呢？成什麼社會呢？領導階層不贊同道德，自然不會守法，這個國家只好向無道德不守法的方向發展，縱有搶來的大利益，也難抵未來子孫的不幸。唯功利的領導階層沾沾自喜，騙政權、騙人民的信任，犧牲未來子孫是最不道德的。

2/22
- 學者失去公義，其學問是枉然的，比無讀書的人更慘。竟有人為了做官，主張立委、國代、總統延長任期。稍有常識的人也

知道，民代官員之選舉是與選民有任期契約，非經選民許可，任何人均無權擅自主張延長任期，如要制定法律延長任期，也應由下屆起算，絕不能延長本屆的任期。

2/24 ・政務官應具條件：一、有理想、有歷史責任感、有原則、有主張，二、有道德風範，三、有高度智慧，四、有超強能力。現在的政務官很少具有上列條件，大多是如店員般的政務官，一段時間調去服裝部，經過一段時間換到食品部……如內政部換交通部，或法務部而已。

2/26 ・蕭萬長為當院長跑遍全國向黑金立委拜碼頭，被那些黑金看扁、看不起，以後如何治國呢？記得我當縣長，也要我到每位議員家拜碼頭，我斷然拒絕。

3/1 ・無良知的人絕不會「說公道話」，更不能主持公道。無良心的人絕不會有正義感，更不能主持正義。因此無公道心、無正義感的人已無良知、良心存在，與禽獸無異。

3/2 ・規範性有排斥性，非規範性有包容性。

・我們的鄉村，暴發戶式的建築文化。

・道德文化為規範性文化，是難變的，非規範性文化可隨時變。

・道德文化是根，藝術文化、物質文化、科學文化均為枝葉而已，根與枝葉如分不清，人類永無法發展，人的品質永無法提高，文化建設顛倒根葉、雜亂無章，很難有成效。

3/4 ・台灣在國民黨政權之下：一、無根的樹葉，二、無道德的快感，三、無心靈的豐富。

3/5 ・台灣只有金權而沒有人權。

3/7 ・民主政治如無責任政治，將禍害子孫無窮，如國民黨執政八十八年，對錯、罪惡、缺德、破壞生態、泯滅人性，均不負責。兩蔣時代以權力把持政權、統治人民，使人民無自由選擇的餘地。何況政權除了過去的實質問題外，加上黨產和黨營事業，用金錢和利益收買民心而得政權，或以金錢及利益收買在野政治人物，使社會無是非善惡之分，無公義可言。明明是罪惡，

他們偏偏說是勞苦功高，這種是非、善惡、公義均任由國民黨亂扯，顛倒是非黑白，大騙人民，而人民也無環境和條件可主張是非公道。

這種情形下，連教育者也只有混，無法教育高品質國民。因教育體系也淪為國民黨的工具，大官顯要僅說利害無道德公義，則教育的效果也然。我對國民黨早已看穿了，我很為我們的子孫抱不平。

- 人如可多元化，則半奸忠是最典型的多元化，也即無原則的意思。

- 高層無道德，官員不是騙即拍（馬屁），政治人物只有私心私利而無公義，這個國家已無希望，子孫將受苦受難。

3/8 ・張朝權透露，設副縣長是要他們代表縣長走喜喪事。這是國民黨一貫作風。

3/10 ・政黨或有權力者介入、壟斷、操控媒體，則這個國家就無人權可言，更非自由國家。

- 推翻（打倒）黑金政權，台灣才有希望。

- 鐵鏈內的自由民主，是國民黨政權的高招。

3/11 ・台灣的部會首長，每日在電視報紙作秀發言，從不負責，殊不知政務官說話是應負責的。因此部會首長只能說施政計劃經立法院通過的部分，未經立法院通過的題外問題，無資格發言。試看世界各國的部長很少在電視或報紙發言、作秀、亮相。

- 台灣就是缺有理想性、有使命感、有歷史觀的領導人。

- 政權和個人權位均為短暫的，道德文章是恆久的。

- 右腦是EQ，也是老子思想。

- 西方重IQ，東方重EQ。

- 台灣的官員和民意代表耗盡國家資源，美其名為考察實為旅行團而已，從來沒有考察過一個屁回來。我們的考察，其實是遊覽和花錢，從無考察的心得和結論，提供國家作為建設的參考。

- 立委助理十人，大多是樁腳。樁腳當助理個屁，這種政府怎有出息之日。
- 無MQ為基礎的IQ，對人類社會是有害的。

3/12
- 台灣是最「泡沫政治」的國家。

3/13
- 《遠見雜誌》第153期，石滋宜提及卜廉・李（Blaine Lee）在《與影響力有約》（The Power Principle Influence With Honor）一書中分析了權力運用的方式，有三種——

  一、令人恐懼的，如希特勒。

  二、以利交換式要人絕對服從的功利型掌控力（Utility Power）。

  三、因榮譽感而有所不同的原則型掌控力（Principle-Centered Power）。

3/17
- 民主政治是責任政治，政務官對其政策應負政治、刑事、民事責任。政治責任要靠政務官的風骨、風範、風格始能負責，至於刑事、民事是法律責任，故責任政治一為政治責任，一為法律責任。大部分公職人員和人民，均不知責任政治為何物。

3/19
- 人不可活得剩太多貨底，否則將會亂賣、亂呼、亂活、亂來。因每日每時每件事均需活得「清楚」、「交代清楚」，才不會有「存貨」，不會有「貨底」。永不會有「貨底」才不會拖倒人格。

3/21
- 中國國民黨統治台灣表示中國統治台灣，也可證明台灣與大陸不可分的中國，除非國民黨的「中國」刪除，否則中國國民黨統治的台灣，很難與中國大陸分離。

3/22
- 李說現在是台灣的中華民國，過去是中華民國在台灣。

3/23
- 在台灣有權力的人利用他的權力壟斷是非、壟斷學問、壟斷公義，因此這個國家就這樣地爛掉。有權力的應運用公權力維護是非，維護學術客觀、獨立，維護社會公義，則這個國家才能進步、公道。
- 政府治理國家應有是非，並應有維護公權的能力，絕不能留給

民代或特權關說的空間或灰色地帶，如此才公平，我當縣長時就是如此做法，不給議員有關說空間。

3/25 ・生意人大部分是「錢格」大於「人格」，有「人格」的生意人不多。

・短暫的人生，爲何不活在良知、良心之上呢？偏偏要失去良知地橫行霸道呢？

・台灣的大官只會享有權威和被拍馬屁而已。

・國民黨不僅是黑金治國，且是政黑合一。

・做官的大部分只有「官格」而無「人格」。

3/26 ・我一生最有擔當地活，從不講理由。

3/27 ・台灣的政治是泡沫政治，建設是泡沫建設，十元預算做不到三元價值，表面好看，內容虛假空洞，是三五個月好看，非爲三五年。應該爲百年建設而建設。

・賊仔政府和賊仔大官。彰化地檢處檢察官林忠義舉發葉金鳳辦葉父喪事，動用地檢處人員和監所人員幫忙處理，葉當然否認。總統、行政院長、部會首長，如被舉發，均矢口堅決否認，唯事實俱在。試問當法官審問賊仔，你有無偷他人東西，連賊仔均會堅決否認，誰會一口承認呢？賊仔都那麼聰明，何況我們的大官呢？

3/29 ・國民黨政權的成就——

一、民進黨肯定，因民代增加分些給民進黨，使民進黨也得到好處，因此他們肯定。

二、民主改革：是黑金政治，國民黨不是賄選便是與黑道掛勾，造成黑金左右壟斷政治、壟斷公義。

三、是不負責的自由

（一）政治品質劣。

（二）社會風氣敗壞。

（三）治安惡化。

（四）公共安全災害不斷。

45

（五）公害和交通亂

四、人性消失，倫理道德淪落，政府大官從不敢說道德，造成天下大亂，君不君，臣不臣，民不民。

五、歷史上的大浩劫，殘害精英。

．那些民代讀書時代不讀書，等到選民代時偏走旁門小道，製造假學歷，騙騙老百姓。早時不讀書，有種應將無讀書情形勇敢地說出來，勿騙人民，造成假學問。

．連學歷都可騙了，當民代什麼都可騙。

．傳統或外國對不誠實絕不原諒，但台灣因國民黨本質不誠實，因此為保護不誠實的政權，只好保護不誠實的政客，從不揭穿不誠實的政客。

．如果我是領導人，我將會將國家分兩系統建設：一、基本人性的維護，即人的品質；二、科技藝文物質生活方面的提升。兩者相輔相成，尤其人的品質如果不好，第二系統的建設均無意義，只是富裕的動物而已。

．受無是非的影響，台灣社會無真理、真實可言，否定來否定去，真的也否定、假的也否定，真假價值相等，正人君子難容，是小人的天下。

．政黨如果無公義和理想，只為爭權奪利，則連商人都不如，難道有公義和理想就無市場嗎？如無公義和理想的市場，則民主政治比菜市場更亂，民主的價值何在？

．國民黨如要解決他們切身的問題，就拿國家資源或公義來與反對人士交換、妥協，我們的法制就是在這種犧牲資源和公義的情形下得來的，然反對人士只要有短線的甜頭就讓步了，我們只好為下一代悲憂。

．日本與台灣之差——

一、日本的山景保持自然美麗，台灣的山是墓地。

二、日本的廁所比廚房乾淨，台灣只重廚房不重廁所。

三、日本鄉村純樸房屋保持傳統，台灣鄉村奢侈，房屋亂七八

糟、不整齊、暴發戶形態。

四、日本計程車每部如新車，司機彬彬有禮，台灣計程車髒亂，司機粗野。

五、日本全部不需小費，服務均親切有禮，台灣看小費多少給臉色，小費不滿意態度野蠻、惡劣，甚至破口罵。

六、百貨公司看貨品，店員親切，雖不買也會感謝客人。台灣如看了不買，店員會給你臉色，甚至說「無錢也要看」。

七、在日本旅館不怕丟東西，甚至錢放在明顯處也不會丟，台灣就不然。

八、日本的道路不管都市或鄉村，均堅實、平坦，路邊水溝做更好，台灣粗糙、不平、跳動，水溝做不好甚至無水溝。

・每日殺人、放火、搶劫、綁票、撕票、車禍、自殺，死人不斷，國民黨高層至多扮演悼祭角色，假悲傷而逃避譴責，更不曾設法處理解決，使其不發生。

・國民黨是「有權無責」的政府。

・宗教應高於黨派，否則就不成為宗教了，教義應高於黨義，否則就成為無神靈的宗教。許多教會、宗教團體介入黨派之爭或受制於黨派，則宗教意義盡失。不幸台灣的宗教界受制於黨派之下，使宗教的道德精神和公義不存！

・蘇主任憑什麼權源，可批罵國家重臣（官員）。況且連行政院長、部長，想當高官的都怕他，甚至寧願失去尊嚴巴結他，這是歷代君王的親信才有此現象。

・有道德、有公義的人絕不會與現在當權派靠近、打交道，只有那些無是非、重功利的攀龍附鳳者，才在乎看現在的當權派，拍得很緊很高，甚至爭寵。

・台灣的政治人物是最無情義的，不會有親情和友情。不單是只有利害關係無感情，更無公義可言。當他要利用時，他會超感情地對待你、親近你，當無利用價值時，不成敵人就成陌生人。因此應特別注意政治人物，如政治垃圾，最無情義的。

- 與錢和權說話是最苦的，與無錢和無權的道德者說話是最自然、自由、自在，最快樂幸福的。

- 錢勢和權勢是秤斤秤兩的，如溫度，馬上有冷暖高低之分。冷暖高低是人最難堪的感受。破除財勢和權勢的法寶是道德和公義，唯有道德的價值觀和公義心，才能使人的品質不受汙染，才能使人的尊嚴高於功利，高於任何財團和權勢。

4/7 ・不德就不實，不實全部是假的。不德之治即假之治，也即虛僞之治。

4/8 ・如果是現在的黑金政治，我是永遠選不上縣長的。因爲我無錢、無勢，更無黑道背景。

・有黑金專制並無黑金民主，黑金也是一種專制政治，在政治學理論上又多了一種專制，即黑金專制。

4/10 ・國民黨政權如果說統治有進步，就是現在不要再遵守「倫理道德」和騙去騙來的政治。

・吊在牆壁上的紅白布（紙），大部分是壞人的。

4/11 ・朱鎔基訪美，談中國中央裁員一半，即三萬人變成一萬五千人，地方裁兩百萬人，分三年，中央一年就已裁完了。台灣聲聲說裁員，其實都是騙人的。省增副主席一人，省諮議每位增兩名助理，縣增副縣長，是增加官位而非減員。

4/12 ・大官每日享受從未有的榮華和看些新書說給他人聽，使人誤覺他是有學問的政治人物。

4/13 ・國策顧問、資政、行政院顧問、省府顧問，大部分不是樁腳便是酬庸或利益交換，因此所聘請的，大部分是有錢人或馬屁精。這些人均非顧問人才，顧問應有專業經驗並有高度智慧、學識，且人格完整之人才有資格，並不是那些阿貓阿狗來當他們的顧問。

4/16 ・地方爭錢的目的是爭油水，並非爭建設。你可看哪個地方有系統建設規劃？均爲臨時爭多少錢隨便消耗消耗而已，然後賺些油水，並非真誠爲建設。

- 依現制憲法總統是有權無責的，這將是國家最大的亂源。
- 行政機關如能將各種建設整體規劃、順序建設，自然可杜絕民代騷擾、壓力、關說和賺一把鈔票。
- 人事布局：一、以個人利害爲基礎的布局，二、以國家社會利害爲基礎的布局。國民黨政權完全以其私人利害的人事布局，難怪反淘汰和天下大亂。

4/19
- 以利害而分是非絕不會有是非，更無公義可言。
- 當與人發生糾葛時應檢討雙方的過失，很少有單方面的錯失，只有官大時才有單方面的錯失。
- 把政權當作私人所有，這樣的治國理念，才會造成今不倫不類的社會。
- 意識與行動不一致的教授式政治，完全是騙局。聽起來很好聽，但無法做，甚至與說的相反，這是台灣的悲哀！
- 無法以身作則的教授式統治者。
- 無尊嚴的大官有何意義。
- 屈辱於政客之下，換來眾人的馬屁，我是划不來的。
- 宗教被政治利用是宗教界的悲哀。
- 有吃說有吃的話，無吃說無吃的話，這種人最賤，也是我最看不起的，很可惜台灣的政界大都如此。
- 圍標式的總預算編列，是各級政府的習慣。
- 政黨間如爲公義而競爭，我可加入政黨，倘政黨間如幫派在競爭私利時，我絕不會加入，寧做個公義人士都不願當有權勢的幫派（政黨）分子。

4/20
- 神職人員只能爲道德和公義服務，不可介入只說利害的政治。神職人員如介入政治，就成爲政治的工具。

4/22
- 神的力量應比官位大。爲何神職人員喜與高官顯要攀關係，是否神其實不存在，要利用高官發揮威風，使人信服？
- 我反抗無道德的權威。
- 當道德碰到政治，道德就破功了，這是政治的悲哀！

- 以個人利害經營國家，不亂才怪。
- 金錢和權力只不過是人的附加價值而已，真實價值觀的建立是非常重要的。
- 公器私用就是貪汙，以公的資源換取個人地位或利益也是貪汙。

4/23
- 與放棄公義的人，有什麼好談呢？

4/26
- 主持「我愛的人在火燒島上」記者會。過去許多母親為在火燒島上的子女而哭泣，現在許多母親為社會治安惡化，為子女被傷害、殺害而哭泣，為子女的不安全更加哀傷。過去的領導人錯誤應負責，現在領導階層，難道不應負責嗎？
- 政府為什麼要等到抗爭、浪費社會資源後才要做呢？政府為什麼要等到兇案發生後才來抓人？這種政府有什麼可炫耀的呢？
- 現在只有功利價格觀，無公義的價值觀。

4/27
- 人如失去良知，眼睛就會起濁，起瘋狗目，亂咬亂吠，台灣社會就是如此。人如失去良知，只有利害無道義、無是非，更無公義之心。
- 無知的領導階層、無知的學界、無知的宗教界，明明是癌症，偏偏說一點感冒而已，任憑癌細胞擴散，造成無藥可救的台灣。
- 無道德的感受、無公義的感受、無責任的感受、無親情的感受，自然不會有道德、公義、責任和愛心的。

4/28
- 台灣的傑出、楷模成就，很少提到道德，大多是功利環境、功利成就，好像道德不包括在內。我想無道德還算什麼成就呢？無道德怎能傑出，怎能為楷模呢？
- 非常幼稚的領導者，將國內外人士帶進皇宮，以至高無上權力威風，向這些人以教幼稚園的方式，滔滔不絕地進行變魔術式的灌頂。使這些昏庸的人自以為得到聖示而驕傲。日本最甚，並稱皇帝偉大，「無知稱讚幼稚」。
- 道德、公義、是非均崩盤的台灣，國家的權力已落入無道德者

之手，自然以無道德、無公義的價值觀爲主流，這種統治架構的政府，台灣不變成動物園的動物才怪。

- 看《李光耀治國之鑰》一書，我應該改變「爲維護道德和公義可不擇手段」，否則有道德和公義的社會會很快消失，很難出現。當功利無道的社會強大時應以各種手段摧毀功利無道，道德公義才能出頭天。

- 政治人物應有政治意識、政治理想、政治理念，有使命感、有歷史觀。很可惜台灣參與政治的不是黑金便是無知，只會爭權奪利而已。

- 李光耀是實用主義者，不空談民主自由。民主自由只是討好選民騙騙選票，開發中國家採民主大部分失敗，無失敗的台灣也成黑金政治、黑金黨，社會無公義，比無民主的國家更慘。

- 優秀人才永久是優秀，不能因權力關係將優秀變爲平庸之輩，如王作榮、李遠哲的慘果。

4/29 ・游擊外交。

4/30 ・公的職位是短暫地借你掛名而已，並非永屬於你，唯當你要借公的職位掛名時，你應具備名符其實的條件，奉獻你的智慧、品格和能力，爲人類社會工作。

- 理論（學理）可爭論，事實不能爭論。理論可有不同的看法，事實就是事實不可有不同看法。

- 以借錢還債式的政府，雖可騙人民於一時，但終難逃被債務（新債）拖倒的命運。

5/3 ・聖彼德堡的商店公司，警察開的保全公司保護，商店門口掛藍色牌，黑道保護的則掛紅色牌。台灣的黑金統治有一天會像聖彼得堡一樣，除納稅金外還要請白道、黑道保護。

5/8 ・台灣式的民主是腐化人心，造成反淘汰的主因，民主的價值一點也沒有達成。不負責任的政客以民主爲口號，破壞公義，達成個人執政爲目的。

- 政客理直氣壯地公然欺騙人民，被物質功利沖昏了頭的人民仍

能接受，這是台灣人的悲哀！

- 無知的日本人以傾聽台灣政客的臭彈爲榮，日本竟淪落至此，足見日本人的幼稚無知。

- 我是尊重國家的職位，不是尊敬做官的個人。個人均爲平等，除非他具三不朽，我當然會尊敬的。

- 萬惡之源在民代，這個話已經說了三十年。政治人物無使命感、無責任感與群魔亂舞，藉民主之名欺騙世人，讓黑金占據議壇，任憑予取予求，將公權力和公的資源任意宰割，殺雞取卵殘酷無比，將行政權破壞無遺，造成君不君、臣不臣、民不民的腐敗政治，不堪卒睹的黑暗社會。人性消失、倫理道德淪落、公義不存、後患無窮，子孫難成人唉！這是我的煩惱。

- 現在有充分的自由，全世界最自由的國家，可自由殺人、自由放火、自由勒索、自由綁票、自由貪汙、自由搶劫、自由搶奪公的資源、自由犯法、自由破壞一切……這種自由是真自由嗎？有何意義和價值呢？無受害的人怎能體會受害人、受害家屬的痛苦？這種橫行霸道的自由，這種殺人放火的自由，無法無天的自由，誰在稀罕。

5/9
- 有功利就無正直。

- 無公義就無公事，只有私事。

- 最無人格的吃相是有吃說有吃的話，無吃說無吃的話，吃一點點說吃一點點的話，無人敢真心說公義的話。

- 民主就不要品德嗎？只要有能力就可嗎？殺手最有能力，但能算優秀嗎？

- 公義的智慧，有公義才是智慧，有公義才有智慧。

5/10
- 無智慧就無公義，無公義的政黨與土匪黨何異。不要太強調政黨政治，應強調公義政治。

5/11
- 民主又有公義的政府，最佳；獨裁有公義的政府，次佳；民主無公義的政府，次壞；獨裁又無公義的政府，最壞。

5/12
- 台灣政界幾乎是政治語言，非人的語言。

5/13 ・國會議員及縣市議員，大部分為私利瓜分公的資源，現又有十名助理幫忙其達成私利為目的，是變本加厲的作為，公家和人民慘了。

・執政者說應有新思維、新觀念，為了國家建設，主張赤字預算，不要老舊的平衡預算，這是什麼話！台灣老百姓繳了無限稅款，任憑政府與黑金分贓，浪費一年的預算，如果我是執政者，將剷除黑金和不正當浪費，編列有效率的預算才對。

・謝長廷聘顧問超過百人，比總統府國策顧問還多，足見民進黨的絕招比國民黨厲害，無薪水也不能亂聘，公器私用。

一、顧問是酬庸，不可以公的機器當為私人酬庸，民主就無酬庸，酬庸就不是民主。

二、顧問要那麼多，證明自己一無所有，無智慧、看法、能力，怎能為國做事。

三、大都為顧而不問，只是想找來當選舉的樁腳而已。

四、破壞體制：酬庸或樁腳均非善類，不具為國為民服務的條件，政治野心家的傑作。

五、我反對此措施。總統府資政、國策顧問那麼多，完全是酬庸和樁腳，以公的資源當為私人的酬庸，太自私。

5/14 ・包袱即貨底，貨底多會拖垮店。

・乞丐多的國家人民較善良。過去台灣有乞丐，連小偷都很少，如今無乞丐，殺人、放火、搶劫、強盜、暴力犯、綁票、擄人勒索樣樣有，小偷滿天下。蘇俄有乞丐，人算善良。

5/15 ・賣命求名利是最傻瓜的人，但百分之九十九以上均屬此類。

・道德基礎上的名利才有價值。

・顧問不是拍馬屁，而是忠言逆耳的。高層喜歡拍馬屁的顧問，如此不如不設顧問。

5/17 ・新聞自由固為民主政治的條件，但如新聞自由被無責任的政府，用來美化自己或對國際宣傳，對新聞自由發表的監督政府意見置若罔聞，如狗吠火車，則新聞自由不只不能收到民主自

由的功能，甚至有擾亂人心、製造亂源、誤導人民的惡果，亦即你罵你的，我做我的。如此新聞自由只不過是假象而已。

5/20　・言論受到執政者的尊重和採行，言論自由才有價值。

・如果選出的公職人員盡是黑金，那麼公務人員只不過是黑金的工具，亦即當黑金的奴役，部會首長也然。

・結果論在政府施政上是很重要的。如果無結果，政府的施政等於零。

・可巴結賢能，不巴結權勢。

5/25　・新的國策顧問名單有謝隆盛，但謝隆盛目前已是植物人狀態。連植物人都可當國策顧問，顯見酬庸重於顧問，這是國民黨政府為人做事的哲學。

5/26　・反道德、反公義的執政者，能將人類統治好嗎？能把國家統治好嗎？

・立法院編列兩百四十一億預算要新建立法院，我很贊成，但醉翁之意不在酒——

　　一、無地點也無設計規劃，怎能編預算，通過預算呢？這是國民黨政府的野蠻行為。如果政府機關也效法立法院的作風，豈不天下大亂。

　　二、新建立法院兩百四十一億將被黑金委員賺一大把錢，如無賺錢（五成），他們無那麼好心來建造立法院殿堂，所以說醉翁之意非在酒，而是在賺錢。民進黨不懂底細，竟附和國民黨，令人遺憾。

5/27　・柏油路不管都市或農村均凹凸不平、坑坑洞洞，車子經過跳動得很厲害，連高速公路也不例外，要看書或寫字均難，這是偷工減料、官商勾結成性的國民黨政府的專利，可愛的台灣人均感習慣。走遍世界各國的柏油道路均平坦，一點跳動都沒有，為何差異之大呢？

・無公義的生活是小人的生活，大官竟失去公義精神，才造成今日台灣黑金猖狂的反淘汰社會。

5/28　・陳水扁接受推薦提名，強調政黨輪替執政是錯誤的，現在政黨黑金腐敗，怎可由他們壟斷支配輪流包辦呢？由壞人輪流執政才算民主政治嗎？當然，民主政治是政黨政治，但須政黨品質高，有公義、乾淨，並有強而有力的法治，政黨才能發揮正常功能。如現在黑金掛勾、黨產、黨營事業如此龐大，如何公平競爭？又法院是屬於某黨所有，如此能算為民主政黨嗎？這種政黨是吃人黨，還能算為政黨嗎？

　　　・無公義的心靈不是知識分子。

5/30　・功利是萬惡之源，公義是萬善之源。以有MQ為基礎的IQ才有用。

　　　・有人說我看人「著煞油」。不錯，我是看有道德、有人格的好，不是看他的權勢，更不是看他的財勢，更看不起無道德的權勢和錢勢。

　　　・無道德價值的人，在主導政治、主導社會，迅速破壞人性，造成無是非、無公義的社會，這種社會縱有多大權勢和財富，不只無意義，反而會造成反淘汰的社會。

5/31　・藝術只有水準沒有標準。

　　　・民主就沒有是非嗎？沒有是非哪有公義？沒有是非哪有法治？無法治哪有民主？很可惜台灣政治人物無是非、無公義，只有腐化的權力。

6/1　・黨產＋黑金＝民主？

　　　・製造黨產和黑金政治的人，對民主有貢獻嗎？

6/2　・說的時候是靜態、是點而已，比較容易簡單；做的時候是動態、是拉長線，不是那麼容易。決定一件事情應評估動態和拉長線的過程，如能掌握又無困難，始可決定，否則只聽「說」的和「點」的，是不準的，會失敗的。

　　　・黨產與黨營事業的弊端——

　　　　一、千億政黨與沒錢政黨如何競爭？

　　　　二、內線交易。

三、透過公權力製造公司週轉失靈，然後黨營事業以便宜價格
　　　　收購吃公司。

　　四、貸款給反對黨議員，收買反對黨。

6/4　・行政院通過金融業營業稅降為百分之二（原為百分之五），以
　　　　便銀行業沖銷六千多億呆帳，公道在哪？國民黨提名黑金民代
　　　　競選，當選後以職權、特權向行庫強行貸款，大多不還而成呆
　　　　帳，如今要減少稅款沖銷呆帳，分明是以人民的錢來沖特權的
　　　　呆帳，這種行為國民黨都做得出來了，怎麼叫陳進興之徒不綁
　　　　不搶？

　　　・人生存如只為自己，格局太小不活也罷。

　　　・五月十三日奧運選手拒授旗及要挾，令我對體育乏味，這是反
　　　　道德的人從政的結果，一切腐化。

6/5　・功利主義下的司法，那會有公義呢？加以政治腐敗，司法官才
　　　　有混水摸魚之機。因此住在台灣的人，只有靠運氣了。

　　　・連戰提領導人五個條件：經驗、穩重、寬容、國際觀、宏觀。
　　　　無道德的經驗、無道德的寬容，有害而已。為何不敢提道德、
　　　　智慧、誠信、能力、典範等條件？這是國民黨高層一貫怕道德
　　　　之故。

6/7　・民進黨屢次參加修憲，均在幫忙國民黨政權更堅固，國代應廢
　　　　除，不只未廢，反而擴權，造成今日問題，憲法愈修愈亂，民
　　　　進黨寧得一時面子，甘願為虎作倀，今日憲政之亂，民進黨比
　　　　國民黨更應負責。如民進黨不參加修憲，人數無法達修憲法定
　　　　人數，明天國代又要開會，民進黨又要配合國民黨亂修憲。

　　　・一、黑金為主體的政黨。

　　　　二、無公義只為黨的利益的政黨。

　　　　三、無國家利益，高於民眾利益的政黨，均非民主國家之政
　　　　　　黨。現在國民黨、民進黨均以上述屬性之政黨為名，強調
　　　　　　政黨政治，無非壟斷政治資源，黑金政黨的市場，使清流
　　　　　　之士無法沾邊。

- 超黨派利益的政黨或獨立人士，總比無公義、黑金黨好得多了。

6/8
- 田中秀昭一源三流，一源指家訓，三流指為家人流汗，為朋友流淚，為國家流血。
- 台灣的病院均爆滿，如菜市場般熱鬧滾滾，表示功利社會百般交集的總結──人人進病院。全世界只有台灣的病院，生意最興旺。

6/10
- 民進黨只會攻擊兩蔣獨裁，但兩蔣獨裁霸占的國民黨黨產千億為何不充公？容許國民黨繼續控制，矛盾。黨國不分時代的黨產應屬於國有，充公是應該的。

6/13
- 陳唐山主張跨黨派與我的理念一致，台灣政黨不是黑金，便是搞特權，黨的利益高於國家和全民，這種政黨不能把它當為真正民主國家的政黨，與幫派差不多。因此只有代表國家利益至上，全民利益高於黨派的跨黨派人士才能救台灣，才能改革。
- 台灣的大官最會變鬼變怪（裝神弄鬼），如葉金鳳裝老太婆搭公車（《聯合晚報》刊載）。正事做好才來變鬼變怪還講得過去，正事不做，專門變鬼變怪，實在太踐踏人民。

6/16
- 無私應有是非之心，無是非之心必自私，無是非之心就無責任感，無責任感的人，才是自私心強的人（讀《高清愿傳》說無私有感）。

6/21
- 感恩之心人人有，真正的恩是純潔、無私，真愛心、善心、積德等為出發點的施捨，幫助他人協助困苦的公益慈善工作，基於上述行為的行善才是真正的恩。違背上述意旨的施捨或另有動機的施捨，不只無恩反而有罪。因此不能隨便感恩，不德、不仁、不義、不忠、不孝之恩，非恩也，不可因有得到好處就感恩，這是錯誤的恩，應分真恩和假恩。真恩才感報，假恩應唾棄，這是我對恩的看法。飲純潔的水，才能思源，飲污水還思什麼源呢？
- 言論自由是政客騙人的法寶，雖言論自由係指大家均可自由發

言，但可惜充分的言論自由發言後並無受執政者重視，執政者就是民間再好的建言或很好的言論也不採行、不接受、不改正，如此，言論自由有何意義？你們說你的，我做我的，我行我素，如此心態的言論自由有何值得呢？因此如執政者不重視民間意見，不採行、不接受，則言論自由只不過是騙人的。

6/24 ·有人說「民之所欲，長在我心」，其實是「民之所惡，藏在他心」。

6/26 ·景美女生在國軍史物館遭姦殺，只聽到高層道歉，或以後要加強軍中管理、生活教育，說一大堆未來式來騙被害家屬及安定無知的民眾。在功利掛帥，領導階層反道德、反倫理，這個社會怎能變好？所謂加強嚴格管理，均是美麗謊言，是無法做到的。過去如此，將來將更嚴重。

·民進黨與國民黨合作修憲，造成今日不倫不類的憲法。上次許信良同意黨產及黨營事業，造成台灣永無民主的環境和條件，又擴權無責的總統，和所謂無能的雙首長制，立法兩百二十五名，國代三百三十名，與各國體制完全背道而馳，造成歷史上的災難。這次開會民進黨不堅持單一國會廢國代，竟主張國代全採政黨比例代表制，封殺全部無黨籍參政機會，又不堅持黨產充公、黨營事業一律歸公營，倘民進黨無法堅持此原則，則民進黨等於在幫助國民黨修它們喜歡的憲法，民進黨諸公將成台灣歷史上罪人。

·所謂功利主義是吃父偎父、吃母偎母，有吃說有吃的話，無吃說無吃的話，吃一點點說一點的話。只說利害，無是非、無道德、無良知。台灣的大官、大企業、民代，大多均屬功利，不幸學者也然，這是台灣無法做好的原因。

·高層無道德的基因，怎能有好的成果出現。

·台灣心靈的破壞比環保的破壞更嚴重，心靈和環保的破壞表示人類消失的前兆。

·參加台中金蘭獅子會有感：四大社團每逢開會互贈紀念品，如

木匾、銀牌、銀盾……時間占最多，且製造髒亂。現在到每家庭均可看那些銀牌、木匾隨便丟到壁邊或倉庫，這是台灣的假象。無內容僅有虛表的形式，是台灣社會腐敗之因。

・人害比公害嚴重，心保比環保重要。

6/27 ・立委說國代是蟑螂，國代說立委是垃圾。

6/28 ・任何權力、權勢、財富，形式虛偽極易消失，只有骨氣、風格、風範永不退色，永續存在。

6/29 ・目前社會上浮出檯面的人大多均非善類，不管其公職多大，不是黑金便是吃天吃地吃銅吃鐵的，這些人均不值得我一瞄。

7/1 ・我今日未能有機會為國為子孫工作，實受儒家之害。我一生主張儒家價值，不論日常生活或縣政、政務委員、中央選舉委員會主任委員、文化總會祕書長、國策顧問……均言行一致，肯定儒家價值，當為我的生活信念。惜為此與人格格不入，才結束了我儒家從政機會。

7/2 ・有歷史眼光的人，才是真正知識分子。

・明明是「黑的」要我說是「白的」的官，我不幹。明明是「白的」，要我說是「黑的」的事，我當然不幹。

7/3 ・政治人物如無具備高尚的道德情操和高度的智慧，就無法產生責任感和使命感。無責任感的，自然無能力處理國政，無使命感的人，更無法維護國人尊嚴。

7/4 ・無知識和骨氣的人，一生只有拍大官的馬屁和巴結權貴而已。

・有功利就無公義。

7/5 ・金錢大多是拿來讓物質生活豐富、物化的享受，以炫耀自己高於人，另外是以金錢來做惡事，欺侮人、凌遲人、害人而感到爽快而已。很少人會以無金錢代價地慈善去關心人、幫助人。

・新加坡是最有言論自由的國家，人民批判政府、攻擊政府、建議政府或政治人物，只要是對的，政府馬上辦理或改革。如果故意亂罵、製造是非、擾亂社會或不實言行，政府或任何人立刻提告誹謗罪，除坐牢外還要鉅額賠償，這才是真正言論自由

的國家，也是有責任的言論自由，這才是言論自由的價值和意義。

7/7 ・民主自由的破壞比自然生態和環境破壞更重。

民主自由的條件——

一、有倫理道德的國民。

二、有法治的國家（如新加坡），人民守法，官員守法，政府守法，司法公正獨立，法官品質高（包括道德、良心、正義和哲理、法理）。台灣在兩蔣時代，由於反共抵抗中共，又要反攻大陸，自由民主僅止於談，根本不可能。現代本可做好民主自由，結果有限。

（一）反倫理道德，國民心靈受功利汙染、創傷、泯滅。

（二）無法治的民主。

（三）黑金政治。

（四）政黨如幫派：黨的利益高於人民和國家。

（五）有豐富千億黨產又可經營內線的數百家控股公司。

（六）功利價值觀，無公義觀念。

・只要把台上的那些大官或中央民代，以他的言行之事實，將善、惡、忠、奸貼標籤在他們的臉上，相信可淨化公職人員心靈，也可迫使他們不要做壞事、貪贓枉法、欺善護惡。

・做過國民黨黨官的人只有一時的好康，卻是永遠的臭人。

7/9 ・辜濂松主張金錢外交（《聯合晚報》刊載），說比被中共接收台灣好，又說金錢外交是台灣唯一生機。堂堂的無任所大使說出不正常的話，難道他的無任所大使是專門搞金錢外交的大使？可憐又悲哀。用金錢收買朋友或金錢之交的朋友，是真誠的朋友嗎？同日，陸以正也說金錢外交，還批人家不要自命清高。由此二人的主張來看，將把台灣見笑（丟臉）的黑金政治宣揚至國際，而成黑金國，可憐！

7/10 ・專制分二種，古代為單式專制，現代為複式專制。

真正為維護人類尊嚴、公義、福祉，而有高度智慧、道德、哲

60

學為基礎、有品質的政治家太少，缺乏上述條件的任何選舉形式的所謂民主，只是複式專制而已（不稱為多數專制），與單式專制何異？複式專制為害人民，比單式專制嚴重。

7/11　‧原則是不能多元化，台灣的高層和讀些書的人很喜歡說「多元化」這句話。但他們並無了解原則、真實、道德、倫理孝道、法律是單一的，不能多元化，如果可多元，人就沒有原則、真實、道德、倫理孝道、法律了。很可惜高層和些讀書人不懂此道理或故意多元化，混淆是非，混水摸魚。

　　　‧農漁會呆帳，財政部編三百億給農漁會沖銷。須知農漁會是國民黨的金庫大樁腳，選舉時，農漁會錢拿出來支持國民黨選舉，現在虧空了，政府編預算沖銷，太不公道。銀行呆帳六千億，將百分之五營業稅減為百分之二、百分之三沖銷呆帳，也是不公道。因銀行的呆帳均為省議員或特權所借，尤其貸款來買票，然後不還錢，拿老百姓的錢來沖帳，如此政府太可惡。

　　　‧連戰批宋時說：「我的字典內沒有『背叛』兩個字。」足見政治學博士的連戰竟不知現在是民主時代，主權在民。除「背叛」人民外，還有什麼可背叛？宋當時依法依理支持李登輝為黨主席，怎能說背叛蔣家？離開李登輝怎能說是背叛李呢？除非現在還是專制帝王時代，才能說宋背叛李、蔣。現在民主時代的背叛，僅指背叛「國家」和「人民」。如宋背叛國家有國法可處理，背叛人民將被人民唾棄。民主時代無背叛個人的字典。

7/12　‧體育界的黑暗與政界差不多。拒絕授旗散隊為要挾，買賣選手，作為賭博的工具，無運動員精神、無國家觀念和榮譽感。選手自抬身價做買賣價格，如此教育如此政府，可憐！

7/15　‧我是看「公義」的頭臉而活的，不是看某某大官的頭臉或金錢的頭臉而活，這是我的本性、我的骨頭。

　　　‧政客之間互相騙來騙去，固無可厚非，但絕不可欺騙人民。

7/17　‧由於功利價格觀抬頭，親情倫理漸失，參與任何活動也是多餘

61

的，「有」與「沒有」均無區別。

- 有地位有權力有財富的人，應利用其條件加上智慧、道德、能力為人類社會做公義的工作，才有意義，才會受人尊敬、懷念。相反的，如具上述條件而做違背公義、傷天害理的事，不只無意義，將遺臭萬年禍害子孫，也是罪惡。

- 領導者不要浪費很多時間在被人拍馬屁或捧場的內容上，因為馬屁和錦上添花都是多餘的。政治人物應為人民、國家應分秒必爭，不要有私人的享受。

- 除言行一致和堅定道德心的政治人物外，受政治汙染過的政治人物是不會有道德，只有虛偽的形式，偽君子而已。

7/18
- 報紙報導，連戰在高雄連友會活動時批評（未指名，可能是對宋楚瑜），「不要吃碗內洗碗外」。其實這句話是私人關係才適用，現在民主時代，政府只要是誰對就是誰對，並無「碗內碗外」的問題。況現在政府法令准罷工、抗爭等動作，比「洗碗外」更強烈。

- 台灣的大官、學者大都只知道名詞、口號，不知內容、真義，才會造成言行落差甚遠，甚至言行相反。

7/20
- 李先生「特殊國與國關係」，說得很堅定。陸委會蘇起、海基會辜振甫、連戰、行政院均立刻表態支持。現在看到股票三兩天內暴跌千點，中共反應劇烈，美國有壓力，總統府、行政院均忙著澄清「兩國論」。既有主張，尤其是領導者主導的，兩國就是兩國，何必澄清？兩國是很明確的，何必澄清，要怎麼澄清呢？將越描越黑，失去國家尊嚴。

7/21
- 大官是唇槍，黑道是刀槍，均無道。

- 價值是根，價格是枝葉。

7/23
- 這個社會說「實話」的人太少了，說「利害」的人最多。官越大說實話越少，農工界說「實話」較多，知識界說「利害」者較多，學者不敢說真話，只想有機會當官，因此是看人的頭臉而說話。

・國民黨自開放黨禁後，比過去更腐敗。因爲有反對黨的成立，可告訴海內外「我們已有政黨政治，是民主國家了。」因此可公然爲所欲爲，造成倫理道德喪盡、社會無是非、無公義，以民主爲藉口，進行不公義，比黨禁前更腐敗。換言之，有民主之名就可公然腐化。然反對黨不只無法監督執政者，甚至與執政者同流合污狼狽爲奸、分贓奪利，可說黨禁開放，使國民黨公然腐化，而新成立的反對黨也分一杯羹，因此等於政黨合流，魚肉人民、腐化社會國家而已。

・謠言止於智者，眞是名言。可惜現在只有「名利」，很少智者，才造成謠言滿天下的無是非社會。

・不是自己清廉、能幹就好，應推己及人。應使你的屬下、同事、朋友，甚至整個社會均清廉、能幹，才有意義。

7/24 ・價值是無限的，是永遠的，是無價的。價格是有限的，是短暫的，是有價的。

・有道德的人，說話的對象越來越少。

7/27 ・有公義心的人絕不會與利害集團結合，更不會浪費生命和尊嚴，與利害人相處。

・台灣的政界只有利害的結合，無公義存在的餘地，公義心重的人只有孤單寂寞。

7/30 ・不務正業的政府和政治人物，利用人民的稅款來做私人的公關，不是應酬便是跑喜喪事，將公務置之度外，個人利害第一，這個政府和社會不爛才怪。

8/1 ・過去是白色恐怖，現在是利害恐怖，是暗的，藉民主化之名，做比白色恐怖時代更恐怖的事。

8/2 ・有愛心就不會計較。男女平權如無愛心，也無法達成，如有愛心，無平權規定也會平權，甚至有互讓互助的價值。

・MQ爲基本＋EQ＋IQ＝完美。

・公義是我的主流價值，違反公義的一切，均與我的心靈衝突。

・我一生感到最光榮的，是能在彰化縣長競選中，能以孤單單的

個人，打倒黨政軍聯合作戰的專制中國國民黨。

- 如果無法做好工作，什麼職位、地位我都不會就。只掛名，無法做事的人最無恥。

- 人活到六十歲以上還在「西瓜偎大邊」，無一點公義心，足以證明前半生是白活的。剩下幾年人生何不珍惜它，應該避開功利，活點公義吧！你的人生才會有點生命感，也像一點「人」。

8/6　・金權專制比威權專制更屬害。黨產千億，控股機構百家的內線交易，以金錢來主宰政治的國民黨，是世界有史以來金權專制的開創者，也是金權專制的典範。以金權專制來統治國家，比威權專制更腐敗、更恐怖（金色恐怖）。唯大家對金權專制的屬害無感受，才導致金權政治公然在台灣出現。

8/7　・災害發生的效應——
　　一、官員作秀機會。
　　二、賺錢的機會（重建）。
　　三、官員束手無策，無法治之於未亂，只是事後作秀式的握手慰問而已，無法解決問題。

- 台灣有白色恐怖、金色恐怖、黑色恐怖，還有灰色恐怖。

- 領導階層以兩蔣威權專制，並以不負責的無政府狀態的假自由、假民主為口號，欺騙世人，以達其專制（暗的），滿足私慾（包括物質和精神），造成台灣無公義、道德存在的國家。並以學者教授式的政治，而非做事負責的政府，因此話講得很好聽又動聽，然根據他們的話有「做」些什麼？完全是官話和空話而已。

8/8　・領導人士不可不顧人民受苦受難，而天天說那些五四三（無關痛癢）或「呼一呼六」（賭博時的用語，比喻說話輕率）的風涼話，然後才以父權觀念動員官員，澄清不完。

- 廢省後增聘省府顧問，公器私用，不知什麼意思。

8/9　・看人頭臉而活的人是最無尊嚴的人，很多大官屬於這類的。他

64

們無骨頭髓，只會見風轉舵，無原則、無主張，隨時可出賣他人而求榮，這種人就是當多大的官也是枉然的。

- 台灣的宗教界對自己的教義無信心，亦即未具宗教家的精神。因此很多宗教領袖不拜神靈而拜活人，即宗教界藉大官的名來壯大自己、壯大神靈，這是反其道而行，而將神置於政治人物之下，實不應該的。

8/13
- 大官對每天殺人放火、很多的嚴重災害，均漠不關心，任其發生，對它不痛不癢，這就是他的愛心和宗教家精神。昨天洛杉磯比谷猶太社區遭一白人男子濫射，造成五人受傷，柯林頓總統立即聲明譴責。美國這樣大國，每逢雞毛蒜事的災害，美國總統均關切，我們這麼小的國家每日殺人放火，天災地變，很少聽到大官關心的聲音。大官裝著不知道，表示他們沒有責任，永遠享受權力的傲慢，好的拿去，壞的丟給他人，天天說風涼話，真是如趙耀東說的君不君，臣不臣。

- 無公義的知識和性格，不管地位多高、財富多豐，都是非基於公義而得，沒有稀奇。沒有公義得來的地位和財富是以心術不正、不擇手段、非理性、沒有格調而A來的，不值得尊敬和羨慕，相反應唾棄他，以還其他人公道。台灣有地位和財富的人大部是違反公義而來，一切以功利為依歸，很不入流。

- 「西瓜偎大邊」的人是最無公義、無是非、無道德、無良心、無血、無淚、無恥、殘酷、唯利是圖、投機分子的動物，與人不一樣。這種人在功利社會占絕對多數，造成人不人、獸不獸的社會，我一生最看不起這種人。

8/15
- 人不能比人，人比人氣死人，但人格是可比的，因人格有高低，人格愈高人愈尊敬，無人格的人會被唾棄的。

- 台灣的大官只會講話，官大學問大，睜著眼睛說瞎話，大部分都是騙人民的，說的不做，說的沒有辦法做，說的一套做的一套，如果有做也是打折扣，偷工減料，肥了一部分人才做。

8/16
- 皇帝＋皇帝黨＝現在的台灣。以假民主來掩護暗面的皇帝心態

和永久的皇帝政黨，才造成人性消失、倫理道德淪落、黑金政治，君不君、臣不臣、人不人的黑暗社會。

- 民進黨的罪惡是將要倒台的國民黨再扶上來，又使專制黨永續，反使千億黨產合法化，甚至由黨管會劉泰英翻雲覆雨，與高層、內閣公然進行內線交易，以金錢控制政治，支配反對黨人士，反對黨成為國民黨的附庸黨，如此也。

8/18 ・真實和公義是至高無上的人生。

8/20 ・人命關天，為什麼說媒體報導兇殺實情，被批為媒體專報黑暗面？治安不是官員之責嗎？官員不知檢討自責反而責人，完全是不負責的。

- 凡事都要「有心」。「無心」則任何表象和作為均毫無意義可言，只是「虛幻」、「費力」、「耗時」，浪費生命和心跳而已。

8/21 ・所謂功利價值觀就是「有吃的說有吃的話」，「無吃的說無吃的話」，「吃一點點的說一點點的話」。

- 兩蔣時代警察不得對人隨時開槍，現在警察隨時可開槍，如此誰主政較有人權？

8/22 ・新加坡新任總統說「不因別人的恭維而改變自己的立場」，與我的為人一致。我常說，恭維你可能有所圖，也可能是「裝的」。

8/23 ・藝術家、宗教家如屈服於權威，對高層政治人物歌頌歌德、拍馬屁、高攀、奉承，此種人最無格，失去藝術和宗教的意義，我最看不起這種人。

- 華航昨晚又摔機，自長榮開業之時，即華航將有倒閉之日。長榮參與競爭，造成華航內部不安，員工情緒不穩，當然易發生事故，名古屋、大園、香港失事之因在此。

8/24 ・無格的人只能靠利害而活。

- 連戰經百分之九十六點三的黨代表連署為國民黨總統候選人——

一、比專制的蔣介石還高。

二、足見民主一點都沒進步，比過去還退步。

三、國民黨根本沒有民主的表現。

· 民進黨歷史的錯誤責任——

一、肯定黨產合法化和控股公司的內線決策和交易，才造成黑金政治，以金錢控制政治人物，收買反對黨，而成為「金權專制」。

二、率先主張公職人員，尤其政務官、縣長可公然助選，致使李時代包括總統、副總統、五院院長、部會首長、縣市鄉鎮長公然助選，違背行政中立，此罪責也民進黨的責任，破壞行政中立是民進黨的責任。

三、民進黨領導人迄仍抱住國民黨及李先生，失去反對黨角色，且肯定黑金政治和無公義的國民黨過去的成就，更使民進黨失去原則和監督功能。

四、接受國民黨的統戰職務如國策顧問、資政和其他職位，這些人成為國民黨抵銷反對黨的籌碼。

8/25 · 國民黨為對付宋楚瑜，規定退職黨工如支持宋，將開除黨籍，不支付退職金及優惠存款利息，可看出——

一、黨產比國產大，做國民黨黨職退休也可比照公務員退休領取退職金及優惠利息，非黨員就無此權利，這是民主和公義嗎？單憑此點，人民應將國民黨當為人民的公敵，應早日消失妖怪，台灣才有真正公義的一天。

二、國民黨取消退職黨工的退職金及優惠利息更可惡，這些退職金及優惠利息是他們過去對黨的貢獻，應得的權利，與現在的行為不相干。由國民黨的為非作歹，足見國民黨與人類有別。

· 劉泰英何許人也？僅擔任國民黨黨管會主委，每日放言，什麼都管，如飛彈可攻香港、上海，股市操縱、高鐵問題、兩國論、總統候選人。他的皇帝嘴，無人能管束他。

・物性化（物化）。

8/27 ・要以智慧處理問題，才能解決問題。如以情緒處理問題，不只無法解決問題，反而使事端擴大。

8/28 ・物性化與人性化：台灣社會趨於物性化，因此人性慢慢消失。

・功利價格觀，物性價值觀，將造成人本消失，人性不存在的結果。

・文化與物化。

・鮮度：不變質、不腐化、不腐敗、不油條、不爛掉、不臭掉。

8/29 ・有道德才有尊嚴。

9/1 ・瑞典國會議員四人共用一助理，台灣一立委十人助理。台灣的立委助理大多為樁腳，根本不夠資格當助理。國事、社會事、倫理道德、公義均不懂，怎能當助理？由此足見台灣的敗象。

・祝基瑩說：「瑞典部長騎腳踏車上班。」總理、部長或住公家宿舍者，均應課因住宿而省下錢的所得稅。

9/3 ・很多人為做官失去靈魂，連收驚都沒有機會。尤其是看人頭臉做官的人，更無靈魂，更無尊嚴，更悲哀！

・參加實用藝術博物館「新季展」，挪威王后親自參加。致詞沒有王后的分，均為有關人員三人致詞，王后靜靜地聽。展覽開始王后從頭看到尾，還很仔細看，最慢離開。在台灣是相反，致詞是大官或夫人，致詞完即離開，縱有觀賞展覽也是作秀式地點綴點綴而已。

9/5 ・施克敏說挪威人不吵架，足見品質高，「誠實善良」是挪威人的特色，唯漸受台灣及西方人的影響，因此挪威應有遠見和有責任的政界來維護這塊淨土，勿受破壞和汙染，保持人類的原性。

・施克敏說他當中央通訊社社長時，有一位立委要委託中央社代辦民意調查，施只收成本十二萬，這位民代出價八萬，調查後才知道，那位民代向某國營事業取一百萬，無形中賺九十二萬，還向某國營說中央社收一百萬。其實台灣民代大多是做這

種工作。

9/6 ・無知、無恥、無賴、無能的大官是罪惡，應受歷史制裁和全民唾棄。

・無公義和道德的權威，我絕不附和、不支持，更不懼怕，反而要消滅它、唾棄它。

・語無倫次、講話不算話，一日數變的多元化，只會引用聖賢名詞、教授式的好聽話，說爽話、情緒話，用聽話低能拍馬屁的人當部會首長，和酬庸式的賣官，才造成今日君不君、臣不臣、民不民的國家。

・權力並非偉大，自然真實才是真偉大，道德公義的智慧和能力是真偉大。

・有的是活永久的，有的是活目前就可，人的問題就在此。

・國代自己決議延任兩年，比老國代被迫延任更惡質、更老賊。新賊比老賊更厲害，更不要臉。

9/8 ・聯合報報載，連戰到嘉義市，為賄選張市長，當場答應補助十億。這是十足賄選，他是黨提名候選人，且是現任副總統，不得用公款賄選。

・國民黨執政不但無道德，更無法治，只有騙人的空頭民主口號，騙世界。台灣有黑金政治和政商勾結的豐碩成果，這是害死國人，欺騙、買收國外政客的兩項手法。

・為凍省廢省，動員黨員支持，並以狗頭鍘伺候。國代延任看到許文龍的傳真，不表意見，造成蘇南成為延任受攻擊處分。因此如以凍省廢省之例，此次延任的幕後黑手，國人應清楚。

・假民主，無人權（無法治哪有人權？政客目無法紀、特權自肥，造成社會無公義，尤其每日殺人、綁票、撕票、暴力犯罪、公共不安全，死於火災、車禍，或山崩地裂的無數人命，這是人權嗎？），但政商勾結，產生不少財團和黨營黨產（民主國家無黨產黨營）結合，以金錢收買國外政客和學者、媒體，替黑金黨宣揚台灣有民主，騙騙外國人。

- 民進黨強辯延任換取憲政改革，太膚淺，比國民黨更差。不延任就無法憲政改革嗎？如果民代都要糖果才能改革，則國會比垃圾更髒！延任和金錢解決問題有何差異呢？如果通過法案都要糖果吃，當初設計國會制度的人是罪人，這有民主嗎？

- 看民進黨今日喪失道德的表現，就可看出當初成立時已有「國民黨化」，即「國」民黨＋「民」進黨＝國民黨。難怪今日的民進黨比國民黨更要「權」，更要「錢」，更不守法，不守公義。

- 國民黨與財團掛勾，利用財團收買反對黨員，收編反對黨員，扼殺台灣民主生機，因此除國民黨、民進黨是罪惡，財團也是共犯。

- 充當國民黨劊子手的財團不值得尊敬，且永遠是台灣（歷史）的罪人。

- 國代改為政黨比例代表制，完全封殺國民參政權，是黑金兩黨的傑作，開民主倒車。

9/9
- 台灣高層只挑好的，壞的歸於全民，無責任去解決。好的包括私人好處表功，壞的人民去死與他們無關。
  科學家用基因式複製人（Humancloning），就是把用於其他動物的技術，用於人類。人類將發生嚴重危機。

9/14
- 宗教商業化和政治化、功利化，完全扼殺了宗教的精神和意義。

- 宗教是高於人類的。宗教家如無法秉持教義和道德，而一味屈服於權勢（權力和財勢）之下，並對不良政治領導者巴結、奉承，則失去宗教的價值和功能。

- 宗教無法教化人類，尤其教正、導正政治人物，反而屈服於權力之下，則宗教不需存在。

- 國民黨說國代延任等待六個月觀察期後再定存廢，是無知的說法。延任已違背憲法與民任期契約，除非是獨裁制度，如果是民主國家，不會有違約延任，延任根本無效，何待六個月觀察

期呢？民間的一般契約如逾期自然失效，除非雙方同意延期，否則到期自然失效，怎可單方想延期就隨時延期呢？此種常識台灣人都不知道，則台灣政治社會永無民主和公義可言。

- 國代延任兩年多和採政黨比例代表制，是不擇手段的政黨和個人利益高於國家和全民利益具體表現。名爲政黨，其實比幫派更不如的黨，怎能採比例代表制呢？雖有些國家採全部比例代表制，但它們的國民品質高、政黨水準高，全部以國家利益、全民利益高於政黨，如此也許有全部政黨比例代表制的存在。台灣這些幫派，以外國之例自肥自利，太可惡。

- 行政首長如不能執行預算，不是失職便是無能，預算執行徹底才是好首長，怎能說花錢最多的首長不對呢？難道我們需要只占高位而無法執行預算、無法建設的首長？或只占權位而不做事或不會做事的首長嗎？如要追究宋楚瑜花最多錢，應追究：一、是否違法，二、是否官商勾結、貪汙腐化，否則無理由批判他花錢。

- 如宋任省長或省主席時嚴重違法和不當，指派他當省主席及提名他選省長的黨，均難辭與宋負同樣責任，下台向全民謝罪。

9/16
- 信人不信神是宗教地位淪落的關鍵，信人不信神還有宗教存在嗎？信人不信神是宗教之恥。

- 綁椿買官位是國民黨的傳統，不可或缺的文化。國民黨批宋綁椿買總統，不知是批自己或國民黨。我想宋「有」，國民黨「更有」。龜笑鱉無尾，半斤八兩。

- 無神靈的拜拜，無法治的民主，有何意義呢？

- 無我才有是非，以自我爲中心的所謂是非就是無是非。

- 《財訊》九月號「台灣高鐵是無BOT精神的BOT」。BOT（Build Operate Transfer）之意爲利用民間充裕的資金來減輕公共建設財政負擔。如今以「政府擔保」，BOT精神全失。

- 國代延任及採全額比例代表制，如未經國民黨主導，絕不能通過，蘇南成也不敢做。章孝嚴身爲國代兼國民黨秘書長，爲何

71

不參加表決，故意逃避？足見延任是國民黨高層主導，蘇南成成有條件的祭品，這是歷史史實。難道台灣人民那麼傻，障眼法是國民黨欺騙人民的一貫伎倆。

- 我自幼堅持道德，堅持公義，堅持是非分明、善惡分清，是我的責任，如此才能心安理得。

- 宗教成為政治工具，是宗教人士的悲哀。宗教也成財富的工具，同樣也是宗教的悲哀。

- 宗教家利用神的力量吸收信徒，然後整擔賣給政治人物，這是台灣宗教的特色。

- 政治人物應具誠信的智慧和本質。

9/18 ・如果無道德和公義，白道與黑道均一樣。白道組白道集團，黑道組黑道集團，同樣是為害人類社會和國家，只是白道較好看，黑道較不好看而已。

- 談真愛：感情和親情是愛之源，有感情和親情的感受才會發生「真愛」。

- 無倫理道德修為的人、無責任感的人「易變」，隨時會變。「善變」這種人少接觸為宜，否則容易被出賣。

- 統一教提倡真愛、真父母、真家庭的問題。表示人性消失，「真人不在」，所以才提倡「真」。愛、父母、家庭，可能淪落為假愛、假父母、假家庭。而我是提倡「真人」，只有「真人」，才有「真愛」、「真父母」、「真家庭」。

9/20 ・失去法治的民主是最腐化最無公義的國家，台灣如此。

- 失去法治的民主，主政者可特權。法律是主政者對付政敵，對付批判者、揭穿者的工具，並可選擇性執法。

- 不是無是非才算民主。

- 權力足以使人腐化，國民黨、民進黨均如此，尤其取得權力的人很快就變質就腐化。

- 尊敬權力者是錯誤，尊敬道德者才正確。

- 台灣發生芮氏規模七點六地震，傷亡嚴重。在鹽湖城得此訊心

情大亂，電話一直不通，急死我了。政府不重視公共安全，尤其防災只有表面上騙騙人，無心於防災工作。過去我在行政院才致力於公安工作，如災害防救法案、消防署的成立、緊急醫療法草案，消防防災設施訓練，但離開後又停頓，有法不執行，預算又少，是最不重視公共安全、防災、救災的政府，如今發生此大地震，我同胞受災一定很嚴重，我在外國心在國內，願上蒼勿傷害我無辜的同胞，政府無能，請天公憐憫我民佑我民。

9/22 ・領導階層如有堅強道德修為和公義精神、高度智慧，這個國家一定很幸福。很可惜台灣的領導階層缺上述條件，只能這套騙那套、那套騙這套，弄得人民頭昏腦脹，無法分是非善惡，造成黑金治國，領導階層會與黑道掛勾、與財團利益輸送，勾結財團，踐踏道德和公義，善者難存，惡者得天下之局。

・台灣的大地震正是老天警告政客勿做表面勿作秀，應多多注意地下事物，落實基礎工程，浮面表面均騙人的。

・在機上望天空萬里，為台灣大地震落難死亡的南投、台中縣市、彰化和其他縣市的同胞默哀五分鐘，並願繼續奮鬥為台灣的公義道德打拚。

9/23 ・搭上機看所有報紙，台灣九二一大地震的確災害嚴重，高層忙著作秀到處跑，可惜他們對防災、救災從不關心，因此他們防災、救災常識均缺，笑死外國人。他們作秀救災，災害發生了才說救災，他們從不說防災，不重視防災。外國那麼多救援人員到達災害現場，政府無法配合，樣樣束手無策，這款政府還不認錯、辭職謝罪，反而還在發脾氣，不知自己責任，不檢討自己，專門檢討他人。上蒼這次揭發官員的雞歸（吹牛），唯犧牲了幾千條同胞生命。

9/24 ・回來看到災害現場，僅看到外國救難人員拚命地救災，政府救災人員束手無策。我們的官員只會當官無法救災，我們養那麼多不會咬老鼠的老貓。

· 電視上無法看到我們救災的器材和科技器材，足見這個政府是空殼，只會吹雞歸（吹牛）。

9/26 · 集集大地震如果我是負責人，我會採取兩步驟處理——
  一、世界第三富國，政府應動用國家資源，撥給死者兩、三百萬，受傷醫療全部負擔，重建家園全部由政府負責。
  二、民間捐贈設統一基金會透明化，第二層去配給受災戶（民），才能真正達到嘉惠災民。

· 災後第五天才頒緊急命令，如要頒緊急命令，應在災害發生時馬上頒發，如今頒佈可說是遲來的正義。但頒佈緊急令勿變為國民黨選總統資源，國民黨可能是想到趁災打劫，以緊急命令使國民黨總統候選人獨用政府公權力和資源輔選。

· 副總統可當全國救災督導會報召集人嗎？我想不應該。因行政院長是全國最高行政首長，應向立法院負責，副總統只是備位的總統而已，無權力也免負責。為何命副總統為救災指揮官？不是無知就是趁火打劫、搶政權，讓副總統表現，做選舉運動。破壞體制，後患無窮。

· 有道德才有智慧，有智慧才能辨別是非、分清善惡，有是非才有公義。台灣政治人物、財團，大多道德消失，自然無智慧、無是非、無公義，只有「權力」和「金錢」而已。

· 無廉恥的人類與禽獸何異？惡人無恥，大官無恥，政治人物無恥，財團無恥，臉皮百層厚，無人性的大官、財勢，政治人物，小民難存。

· 無廉恥的人取得權位，而人民又無是非，對只要得到權力的無恥之徒極盡拍馬屁、奉承之能事，才造成無恥之徒主宰我們的人生。

· 為何不起用有智慧、有經驗、有能力、能做事、肯解決問題，有責任感、有道德心的人？為何要起用那些只會做官不會做事，只會拍馬屁不負責任，只享用權力而無恥、無格、無骨頭、無良知的人？因為臭味相投。

- 我堅持倫理道德原則，不與說的一套做的又是另一套，表面老實、心狠毒辣之人爲伍，不與表面民主、裡面獨裁之人相融，不與欺騙世人的人臭味相投，只好疏遠一點獨來獨往、自由自在，不加入黑幫，巧奪利益分贓無骨頭髓的名位，過著獨立自主道德良知的人生。至少能像人就滿足了。
- 以金錢或權力收買人心、收買外國政府、征服他人，均爲心理不健全的人始能做出來，很可憐，台灣是以此迫使人就範。

9/28
- 儒家是人性之本。

9/30
- 雅羅斯拉夫（俄國）：「國家、歷史、子孫爲重，個人之間利害恩怨置之度外。」個人之間就是你對他多好、多有恩，只要他成功了，不只忘了過去一切，還會反過來咬你一口，且是是非非永不了。俗語說，救蟲不可救人。尤其功利社會更然，好多人警告過我救蟲不可救人，但執意要助人，雖被我幫助過的人咒罵或說是是非非，我都不在乎。經常說不要對不起人，人家對不起我沒有關係。

10/2
- 國民黨的敗筆——
  一、主導國代延任。
  二、不管國會在無地點又無規劃，單一或雙國會未定前，准立法院亂編兩百四十一億預算，均屬違法編列。
  三、沖銷銀行六千億呆帳，不公義。
- 忍耐：就是被推倒在地上又任憑踢踏，最後又用腳底揉一揉，還要感謝他。
- 拉他上來又被他咬一口（如此法官），眞倒楣。
- 人類受功利影響，如同受風化後已不成人類了。我很固執，人類道德性和人性的維護，是相當痛苦和孤獨的。

10/3
- 我贊成因果論，尤其是故意因果論。過失可原諒，但仍應負責，不必以嚴格因果論處理，這個意見如果有神存在，神應會贊成的。惜有人不贊成因果論，表示無公義和責任感存在，如此執政風格使國家迷失方向，社會無是非無道德可言。因之天

下大亂，天災人禍不斷。我民之苦，還有什麼可歌頌功德。

- 我雖贊成因果論，但我不願看人受惡果。

- 看到震災新聞，很懸念我不少親戚朋友和同胞有受災否？這是我親情自然流露的關懷，同胞的災難我不忍卒睹，親朋好友，更不願他們受災。

- 親情是人類生存最重要意義，無親情就如同枯渴的大地，無生靈的交集，人生有何意義？幼時青少年期，功利社會未產生前，親朋好友的親情、感情濃厚，因有這些親情、感情存在和交集，使我有人的生命力和生活感。很奇怪，人長大了親情變薄，兄弟姐妹、姻親、族親也然，得勢的人也忘去過去，親情感情也變薄了。我就是終生最富親情、感情的，天生如此，對目前社會的冷漠感覺得不習慣，不像人，應建立親情的價值觀。

10/5
- 什麼是真正的知識分子？三十年前我就說過「已形成有系統思想和智慧，凡事均有自己的原則、看法、立場、主張和解決」。具備這些，才是真正知識分子。

- 地震救災要救到哪裡去，官員無掌握問題，說那些零零碎碎五四三的話，無法解決問題，只會說？話，亂搞一場。

- 我主張道德，堅持公義而下台的。

10/6
- 如果說政府事情多，應交給民間做，那不是變成政府做官，人民做事？如此政府不是多餘的嗎？

10/7
- 無靈性就無智慧，無智慧就無是非，無是非就無公義。

- 無道德和法治觀念的統治和不負責，並把腐敗的責任推給不相關的人，這是民主嗎？民主只拿來欺騙世人的口號和工具而已。

- 當災害嚴重之際，竟有立法院副院長和兩位部長，冒風雨從台北到潮洲來參加明華園的悼祭，這種政府說認真救災，誰會相信呢？如果拿參加悼祭的精神來救災，效率一定高，惜我們的大官只會騙人作秀，又不准人民批評，不應該。

10/8 ・這個時代不求報恩，只求不被反咬一口就很不錯了。

10/9 ・台灣人原有美麗樸實純眞的面孔，可惜現在內心已染成功利的醜陋，令人遺憾。

・虛僞與無知是無效率之源（評官員）。

・以虛僞和無知領導台灣，台灣人的不幸（國軍參與救災稱爲有救災體制，無知）。

・以現代功利的台灣，我可能是活錯了方向。

・能說謊話而臉不紅（麻痺）的人是最吃香。

・百分之五的人有公義智慧，但均沉默不敢主持公義，百分之九十五的人爲無知。因執政者利用此比例之弱點，不守公義，隨便欺騙人民、欺騙社會，眞是高招。

10/10 ・無道德性的人，不會有公義的。

・（總統府國慶紀念）是君主不是民主，是人治不是法治。

10/11 ・功利化，人與人之間只有利害、只有現實，是利害的結合，不是道德的結合，更不是公義的結合，更無理念的結合。只是利害、惡與惡的結合、利害和罪惡的結合。這是現代社會現象，無眞正價值觀，只有利害觀。

10/12 ・可眞實的多元化，但不可虛僞的多元化，虛僞的多元化等於變魔術。

・無體制又不尊重體制，遑論什麼法治，國民黨政權一直在騙人。

・司法官也向黑金看齊，與財團掛勾，寧爲財團走卒，失去公義的尊嚴，令人痛心。

10/13 ・高層天天喊改革，什麼司法改革，什麼教育改革、行政改革、政府再造……叫幾年哪件有改革，可能有改革，是將「好」改革成「壞」而已。部分法官惡劣，貪贓枉法，只有百姓知道；教育工作者無身教，又怕兇惡的民代和政治化，造成人本教育不存，道德教育等於零，如此反教育。至於行政改革、政府再造更是騙人的，只是名詞換新而已。可憐的台灣人、悲哀的台

灣人，被領導階層騙得個個麻木不仁，令人憂心。

- 不是政黨政治而是政黨分贓，用政黨政治來騙人民，可能再騙半輩子。

- 李巡視員林土地液化，說重建要防黑道介入。其實黑道頭與黑金民代，才有本領介入工程，而這些黑金民代均爲國民黨提名輔選成功的，因此國民黨是黑道頭，只是暗的而已，明的說得很好聽，這些都是做賊喊賊的好手法。然法務部長等應聲蟲，立刻說要嚴辦黑道介入重建工程，其實這些官員也許是黑道的老闆。

10/14
- 處理問題有數策，從上上策、上策、中策、下策到下下策，在台灣的社會是無分別的。官員做公事大部是下下策或下策，頂多是中策，但對自己的利益則是上策或上上策，因此大家不重視智慧的能量。上上策的人與下下策的人一樣的評價，這就是無是非的社會。

10/15
- 官位和財富是外表的裝飾而已，如貼壁紙只是豪華而已，不一定有氣質，不一定值得欣賞和羨慕。樸實、純潔、自然、人性、無功利汙染，才是價值體系的構成因素。

10/16
官大學問大，官大不僅學問大，官大就是眞理，官大可主宰公義，官大可主宰是非，只要官大，惡可成善，善也可成惡，是可成非，非可成是，公義不存，是人治的社會，非德治，更無法治。只有人治的民主，非法治的民主，就是不民主。

- 民主有人治的民主和法治的民主。人治的民主是外殼爲民主，內涵爲獨裁，是以人的意志來左右一切，非公意、非法律；法治的民主是外殼爲法律，內涵爲公意，非一人或少數人主掌一切，排除一人或少數人主宰國人命運的獨裁專制。法治的民主是眞民主，人治的民主是假民主。

- 法治是建立於公意形成的法律爲基礎，不能打折扣。法治是依法行政，不能以一人或少數人的意思決定一切或主宰一切。

- 人治與法治是很清楚的，人治是依憲法宣布戒嚴或緊急命令，

戰時或非常時期始可適用。法治不能與人治混在一起，人治就是人治，法治就是法治。如果法治，執政者可選擇性執法，則成為人治。不能以有法律存在，則說成法治。一半法治，一半人治等於人治，也即選擇性執法。

- 內在的成功比外在的成功更有意義，才是真成功。現在大都以重視外在成功為取向，不重視內在成功，才造成今日天下大亂、人性消失的社會。

- 無是非的社會，只有外在代表一切，也即以外在價值觀為取向，不重心靈的內在的價值觀。

10/17 ・如果選舉是「選黑與金」非「選賢與能」，何必教育？設學校有意義呢？孔子時代重視教育，才主張「選賢與能」。

10/18 ・政府以改革來麻醉人民，以改革來掩蓋腐敗，以改革來模糊腐敗。無道德無因果無責任的意識，永難發覺執政者的欺騙和責任。

- 《自由時報》刊載，連戰說「批評他，請他出來做做看」。這句話錯了，批評他的人不是副總統，如果是副總統，相信會比他做得好。副總統不可說這種話。

- 副總統發言人丁遠超說「宋、扁批評，是最不道德的」。丁遠超身為公務員應中立，不能偏重於特定人來罵人。宋、陳是人民，人民是頭家，丁是僕人，僕人罵頭家，那不成為養老鼠咬破布袋嗎？公私不分。丁如果是連的發言人，領連的薪水，也許可以罵人，否則以公務員身分罵人則不妥。公務員應中立，除非丁為非公務人員。

10/20 ・我說話的五不為，無道德的話，不說；無公義的話，不說；無真實的話，不說；無證據的話，不說；無道理的話，不說。

- 日本的大臣或政務官我不敢恭維，但唯一可欣賞的是，大臣往往說一句錯話而自動辭職，有的幹幾天就下台（如防衛廳政次西村發表核武裝）。台灣大官信口開河，騙來騙去，說一百句錯話也不下台，無恥，難怪政府公信力墜入谷底。

10/21 ・國代自行通過延長任期和制定國代全部改爲比例代表制，是最無恥、無道德、無公義的決定，全部改爲比例代表制，是封殺無黨籍參政權的規定，是違憲的。

・這個社會有正義感，有智慧的人太少了。

・這個社會大部分的人是與利害共存亡的，與金錢共存亡的。

10/22 ・台灣人是世界最自由而無文明的動物。

10/24 ・政商關係掛勾，「以財養勢，聚勢歛財」。

・隨扈賴永昌先生說——

經國先生如與人照相均是群眾合照，而非個人合照，縱有個人合照也在辦公室，不會在外面，這是他的分寸和原則。現今領導者大部均與個人合照，不管三教九流，黑白兩道均收。

・跟無倫理道德的人，縱是做大官，可能積惡如山罪惡滿貫，應盡量避之。

・什麼「生命共同體」，根本是「利害共同體」。功利社會哪有「生命共同體」，是騙人的。

・一般人求「錢」，水平高的人求「閒」。

10/26 ・民進黨繼承黨外打倒國民黨腐敗政權之職志而成立，如今不只無法推翻國民黨政權，竟倡導與國民黨組聯合內閣，也即願與腐敗政權合作，令人痛心。

・蘇東坡三戒，戒急躁，戒陰險，戒貪慾。

10/27 ・黑金政治如吸鴉片害人害國害己，不久將衰亡。

・中共公共建設相當重視，也做得相當快、相當多、相當好，這是國家基礎建設，人民雖窮，但國力會強。

・有倫理道德的專制社會，要改爲民主的社會較容易。腐敗的民主要改爲有倫理道德的社會很困難，幾乎不可能。台灣正面臨這種環境，很難變好，只有更爛，不會有好的日子，除非出現有堅定倫理的道德價值觀，並有智慧、能力、有責任的強人出現，否則我的餘年不會有比過去更好的日子活。

・散漫的社會，領導人怎麼說都是對的。明明是「黑」的領導

人，偏偏說成「白」的，自然就成「白」的。用權威主宰是非黑白，非常可怕的。

· 中國和台灣的未來——

一、台灣如要獨立應早日實現，時間越拖越不利台灣。因台灣現在靠鉅額外匯存底及國際貿易，而在國際上稍有分量，才有生存空間，唯經濟如到極限，則發展空間有限，自然會遲緩下來。

二、中國在經濟上發展有很大的空間。中國如開發一半，它的軍經實力將排名於世界各國的前茅，台灣難與抗衡，則中國可以泰山壓頂的萬鈞之勢壓制台灣。

三、長期而言，除非大陸動亂，否則絕不利台灣。

四、如維持現狀，台灣在國際生存空間將會萎縮。尤其中國經濟發展繁榮後，台灣更無機會。中國對台灣雖無主權，但台灣更難受國際承認。

五、台灣只有國內主權，無國際主權存在。長此下去台灣人的悲哀！過一輩子無人承認的國民，才是真正無價值和意義。

· 國民黨有腐敗的基因，永難有變好的機會。腐敗基因如無斷絕，遺傳下來的任何接班人，均是後患無窮的。

· 是君主不是民主。

· 台灣的喜喪事大多叫國代（垃圾）、立委（蟑螂）上台說話，或主祭上香。

10/28 · 「無理由的事我不做」，這是我的原則。

· 才能只能值得佩服，品性始能值得尊敬。

· 我總不能為了當官，而活在狹窄、矛盾、不正常的意識範疇裡，尤其活在無道德觀念的生活中。明白說，不能賣身給不正常的人主宰。

10/29 · 因果論是責任問題，其他理由無論贊成或反對，均與因果論本意不合。

- 民主！民主！世上多少人假汝之名以行，以民主的口號行專制奪利之實。

10/30 · 與窮人做生意，好做；與富人做生意，難做。

10/31 · 台灣人個個均為賺錢高手，因此任何國家可能敵不過台灣人，看來任何人均難擊垮台灣人的富有。

· DNA檢驗國民黨的過去和現在，是否有一致的血統。

11/1 · 無強烈法治和絕對有制度的國家，實施民主等於造就少數政客去分贓國家資源，成為腐敗的國家。巴西近三十年來衰敗也是一例證。

11/5 · 台灣政黨輪流執政，等於政黨輪流分贓。

· 民主只不過是政客貪贓枉法的藉口而已，阿根廷、巴西均是。

· 阿根廷司法不公，司法是執政者貪贓的護身符，也是對付政敵的工具。

· 巴西、阿根廷均係天然資源最豐富的國家，但它們的政治人物均同樣不破壞自然生態、不犧牲大自然，以此原則治理這個國家，這是非常正確的，和我的構想一致。亦即不出賣祖先公產的持家理念。

11/6 · 平衡才能存在，因果論與平衡是一致的。

· 如果不是選賢與能則何必選舉？選黑與金的民主有何意義？難道黑金與民主是等號嗎？

11/8 · 國民黨與民進黨合作國代延任，自此對兩黨不能信任。

· 黃碧連、彭彬說，智利選舉絕對沒有買票。

11/9 · 用錢做人即有錢人（財團），以官做人是官不是人，用人做人要用會做人的人，用智慧做人，值得讚揚，以德做人最重要。

· 企業或團體獻金如能禁止，將是政治清明的開始。政治人物或政府機關屈服於金錢（財團）之下，造成政不政的反淘汰社會。

· 如果選舉都不要賄選，金權政治和黑道政治將消失。

· 警友會的存在，使法治無法施展。警察人員受制於出錢的企業

或個人，因為拿人家的錢手軟，一切要看錢的臉色。

11/10 ・腐化人性的兩劑春藥為權力及財富。

・缺少大公無私、有德智勇條件的政治人才，民主成為黑金和政黨分贓國家資源的機制，成為殘害忠良，消滅真正有智慧、學問、能力者的工具而已。

・台灣的政黨與幫派何異？國、民兩黨掛勾合流謀私利，藉政黨（幫派）之名破壞體制，公然違法亂紀，並將政治資源變成兩黨的專利，不許占百分之八十以上人民（無黨）參政，真是膽大妄為，欺人太甚。此種政黨應早日打倒，並於地球上消失，台灣人才有公義的一天。

・大學教授為做官（不分區民代或首長）出賣靈性、良知，失去讀書人的風骨，不只未盡學人報國之責，竟反而對權勢奉承、低頭、屈服，連大學生也被教授壓制，致近年來大學生的表現都令人憂心。大學生應是國家興亡的指標，如今大學生都睡了、麻醉了，很少聽到大學生發揮知識分子之聲，走在社會、政治的前鋒，這本是任何國家正常大學生應有的作為。

・清除假政黨、假民主、假人權，台灣才能重生。

・台灣外匯一千億，是將祖產變賣或破壞自然生態，或犧牲倫理道德的代價而得來的。

・下機時看到《台灣時報》及《民眾日報》，刊登宋楚瑜的副總統搭配人是黃石城。三個月來一直出國，不管國內大小事，竟空穴來風！其實台灣政治生態早已不合我的理念，人家是閉門思過，我是每日跑五公里來思過與反省。

11/11 ・是政黨分贓，不是政黨政治（國代延任為例）。

11/14 ・我與張博雅為迄今碩果僅存的黨外縣市長，未加入任何政黨，應可列為稀有動物加以保護。

・公事應有是非之分，不是只保持中立，應有公義之心，支持公義而非中立，無公義時只有不作為並非中立。但公務人員執行職務時，必須絕對中立、超然。

11/16 ・淨空法師說道假學佛是那些有地位、有財富的人玩弄佛教。那些人到寺廟看和尚、法師，而和尚、法師請他們當上賓坐大位，奉承又拍馬屁。眼中只有名利的和尚法師與大官大財富結合玩弄佛教，造成假學佛的社會，也成為金權佛教。

11/17 ・我參與政治，心中只有公義並無私利與權威的存在，不合公義我就反對，反對無公義的人。不分地位，不分階級，有公義的人我一定支持。

・認公義不認人是我執政的原則，亦即對事不對人的原理。私事也許可認人。

・建立在黑金結構下的政黨政治，比一黨專政更惡劣。一黨專政可能用精英而唾棄黑金。

11/18 ・棋子要自己走，千萬不要當別人的棋子，任憑擺佈。很多政治人物都當別人的棋子，是因他們無智慧、無能力、無骨氣、無格調，甚至還想撈一筆，才當他人的棋子。

・國民黨說宋奪權。民主時代主權在民，人民要讓權給宋，也是頭家的事，國民黨八十八年來不是天天奪權嗎？政黨奪權也是天經地義，只要主權在民的頭家首肯何妨？怕的是用黑金賄選頭家，由黑道威脅頭家而得來的政權，才可恥。

・國民黨開除宋，想藉此機會升官的如徐立德、陳庚金、洪玉欽、李正宗、黃輝珍……趁機打宋，這些皆無公義，只會利用機會打宋，博得層峰的喜歡，就是升官的保證。

・不是政黨政治，而是政黨惡鬥、政黨分贓、政黨壟斷、政黨合流，還有什麼政黨的政治責任呢？還是幫派政治！

11/27 ・無公義的智慧表示頭殼壞掉了。要說有公義的話，表示有人格。無公義的人表示是功利主義者，是說利害、是西瓜偎大邊那種人。

11/28 ・用人只考慮春風一度的爽，才造成今日的是非不分、善惡不明的墮落社會，和腐敗的政權。

11/29 ・如果是黑金政治，則有公權力的黑道勝過無公權力的黑道。

11/30 ・民進黨員如以既得利益心態與執政黨合流，則比黑道更惡劣，更無資格批判黑道。

・當台灣已無真正以國家利益和人民利益至上的政黨存在，則台灣永無民主政治出現。國民黨與民進黨合流，使台灣無反對黨存在。民進黨完全失去過去黨外努力的理想性，是出賣台灣人的罪首。民進黨部分公職人員得意忘形，嘗到權力的滋味，現在以既得利益者加上權力來吸人民的血，與過去他們要推翻的專制黨合流，令人痛恨。

12/2 ・政治家是考量國家長治久安、子孫生存，有理想、有責任。並非短線的利益，和既得利益者的好處。

12/3 ・只求選票的政客永無歷史地位（評國民黨高層由下跪求選票，放棄原則）。

・尖端功利是台灣的特色。

・垃圾的地位是台灣社會的主流（政治人物如垃圾，但財團黑道均巴結垃圾，一般人也然）。

・台灣之禍在高層，民主比怪力亂神更惡劣，用民主來騙人，比怪力亂神更具奇效。

・選舉就是奪權的一種方式，但說奪權是難聽的，是不擇手段的。選舉應是人民選賢與能，是人民主動選擇賢能為其做事，而非由候選人不擇手段主動奪權的制度。奪權是搶奪政權的意思。

・抹黑、耳語、謠言、製造是非、欺騙選票，是台灣選舉的特色和本事。賄選（政策賄選、金錢買票）、黑道介入、財團投資、權力濫用是台灣選舉的真面目。這種選舉就是（台灣式）民主。

・無論什麼時空、什麼崗位，你都可選擇最有價值的人生，只要不看人頭臉，活得有尊嚴，你的生命就不會白活。

・靈魂被權勢迷住的人，是可憐又悲哀的，但大部分的人逃不過這個劫數。

- 生命浪費於有權勢的政客手中是最可悲的。

12/5
- 主流與非主流之分：主流為既得利益者，非主流為未得利益者。主流與非主流的鬥爭，是得利益者與非得利益者的鬥爭，這是自然的事。得利益者受非得利益者的批判、抨擊是應該的。至於得利者要批判非得利者是無理由也不應該的。名利不可雙收，否則是霸道。未得利益者名利均空，教他如何做人，得利者還要批判他、打擊他，天理何在？功利社會的人連這一點道理都不懂，還想做什麼人呢？
- 台灣是腐化而不是民主化。

12/6
- 有私心才有主流與非主流之分。如果大家均為國家為公義，自無主流、非主流之分。
- 民主和人權是騙人的，有法治才有民主，有人性才有人權。無法治卻主張民主是天下大亂之源，政客可藉機混水摸魚。無人性的人權，非人權也。
- 民主落入無道德的政客，要欺騙世人最簡單。不負責任不能治，讓其天下大亂、自生自滅，領導階層在混亂中貪汙腐化，這是最民主的成果。
- 泰國是聯合內閣，各黨分贓部會、各自謀利，造成泰國是政黨分贓、貪汙腐敗的政府。雖國王英明，但內閣腐化，政治黑暗，無法進步。
- 學術界如受政客影響或向權勢傾斜，就無學術可言。學術是智慧與知識的結合，只問真理不問人，是良知的工作，因此學術界才能受尊重、尊敬。如學術界受政客的影響而失去原則、立場，與生意人有何差別。學術界若不求真理良知的靈魂，怎能主持公義呢？

12/9
- 無道德則如禽獸。台灣的國民黨、民進黨的政治人物，大部分均缺公道、正義之心，只求私利，為自己利益說話，利用權力強姦公義，失去良知、良心。這種人在政界打滾，主導社會，反示範卻不知恥，我最看不起這些人。

- 國、民兩黨合剿「宋」，是本省對付外省，並非是非好壞的問題。外省人有一天一定會被本省人消除，尤其那些攀龍附鳳的外省人，為虎作倀還不自知，最後還是難免被清算鬥爭的。
- 農地開放蓋建農舍（別莊），是破壞農村生活環境、自然生態，是斷絕子孫生機的傑作。國民黨、民進黨應負全責。
- 我是為公義為理念而活，看到沒有公義的人和社會，我心最痛，吃不下飯、睡不下覺，無心活。
- 電視台上Call in節目，檯面上的人，尤其國民黨、民進黨的代表，吃相難看、品質差、最無恥，真是露出猙獰面目，非常可怕，比出賣色相、靈肉更醜陋。
- 假設性的罵人是最毒的，如說宋會賣台。賣國行為不可亂說，需有事實才可說，否則如范振宗所說的，是侮辱人格。
- 很不幸，台灣出了反倫理、反道德、反儒家、反因果，無情無義的政黨，搞得今日雞犬不寧，黑金成主流，政客橫行、貪汙腐敗正常化（無人管），上樑不正下樑歪，選擇性執法，政黨合流、分贓、壟斷，是「幫派政治」。
  社會風氣敗壞，暴力犯罪層出不窮，自然生態（農地）遭公然破壞。農地開放後，「利委」、財團就要成「員外」，大地主即將形成，枉費過去的耕者有其田政策了。這些都是反道德者的傑作。
- 台灣不是政黨政治，而是幫派政治。
- 遠離政治垃圾。

12/12 · 做人要只講道德，做生意可講功利。

12/16 · 年六五、公義心，新內涵，價值觀。

12/18 · 人生匆促，應善用生命。
- 為政絕非為權貴，只求人類永續。

12/19 · 年輕時代拚錢，年老時要拚命（日跑五公里）。
- 政治人物喜以假設性罵人，或假設性使你落入圈套，是最毒的。因假設性是無事實，也是未來式。無事實的扣帽子和罵人

（罵未來式），是冤枉的。

12/22 ‧無公義之心的人能算爲知識分子嗎？

‧專制時代重聖賢，民主時代重黑金。

‧年輕時以生命換金錢，年老時用金錢換回生命。

‧腐敗的政權爲何要保護其執政權呢？執政者爲怕被清算，千方
百計要維護其執政權，不管如何、多少代價，不擇手段要鞏固
政權。

12/23 ‧章孝嚴緋聞案，總統府發言人丁遠超竟代章向全民道歉。緋聞
案是丟臉的，是章私事，與總統府何干？足見總統府已公私不
分，無體制了。

12/24 ‧十足的小人在領導台灣。

12/25 ‧媒體是說謊或無公義的傳播高手。國民受誤導，社會永無是非
之分，國民在麻痺中成植物人，雖能活，有什麼用呢！

‧人生應重視記憶，有記憶生活才有意義，人生才有內涵。有記
憶才不會忘恩負義，健忘的人是白活的，有時會恩將仇報。

12/28 ‧兩蔣時代對付候選人都沒有像這次對付宋。過去選舉期間案件
不辦，待選完再辦，以免影響選情。

12/29 ‧兩蔣大家說那麼壞，也未曾罵過人民。任何國家的總統、總理
都無人罵人，因一罵人，人格立即破產，應下台，人民絕不會
支持。

2000年

1/1　　・領導者隨便罵人，不只無格調，甚至是最無人權的示範。

1/3　　・失去理想性的朋友，不值得對談。

1/7　　・政治人物在檯面上的言行，不足採信，須看檯面下的猙獰面目才算數。

　　　　・立法院通過民代支給條例——

　　　　一、國代延任自肥。

　　　　二、立法院提高自己待遇及福利。

　　　　三、助理人員專門跑喜喪事，關說施壓人數達十人。

　　　　可惡至極！吸人民血膏、吃人民的骨髓，全世界沒有第二個這種國家。民代無限擴權，擴權又不做事，還製造麻煩、製造是非。

1/12　・看人頭臉而當官，拍馬拍而當官，吃父偎父、吃母偎母式的當官，有吃說有吃的當官，無吃說無吃的當官……上述的人是最無尊嚴、最厚臉皮的當官者，一文不值。可惜現代當官的人均屬上述的人。

　　　　・如果結黨，人生只活一部分，活你的黨的部分而已，縱然榮華也是一部分而已。我不營私結黨，我要活全部。活一部分的人非為人生，而是為名利而已。

　　　　・英國一九九七年工黨競選只有六條政見，因為它將要執政，不需講那麼多政見，以免跳票。相反的，保守黨竟提出數百條政見，可說政見橫飛、亂開支票。其實執政黨按道理只是為其政策辯論，亂開支票，人民不會相信。它本來是執政黨，如有支票早就兌現了，何必在即將下台之際再亂開支票，結果還是下台。

1/14　・人性消失、倫理道德淪喪、社會風氣敗壞、治安惡化、自然生態破壞、生活環境惡劣、公害汙染、善良風俗破壞……這都是國民黨政權的德政。

1/17　・無內幕就無私心，有內幕就有私心。有內幕的決策，定有私心私利的考量。

1/19 ・中選會是總統、副總統選舉的主辦機關，主任委員以「代理」
為之，實將總統、副總統選舉看成兒戲。以「代理主任委員」
來辦理選舉時，總統、副總統候選人不重視、不尊重，況且
將來頒發當選證書，也以代理主任委員名義頒發，無歷史意
義。然設計「代理」的意思，是選舉期間原主任委員為助選而
辭職，另找人來代理，待選舉完畢，又恢復主任委員，如此實
不公平。主任委員之職選舉時最忙，然竟辭職，待選完已無事
做，他又恢復主委，又無選務只領乾薪，此種國家不只不公
平，甚至無制度。連這種不公平又不稱職的制度公然存在，你
對這個國有希望嗎？連幼稚園學生也會感到奇怪。

1/20 ・選舉期間各級選委會主委幾乎都是代理，選期很重要，每逢選
舉，主委成代理，一點都不重視選舉，等於不重民主。選完都
是主委、無代理，此種制度沒人感到奇怪，這個國家有救嗎？
「選期」代理主委，「非選期」才有主委。

・國民黨的政要只有「壞」的豐富經驗，並無「好」的豐富經
驗，因此國民黨的經驗是獨裁專制，黨國不分，國庫通黨庫，
黑金政治無法治，不重制度，只會享受榮華，腐敗墮落的經
驗。

・宗教與政界合流是宗教之恥。因為政界最髒，宗教最淨，淨與
髒合流，算什麼宗教。

・政治是理念的結合，所謂理念是人性的維護：人類永續生存、
萬物之靈的地位的開發、地球的保護、人類和平共存、人類歷
史文明的進步、人類品質的提升和生活的改善……在國內除了
上述問題外，對歷史文化的維護、社會公義的伸張、未來子孫
優質的繁榮……。

・商人是以利害來結合，以私利私益來結合。台灣政界均無理
念，更談不上理念的結合，只有利害結合、爭權爭利而已。因
此黑金政治，無倫理道德、無公義，只有「做官得利」的觀念
而已。

91

1/21 ・有實無名：選舉委員會每逢選期，主任委員辭職，另找人來主持會務，但以代理主委名義爲之。待代理主委完成選務工作，再將主委交給原主委，代理主委等於有實無名，原主委有名無實，非常不公道的事，但能在台灣公然存在，連反對黨都接受。

・無公義而有偏頗的人時時都是無良心的，無良心的人與禽獸何異？

1/22 ・當官的人被拍馬屁時往往失去意識，久而久之，大多成爲無意識的大官。無意識的大官只能享受榮華，還能給國家做些什麼？

1/23 ・權與錢互相利用，有時權可支配錢（財團），但錢（財團）也控制支配權力，尤其選期，權力者均向財團妥協、乞求、討好，待權力取得後又回饋財團，如此權力與財團相互運用，置全國國民於度外，亦即權力者眼中只有財團並無國民存在，此種社會結構對絕大多數國民不利，最無公義的制度，也即社會只有權力和財團，無人民的存在。形成權力與財團結合的獨裁，比過去只有權力的獨裁更嚴重。

・現在社會「形式」占百分之九十以上，「眞實」只有百分之十以下，每人均爲形式虛僞而忙而爭，眞實無人忙也無人爭，因此最後都是「空的」、「假的」。

1/24 ・國民黨黨產來源——

一、侵占國土接受日產。

二、侵占公產後改爲象徵性租金，然後公告價購買。公告價與市價差數倍至數十倍，國民黨賺這些差額。

三、編預算給國民黨。

四、經營黨營事業，進行內線交易。

・各黨派不是口水戰和肢體戰的作秀，便是暗中設法A國家資源，再加上競相爭取黑金的介入。很少用理念、用心、用責任、用智慧、用品德去推行人道主義的政治。

1/26 ・民主政治的基石是法治而非選舉，選舉只是方法或過程而已。如果選出來的首長不遵守法律和制度，或用人以私人利害用奴才、狗才，不用賢能人才，則比獨裁更可怕。台灣正是如此，用國家公器、資源私用或用以整人、整肅異己，這就是台灣特色的民主。

1/27 ・政治氣氛太濃，專業內容忘掉，無論文化活動或體育活動（開會），均被政治人物致詞占一大半，至於真正專業內涵已被淡化、忘卻，如此形式重於實質，政治淡化專業的開會或活動，均無意義可言。台灣之癌在此，浪費時間。

・有理念的人才不會騙人，有理念的人就是不騙而要送給他，他都不會要。因此無理念的政治人物都是騙的，騙選票來享榮華、得利益。有理念的人不會改變更不妥協。

・妥協是商人的手腕，價碼一致交易成功。

1/28 ・要檢討自己、反省自己、嚴責自己，勿專門檢討他人、苛責他人。

・宋的出走，整個國民黨從高層到黨員均發生動搖，總動員並運用情調人員，行政系統圍剿宋、打擊宋。宋會有如此本事，國民黨應檢討自己，是自己的墮落、腐化，亦即地層下陷。宋無下陷，下陷的人、墮落的人圍剿他人、打擊他人，完全錯誤。

・藤原肇曾言以直角立場觀察事物，以空中立場觀察事物。二十一世紀誰能掌控上述兩點，他就是二十一世紀領導者。

・以直角立場或空中立場來觀賞權力者和財富者。

・不同角度的觀點，自有不同角度的價值觀；不同角度的觀點，自有否定價值的結論。

・歷史固然是權力者的偽裝（裝飾），唯有真正道德和民主，可能使權力者歸於平凡自然，如此才有真正人類的歷史、文明。在金權政治的社會不只權力者，連財富也加入偽裝而誤導人民，這是可怕的。黑金政治對人類無歷史價值。

・為政應永無個人，只有人類、國家、社會。可惜很多政治人物

僅有個人而無人類整體觀念，此可由其言行看出來。

· 權力如護身符，因此無知者崇拜權力、巴結權力。

· 權力是偽裝的動力，權力的產品不可信。

1/30 · 無公義的人，如非「無智慧」便是「頭殼壞掉了」，頭殼像是不正確的秤錘。

· 我尊敬他的人格，並非為其官位而奉承。

· 以利害做為待人處事之本，是最可怕的。待人處事以利害為依歸，是最現實的。

2/1 · 賣官和提拔均為專制的產物。民主時代，官是全民的，自不容首長賣官。民主時代，官屬全民，有品格有理念有智慧有能力的人應出來奉獻，是自然的事，並無提拔感恩之理。如用到幹才，首長應感謝幹才，並非幹才感謝首長之提拔，官並非首長所有，何必向其感恩呢！

2/11 · 我曾說：「年輕時以生命換金錢，年老時以金錢換生命，但已難了。」年輕時以生命交換名與利，老年時以名利換回生命，惜已換不回了。

· 宋連治蘇志誠都沒有辦法，如何執政呢？

2/12 · 無公義的生態，人類還談什麼尊嚴？談什麼文明？

2/13 · 很多好題材或主題（如心靈改革）被政治化、形式化後，變為政治人物偽裝其學識的道具，而失去內涵和靈魂，成為僵化無活力，也即「有名無實」。

· 如上節「有情有義」，有名無實甚至成「負面」的字義。如宋楚瑜當紅時，現在國民黨高層官員不是拍馬屁、巴結他、便是靠他升官、提名，靠他生存，百分之九十以上大官均然。如今宋獨立參選總統，國民黨動員所有大官圍剿他、抹黑他，狠狠地修理他、辱罵他。如此情景，他們口中的「有情有義」之意義何在？所有從前拍宋馬屁的人、靠宋長大的人，罵宋不是人，如毒蛇猛獸，與宋劃清界線，斬斷情義，這種行為還口口聲聲談「人要有情有義」，難道他們意識中的「有情有義」就

是翻臉無常，斬斷情義嗎？國民黨大官們這種不良示範，將使整個社會無情無義，很為這個社會和下一代而憂。

2/14 ・民進黨成立後與黑金的國民黨合流、分贓，致公義消失，使吃天吃地吃人民的腐敗政黨（國民黨）繼續執政，甚至比以前更強大，延長國民黨輪迴時機，其責任在民進黨，因此民進黨並不比國民黨好。如國發會的合作、修憲延任的合作、民代自肥案，均參與主導。

・責任政治：一、行政機關的責任，二、民意機關的責任，三、當事人的責任，四、政黨的責任，依據各不同角色的運作，各自負其責。

・行政首長對總預算只負責編列，不負責通過，只能向議會爭取通過。如議會不肯，不必強求。議會不通過預算應由議會向選民負責，首長不需負責包辦，否則須向議員屈服，不只無尊嚴，更會被看扁，責任自然不清。

2/19 ・只要能充當打手，你就可擔任權貴。如監委調查宋案，陳振盛檢舉李伸一吃案（指李於民國八十五年三月十八日檢舉總統府及行政院動用預算買禮品，為李連輔選。但李竟在五月四日將他好好取得的證據，以「報請」總統府「參考」方式處理。見《民眾日報》民國八十九年二月十九日第五版）足見現在的首長都是高層的打手，這樣的國家成為私天下而非國家了。

2/20 ・人本、安全、公義、品質、永續。

2/21 ・當政府人員及民代腐化和私心功利時，如何提高國家競爭力？不可能；當農村建物雜亂無章，亂七八糟時如何改善農村生活環境？不可能。

2/22 ・台灣的社會是壞人主導好人，無知主導有知，黑道主導白道，財團主導政治，說謊主導誠實，小人主導君子，惡者主導善者，錯的主導對的。

2/24 ・有使命感的做事，有使命感的言行，有使命感的智慧，才能完成任務，才能兌現。

3/4　　・政黨輪替是政黨輪贓，政黨應是淘汰而不是輪替。政績好的政黨怎能輪給不好的政黨做。

3/5　　・神、人互相利用的時代，廟寺主持人、和尚、神職人員，以神爲籌碼與政治人物合作、互動，一方面可提高信徒信心（靠官員）和信徒人數，另方面可增加收入，而政治人物可得選票，神不神已不在乎！

3/6　　・香港議員來中選會提出香港選舉規定——
　　　　一、媒體報導不公，有處罰條款。
　　　　二、在職不能優勢：如在職議員選前一個月禁止開會，稱爲冷靜期，對新進人員才公平。

3/7　　・你是官不是人，我是人不是官，你不要搞錯！

3/8　　・台灣人勤於賺錢，而不疲勞。
　　　　・總統選戰——
　　　　一、候選人不誠實。
　　　　二、無羞惡之心。
　　　　三、無是非、製造是非。
　　　　四、爭權奪利。
　　　　五、欺騙人民。
　　　　六、政策賄選、綁椿、賄選。
　　　　七、既得利益者，貪而無厭，財團介入。
　　　　八、政務官不中立，公務員（軍警）不中立，動用公的資源。
　　　　九、由選舉可看出台灣社會和人民品質低劣，無公義可言。
　　　　十、黑道介入。
　　　　十一、口水戰。
　　　　十二、花費太大。

3/9　　・任何權力和功利，擋不住我說實話。
　　　　・爲堅持公義說眞話而不黨，招群結黨很難爲公義、眞實（理）而爭。

3/11　　・如何改革黑金——

一、政治人物與黑金徹底劃清界線，政務官及首長不與黑道與財團（私人）來往。

二、不接受黑金捐贈或受惠。

三、制定法律禁止黑道參政。

四、教育民眾唾棄黑金，使黑金消失於社會（掛中堂）。

五、專法嚴辦黑道和利益輸送的財團。

六、政府與財團劃清，嚴辦政商掛勾。

七、政黨不提名黑金，不用黑金。

八、斬斷黑金金錢來源，如工程圍標、偷工減料。

・如何改革司法——

一、總統或行政首長與司法劃清界線，無權干預司法或指揮司法、操縱司法，更無權干預司法人員升遷。

二、徹底實施三權分立，司法徹底獨立。

三、司法官不得與財團或企業來往、應酬。

四、司法不干預政治。

五、司法人員道德教育嚴格，道德標準比人嚴。

六、民眾監督司法，組織全民監督司法的機制（監督受賄、失職、枉法）。

七、無法消除黑金賄選的司法首長下台。

・教育改革——

一、建立人本教育的體系。

二、發揚尊師重道的倫理。

三、教育預算獨立。

四、維護學術獨立，教育獨立比司法獨立更重要。

五、首長或民代不得干預教育

六、設立獨立的教育委員會，解決預算、教育人員、制度等問題。

3/12 ・未坐位前什麼話都說，什麼都能，一旦坐上位，什麼都忘了，什麼都不會。這種社會均為騙人虛偽的。

3/15 ・如果腦內裝滿垃圾塵埃，你的腦內永不清楚、不乾淨，你在處理事情或對問題看法時，受垃圾或塵埃的阻礙影響，將在垃圾裡轉來轉去，無法明確輕快地處理事情或做清楚的判斷。很多人將垃圾當寶藏，滿腦垃圾，也因此無法處理事情，自然無明確清楚果斷解決問題、處理問題。

3/17 ・我心永如秤，只認公道不認人，只認事不認人，是百分之百一台斤十六兩的秤錘。因永說公義話、做公義事，是我的生命。

3/18 ・國民黨此次總統失敗，應是敗於國民黨高官、官僚一心一意只被人巴結（拍馬屁）而當官，喜被人拍馬屁的人都是不做事也不會做事的人，才被唾棄。

3/21 ・政黨是理念和責任的結合，而不是利益和分贓的結合。如果是利益和分贓的結合，就不是政黨而是幫派。

・成功的人是令人心服口服，而非靠威權勢誘人、壓人。

・黨是為國家做事的，並非只為黨。列寧式政黨，以黨的中常委領政，因此陳水扁的以政領黨理念，當然可擊敗列寧式的國民黨。

3/22 ・清流須有智慧、做事能力、清流的工作經驗和擔當，否則與濁流何異。

・中央政府的盲腸有四，一為國民大會，二為監察院，三為考試院，四為資政及國策顧問、戰略顧問。

3/25 ・能實現的思維才有用，如不能實現的思維就是胡思亂想，永無正面貢獻。

3/27 ・蔣介石終結在中國大陸的統治，李登輝終結國民黨在台的統治。這是他們兩人在近代史上的地位。

・權力和金錢是摧毀人類尊嚴和自由的毒素。尊嚴與權力、金錢是無因果關係存在，否則尊嚴只有少數人存在，多數人無尊嚴可言。功利主義最易破壞人的尊嚴，無論主客均然。

3/28 ・國民黨如無與宋團隊結合，將一路輸給民進黨。自明年縣市長選舉開始，將無法保住目前的八席，甚至會如這次總統選舉國

民黨崩盤兵敗如山倒之局。

- 企圖心強的人較會做事，較有目標和責任。
- 任何黨派均應支持國家利益及全民福祉，因黨派分贓是為黨而黨，眼中無國家的存在。
- 支持國家的利益並非支持我。

3/30
- 台灣的政黨只有「黨」無「國」，只有黨的利益無國家的利益。
- 連戰在雲林謝票時說，國民黨給國家做很多事。勉強同意，但台灣的問題是「無公義」，因此大家反對國民黨統治。
- 國民黨敗於公義而非在功勞，黑金政治即無公義之例。
- 我一生最討厭言行不一致的人，最喜歡不言而行之人，也喜歡言行一致的人。
- 政黨共治而非清流共治。民進黨用國民黨的人擔任閣揆，政治責任不清，非政黨政治也。
- 官位隨時可換掉，如同衣服隨時會脫掉，但身體永遠存在，也即官位隨時會下台，但人格永遠存在，因此官位和衣服是暫時的，身體和人格是永遠。做官久、衣服穿久了，都會臭會爛。

3/31
- 我說「天理」，相信「天理」，不說「人理」，更不相信「人理」，是「公理」，不是「私理」。

4/1
- 我最討厭勢利眼，最喜公義眼、真理眼，無人道觀念的人，均為勢利眼。

4/5
- 台灣的政治人物絕大多數言行不一，因無智慧和幼稚，朝令夕改，一日數變、騙來騙去，人民也被騙慣騙皮了，騙很多很多，人民還不怕，仍然相信，也因此從上到下，大騙特騙、整體騙，人民無選擇的餘地。

4/6
- 我喜做而不說，但大多人是只說而不做。
- 有些領導人專門說大話而不為，談爽的動聽，話而不做，騙全世界的領導人和各界，使他們誤信他的偉大，其實是騙子。

4/7
- 「拜託」有功利主義的意涵，選舉用「拜託」爭選票方式是功

利非奉獻。

4/8・用話掩蓋行爲和罪惡，是大官的常態。因只有大官有説話的舞台，所以用話掩蓋罪惡和行爲。

・台灣的選舉不只是綁椿還有綁標，有此本事才能參選，否則就是聖賢萬能也難抵擋。

・言行不一致的統治方式，結果是抵銷和作秀，是空的，不會有成果，也不會有成就，浪費人類時間，實不應該。

4/9・思考問題時應以動態的智慧才不會失誤，如以靜態思考，除非不行動又無過程，否則實難有正確的結論。就如同打靶，打靜態靶容易打，動態靶不易。有高度智慧的人，才能思考動態，大多數是以靜態爲主，靜態就是如意算盤。

4/11・水果成熟適當時摘下，口味及嫩度最佳，逾時即反效果，官員也然。

4/13・日本發生金融風暴，台灣發生政治風暴。國民黨的政權因政績差和黑金政治而崩解，爲五十年來政治風暴。

・台灣的大官，當碰到問題時聲音變小，甚至一心想將問題推給他人，不自動擔當。如無面臨問題時則官腔大，批人、罵人、譏人，聲音擴大。

・傑出的領導者——
一、有高度智慧、頭腦清楚，以身作則，有能力和豐富經驗，言行一致，執行能力強。

二、無私心。

三、行事低調、謙虛、平凡、自然、眞實。

・「無因」、「有果」的政治人物最多。

4/17・智庫與金庫：連先生與蕭先生敗選後均強調要辦智庫，其實台灣人私心之重，那有智慧可言。所謂成立智庫，只不過是藉其名募財而已，因此與其説成立智庫，不如説是成立金庫。

・台灣只會有金庫而不會有智庫，所謂智庫是騙人的。

・一個領導人應具「無私」的條件。無私心才有智慧、才有公

義。

- 如果有私心亦應在不妨害公的利益、不損他人權益之下的私心。

- 「法」是不能否定，不可妥協的，不分階級均遵守，是毫無可選擇的。

- 有錢的說話有錢氣，做官的說話有官氣，唯有人說話才有人氣。因此最好找「人」說話。

- 智慧與無私是至高無上的格調，任何權位和金錢均比不上它。

4/19 · 不是利害就是無知，因此無法獲得真實和公義的答案。

4/20 · 喜「講理由」的人，幾乎是不想做事、拒絕做事的人，最後還是誤了自己，害了自己。過去我當縣長時，在主管會報上，我最討厭無做事又在會上說一大堆理由的人，浪費他人時間，又要聽他的廢話，因此我忍不住裁示「無做無資格說話」。

4/21 · 沒有辦法的辦法才是辦法（四月十九日中選會結論，部分選舉作業酌情暫緩。即是一例）。

- 政客的鬼話不聽、不相信。

- 公義、真實超乎（高於）身分、地位、階級、財團（富）、男女。

- 重真實的人，記憶力較強。

4/22 · 未經選出的政務官做太久，可能連他的子孫做大官的配額都被他一人做完了。配額用盡，他的子孫永無機會再做大官了。

4/23 · 扁聘財團為資政、國策顧問，為何不聘農工人士擔任？因財團才有資格利益輸送。換言之，才有油水。農工無油水，才無資格擔任。我主張取消資政與國策顧問，這些酬庸性、利害性的職務，這些存在是不公義的。

- 心靈重建而不是心靈改革。心靈怎能改革？心靈與司法、教育本質與層次有異。教育可改革、司法可改革，因教育和司法是體制問題，可改革，心靈只能淨化，非可改革。心靈重建是宗教家、教育家和文化人的事。

4/24　・有理由的作秀還可以，無理由的作秀是害人的，壞模範、汙染人。

4/25　・亞洲價值是儒家思想爲中心，儒家是倡導倫理道德、修身、齊家。如無是非、無羞惡、無惻隱、無辭讓，非人也。
如果說儒家是家長威權制是錯誤的，完全不了解儒家精神。
如果說儒家是威權制，亦是錯誤的。儒家只有道德的威權，就如法律的威權，最怕是無道德的統治。無道德的統治是無道德威權，才造成今日人不人，臣不臣，君不君的下場。
法律也是威權，無法律威權就成無政府狀態。
・無原則型的領導最可怕。情緒化、功利化是不會有原則的。
・有深度智慧切入問題的人，才能解決問題，也即開刀型的處理問題。單刀切入是我解決問題的方法。

4/26　・選舉是「人」的問題，不應讓「錢」來代替「人」，因此：一、強化人的條件；二、錢的條件使其消失，甚至不影響人的條件。
・愈包裝愈假，如女人化妝後成美女，但卸妝後很難看。因此候選人愈包裝愈假，愈不眞實。

4/27　・唯有公義、智慧、無私、眞實才會受尊敬，這就是價值觀。

4/28　・是特權輪替不是政黨輪替，是黑金輪替不是政黨輪替。

4/29　・私之所至，金石爲爛。

4/30　・無私的智慧和能力才能奉獻犧牲。有私的頭腦和能力是吃人害人的。
・教育改革不談人本教育等於白談。
・不管短程、中程、長程，或是上游、中游、下游，看法做法雖有差異，目標理想應是一致。
・有歷史價值的人，須具無私和智慧的條件。

5/5　・學術不能以拍馬屁方式爲之。拍馬屁式的學者（歌頌型）無學術精神，只有恭維利害而已。
・眞理和目標永是單元，但方法可多元，如金字塔型地切入。

- 眞正學問家，不會容忍邪惡、僞善、虛僞，非公義。
- 無公義的DNA基因，怎會有公義心？無道德DNA，自然無道德可言。

5/7
- 爲公義絕不與人妥協。

5/12
- 犧牲人格換來符號（官位財團數量）最不值得。

5/14
- 政治人物大都口若懸河，也能引經據典，說得口沫橫飛，但最重要的是「能做」、「會做」。要以身作則，自己做給人看，做人民表率，有做才有資格說話。有做才能引經據典。
- 民進黨正在享受權力驕傲的滋味。
- 用人如有私心，則其所用之人，不會有什麼可期待的。用人受財團控制，則所用之人定是五流之人，不會有好的政府出現。

5/15
- 解決與解釋：台灣的大官，大多均在解釋理由，而不是在解決問題。我想應是解決問題，而不是解釋問題。

5/16
- 不要無人格無人性的符號和標籤。

5/18
- 不與無人格的大官或財團爲伍爲友。無人格的大官財團均爲大垃圾，與垃圾爲伍是最苦。
- 能做會做更要負責任（結果）。
- 我雖無「坐牢」，但我也有數十年「心牢」。

5/21
- 透過反對黨的人來修理自己黨的人，小人的做法。
- 吳尊賢先生逝世周年音樂會有感：吳尊賢先生一生，一秒鐘都沒有虛僞過。他是行言一致，有充分道德人格的長者。
- 爲公義不要名利，是我的價值。

5/22
- 台灣之敗在於公家機關執法人員。政府均以感情治事，無「法令」觀念。其實政府、公家，只有法令，無感情可言，唯有私人間才以感情維繫。也即公事無感情，私事有感情，公事只有法令，私人無法令。

5/28
- 我永遠堅持公義，說公義話。無公義我就不會活了，也感到不像人。我每日感受公義而喜悅、而健康。
- 無私才有智慧。

- 眞實意識的形成在教育上的重要（十多年前常説）。
- 眞實是公道之本。
- 很多行政首長不是製造問題便是解釋問題，其實首長應是解決問題。

5/30
- 「那有這款人！或無口人！」（皆比喻爲講無道理話的人）舊時農村經常出於村民口中，顯示古早不識字的人也重視做人做事，分清好人壞人，比現代的人水準高。
- 當縣長時，我常説用阿公阿媽的想法做法來處理縣政就很標緻，現代所學的我較不敢用，因較功利、較奸巧。

5/31
- 功利社會只認權力不認人，更不認是非善惡。

6/2
- 唐飛施政報告中——
  - 一、外交部的「人權外交」。殺人、放火、搶劫、綁票、撕票、砂石車、公共安全、災害傷亡全世界第一，生命無了還有什麼資格談人權？國內自己的人權都無法維護了，還談什麼「外交人權」，很好笑。
  - 二、根絕黑金。國策顧問有不少財團，這些財團當資政、國策顧問，這些財團專搞利益輸送，新政府把財團當權貴，黑金如何去除？

  新政府不敢徹辦有問題的金融機關，怕造成金融風暴，還遑論消除黑金呢？

6/3
- 無私也能活，活了更精彩更有意義。無私的感受是至高無上的。
- 政見可不兑現，則沒有需要政見了（李遠哲被評「政見可不兑現」）。

6/6
- 無私、有道德、有智慧者被埋沒、被壓住，無法出頭，爲人類社會服務，誰的責任？誰的損失？是領導人的責任，是人類的損失。
- 無智慧和骨頭的人，才會偏於權力和財勢。討好權力和財勢的人，我最看不起，會偏向討好權力財團，均非好貨。

6/7 ・有權力者憑著其權力作為私慾的工具，輕者享受權力的傲慢，並以「官大學問大」的理論，天天大發高論，誤導民眾，玩弄國人，令人失望。

・我對權力者，沒有好的印象。

6/8 ・是「錢舉」而不是「選舉」。

6/9 ・台灣的政治生態是烏魯木齊，有是非、有智慧、有公義的人，難生存。政治人物只會說五四三，因五四三是大官虛偽的模糊牌。

6/10 ・我不會獨占成就、獨占功勞，我會分享給他人。如果我有成就，我也會分享給他人。我會平衡一切，我不要了不起，當然我更不忍人家難堪，更不因自己的成就讓人有落魄之感。

・無是非的多元化，多元地消耗地球資源。人說「船破水抵底」，最後還是人類要負責。地球資源在多元不單純複雜化的消耗下，地球終將沉淪毀滅，人類的生存也在多元消耗下產生嚴重危機！

6/12 ・不喜「清楚」的人，總喜歡「水濁」。水濁才能混水摸魚，水清就不能摸了。這種人他的立論不能有清水，只有濁水才能生存，因此凡事必使其模糊不清，這是他的堅持，也是他惡質之本性。此種人多，人類將不成人類。

6/13 ・人不分貧富、貴賤、階級，終難逃一死，只是有些在生時在享受權力（包括權、財勢）傲慢時，為非作歹，欺侮眾生而感痛快，有些無權無勢的眾生忍受那些強者欺侮凌辱，甚至傷害而平靜生活，不埋怨、不怨天尤人。這兩種感受與死無關，死是一樣的，只是罪責、善惡有異，這就是人生。

6/14 ・學霸和官霸、議霸均藉民主之名而發跡。學霸、官霸比黑霸更惡劣，更可怕。

6/15 ・民進黨也正享受權力的傲慢，可能比國民黨更嚴重（民進黨高官就任未滿一個月可見）。民進黨的高官喜特權，走路有風是一敗筆，這種人不管他政治語言何等動聽，畢竟可看出他的私

心自私。

6/16 ・（目前社會）多元化的意思是，「白」的可說成「黑」的，也可說是「灰色」，甚至藍色、綠色……都可說，因此台灣在多元化不負責的社會成為無是非無原則亂七八糟的社會，因為多元化，白可成黑，灰、藍、綠、黃、紅，如此天下不亂才怪。

6/17 ・政者，正也。現在政者，邪也。政治無實在性無真實性，因此政治成為「豎仔」。李先生說陳水扁是「豎仔」，其道理在此。

・墮性只有透過競爭的壓力來消除。

・二十一世紀是講「速度」的時代。年逾六十者更應追求速度，才來得及。

6/18 ・國民黨臨時大會推舉主席、副主席，有如在排飯局，如此國民黨改造是無望，如果說有，乃是飯局成功。

・國民黨五十年來飯局都很成功，如魚翅、鮑魚、燕窩等等豪華飯局。如今已慘敗，還是照樣的飯局演下去，麻木不仁，無藥可救。

6/20 ・民主政治是「只說不做」的政治嗎？只要能以口若懸河的騙取選票，他就是民主政治的當權者。說與做是不一樣，台灣人因被騙慣了，只會聽但不去看，因此大都是言行不一致，明的一套暗的一套，前面一套後面又一套，這是很不公平的事。民主政治應是「只做少說」的政治，如此對國家、社會、人民才真正有利。天下都說謊，你還聽嗎？

6/21 ・政府官員大多不負責，縱有些要負責，亦僅限於「嘴巴」而已，無行動或事實的負責。用嘴巴說負責就可騙全民了，麻木的人民只有耳朵無眼睛。

・眼睛最重要，眼睛要看真實，如不看真實何必要眼睛。當然，眼睛壞了、色盲當然看不清楚。

・政府要真正有效率，人事行政局、研考會及主計處應真心了解各單位組織、人員、財源，確切需要與否而定，並非要各部會

自行調整，如此則不必設研考會、人事局、主計處。這三單位最官僚，但又是最重要單位，這三單位如心態不調整，永談不上有效率的政府，更談不上政府再造的口號。

· 真正有智慧和公義的人，絕不會受權勢和財勢所左右、影響，只有無智慧和公義的官員才向權勢、財勢看齊低頭。

· 智慧和公義的價值是無限的。許多人只擁有限的權勢和財勢，但不擁有無限的智慧和公義。我雖曾擔任縣長、政務委員、中選會主委之職，但我從不認為權勢的價值，更不興趣權勢的驕傲，因此權勢不能左右我的思考，更不會影響我的價值觀，也不會影響我做人做事的原則。

6/23 · 民意測驗（民調）應調查真實成果，不是調查嘴巴。現在民調僅調查嘴巴、聲音而已，從不調查行動、做事、成果。如此空殼民調只會誤導和混淆是非而已。

6/26 · 沒有辦法的辦法就是辦法，就是創意和突破。惜大部分的人遇到沒有辦法就算了，就生惰性、放棄了。我就是專門挑沒有辦法時能想出辦法來解決問題。

6/28 · 行政院院會只是報告之類的紙上談兵，則永無效率可言。院會時間比過去長，而內容又缺，專在那些報告中浪費時間。

· 首長應有全盤統合智慧的決定，如做與不做，可行與不可行，決定做就要做，不需考量相對得失，同樣認為可行者也然。如以相對理由攻擊原則性問題，就很難做。

6/29 · 消除官氣，官邪比黑金更嚴重。

· 寧願看歌仔戲都不願看現在政壇，現在政壇比歌仔戲的戲路缺，內容又無可取之處。

7/2 · 如果只說而不做，對人民毫無意義可言。如九二一地震，高層一談到都說會「重視」，僅止於「重視」而無行動、無做，「重視」成為「重騙」而已。

7/3 · 無油水則效率低，這是功利台灣政府的特色，是悲哀的。無油機械（馬達）轉不動，卡來卡去不順。台灣政府人員也然，油

水不放下去，不是不動便是卡住，吹毛求疵，推諉不負責，運作不順、效率差。因公務員缺自動服務精神，又不敢負責擔當，如果有油水（貪汙），他才願付代價，迅速為你工作，這樣行政效率自然提高。

7/5　・齊頭式的刪減經費，不查各單位實際需要，不只不會節省反而造成浪費。

7/7　・新政府VS舊政府＝活力的官氣VS疲累的官氣。

・政治人物大多已沉淪迷醉於權力、利害中，已失去人性、智慧、責任感，因此我厭惡政治，對政治人物重新定位：政治人物不是騙子，便是垃圾。不過如李光耀之有智慧無私遠見又能做事，帶領新加坡進入競爭力排名世界第一、二名之事實，值得欣賞。

・幼時看到歷史上偉人，許多出於領導國家、領導人類，卓有功績，令人懷念和尊敬，因此對政治人物相當羨慕，進而走上不歸路的政治。唯我從政近二十年，均堅持無私和智慧，為公義、為地方、為國人，謀求人性的維護和對下一代子孫幸福著想，如唱獨腳戲。看到黑金和白金政治人物大都享受權力的傲慢，是官不是人、唯利是圖、騙世騙人，好像是很多父親生的橫霸，他們無恥的嘴瞼或經整容過的偽君子，到處騙吃而已。

7/11　・團隊是應有是非分明，能維護公義的團隊。團隊如果無是非、無公義，則成幫派團隊。

・「拖」是出事情、出問題的源頭。疾病拖醫，事情「拖」不處理，愈「拖」事情愈大，病愈拖愈重。因此無論什麼事應馬上解決立即處理，有病立即醫治，才不會成大問題、成大病。
不過有時候事情一拖也可解決問題。人家說「時間可解決一切」，我也曾用此計解決問題。

・行政院和立法院不合時，大家都說「無溝通」。我的看法是行政院是國家最高行政機關，行政院所做所為如有公義和依法，則立法院應予支持，不需溝通。如行政院政策不合公義和真

實，則縱然溝通也不能支持。溝通不是萬靈丹，本職把事情做好最要緊，以事實代替（答覆）溝通。溝通是藉口，是利害與利益的問題才溝通，國事應公開辯論而非黑箱溝通，公事應透明化、公開化。

- 中選會的定位是獨立、客觀、超然、公正的機關，而非定於一般行政業務性的機關。

- 所謂風範，必須表裡一致的人，才能有風範、心善、智慧、道德。所謂風骨，無私、堅持公義、願為真理而犧牲。所謂風格，有格調、有立場、有主張、有看法，不隨波逐流，人云也云，有開創性風格。

- 人類的危機是言與行無法調合。言與行的脫軌，造成言行不一致，說的一套做的又另一套的不負責，是不真實的虛偽騙子，政治人物尤然。言與行的意識崩裂成為人類的通病，這是人類墮落沉淪腐化的主因。

  我有生以來特重視言行一致，言行不一致是很痛苦最難受的，有責任感的人幾乎言行一致。無責任感的信口開河，空頭滿天飛，最後無結果可言。

7/12
- 中央各部會及地方政府預算分配，均以舊政府時代強勢弱勢單位為準，致使分配不均，累積了數年來的不均及不確實的預算作為基礎，如此中央、地方百年的預算爭奪不休，影響政府形象甚大。新政府成立後依舊按政府預算基礎，任憑各部會地方政府爭奪，沒完沒了。新政府之主計、人事、研考單位應深入了解，將浪費的部分大幅刪減，不足的單位如何設法解決，新政府應用心探討、徹底解決。新政府無包袱，如負責任應可解決舊政府的沉痾。

  總之有計劃才有補助的原則，一切透明化，發包不能有弊端，無回扣、杜絕一切弊端，如此，自可降低爭奪預算之現象。

- 言與行意識一致是正常人，言與行不一致的是不正常的人，惜只要無啞巴，大家只會說而不做，不行不必做（行），不負

責。

- 我爲官從不爭預算，我怕執行不完。只要不浪費公帑，不必爭取預算。

- 神經系統暢通時才能言行一致，倘神經系統分裂或故障時，言行不會一致，而成爲說的一套做又另一套，甚至根本不「行」。

- 行政院院會流於講堂內的講課，非政策性的會議，因此浪費太多講課時間，如此怎能提升行政效率。

7/13
- 陳水扁在聯合報、中國時報刊載，做人做事如水柔軟，像扁謙卑，這是陳水扁的人生哲學和政治理念。唯言行不一致，言如上述好聽，然在「行」的方面——

  一、當立委時推倒講台摔桌子，將文件丟到郝柏村頭上，這算柔軟謙卑嗎？

  二、他談話的臉色和手勢，不只強悍而且橫蠻。
  足見政治人物患有言行不一的神經分裂症，其他領導人也然。

- 利害結合就無智慧、無是非、無公義可言。利害結合的人只有私心私利。

- 人最怕患有言行不一的分裂症，是重病。言行合一、言行一體才是健康的人。言行一體的意識神經才是正常健康的人，這種人對人、社會、國家才有負責的貢獻。言行不一的意識神經是不負責、騙人、害人的。

- 無公道觀念的政黨，或黨的利益高於人民、國家的政黨，永無公義可言。此種政黨主政的政府，人民的公義主張將被破壞無遺，人民的公義觀念和意志將被消滅，而成爲無公義的國家。

- 無公義的國家，就是動物國。

- 只崇尚權勢和財勢的人是最無公義、無格調、勢利眼的幼稚而已，崇尚人格和慈善才是眞正價值觀。

- 有格調的人絕不會出賣公義而向權勢和財勢低頭。有智慧和智

識的人，一定會堅持公義意識和觀念，更有能力維護公義。

- 我一生吃虧於正直、真實、公義心重，照字讀照字做，太拘泥、太固執，因此在功利導向的社會吃虧很多。不過我的性格既然如此，我也感到太值得了。

· 言行不一致也是政府亂象之源。

- （表面上）追求權力者較斯文，但其心之殘忍並不下於殺人分屍犯或土匪。這類的人竟屬於政治人物，因此對政治人物應有高度警覺。

  搶金錢的權力者，是土匪賊頭騙子。政治人物追求權力不擇手段，兇惡，又以兇惡取得之權力來欺侮人、壓制人，吃天吃地吃人吃政府，是好幾位爸爸生的。

  然追求金錢的土匪雖得到金錢，但怕人抓怕坐牢，怕被槍斃。但政治人物得到權力利益後，不只不被捉、被關、被槍斃，反而還在捉人、關人、槍斃人。你說政治人物壞不壞？

- 看過絕大多數嘗過權力滋味的政治人物，大都腐化，不是官架十足，便是生鏽臉、屎桶氣，看得很厭煩。十足官架，神氣十足，生鏽臉可能很爽，否則為什麼會有那麼多人追求搶著權力呢？

  我雖也曾任八年縣長和六年政務委員，但我從不當為自己在做官，我一直保持百姓本質，批判政府、檢討政府得失，角色永遠是百姓，無法變為權力的角色，也即無當官的感受，只是依職務為人民社會做事而已。

- 經驗有好的經驗和壞的經驗，最怕是學到壞的經驗，更怕壞經驗的人主事，甚至做不良示範。

- 阿扁無包袱，照理應將國民黨留下的酬庸性國策顧問和資政廢棄，以免浪費人民納稅錢，也可免製造社會是非。過去國民黨時代，國策顧問、資政均有一定資格（尤其兩蔣時代限制甚嚴）始可擔任。阿扁政府沒有一定資格限制，只要是競選功臣（出資者）均列為國策問或資政，公器私用，很不該，比國民

111

黨更爛。

7/15　· 台灣的社會可說對違法很認眞，對守法很懶惰。以穿越黃紅燈爲例，當綠燈時車子慢慢開，一旦發現黃紅燈時猛踩油門，加速衝過。由此可看出台灣人的心。

　　· 面對問題如何處理？一方面處理目前面對的問題，另方面同時對未來演變的問題也應預做處理，這是萬全之計

7/16　· 台灣缺治國人才，兩蔣雖在中共壓力下實施威權統治，唯對治國藍圖和理念，較像治國。李登輝接班順利，因壞人兩蔣做盡，李接任成好人而又不受挨罵，唯仍難逃國民黨的爛攤子。陳水扁聰明絕頂，唯缺治國宏觀，幼稚、玩弄權術，窮人出身，窮怕了，向財團靠攏，一大敗筆。

7/18　· 兩岸問題，唯有時間或內涵交叉互利互失的運用才有解。

　　· 陳水扁以塔台與駕駛，比喻立法院與行政院要互相尊重。但塔台與駕駛互相尊重這比喻是不對的，塔台是控制全部航管，不能聽個別駕駛的話，而駕駛必須聽塔台的話。如果在空中的駕駛各有意見，然塔台要尊重他們的意見，那不是造成空中大亂和危機？塔台是在導航，駕駛須聽候塔台的指揮才能起降和飛行。

　　· 目標一致，方法、過程、變化球盡可運用，只要達到目標什麼方法均可使用。

　　· 權力不會有眞誠，權力是粉飾的，有權力的人，很少有虔誠的。用權力壓迫達到他虛僞的目的，因眞實是不怕權力，權力最怕眞誠，有眞誠，權力就失去作用、失去功能。因之只要眞誠，權力對他無可奈何。權力是在虛僞中才能假仙。

　　· 權力如同鴉片，吸鴉片的人臉色和身體都會變質。掌權力的人也然，一旦權力在手，很多判若兩人，如同吸鴉片地變質。

　　· 大官顯要言行不一，騙來騙去，只要名利，什麼事都可做出來，大大方方地吃天吃地吃人民吃政府，臉不改色，甚至占盡便宜還賣乖，這些都是大官顯要無羞惡之心而來的。如果這個

112

社會有強烈的羞惡之心，上述情事自然絕跡，難怪孟子說「無羞惡之心，非人也」。既是非人，還有什麼可談呢？

- 權力可吃公道可吃正義，權力可吃良心可吃天理，是萬惡之源也。以往我以為權力可替天行道，權力是神聖的，權力是維護公義的利，權力可為弱勢和含冤者伸張公道，權力可普度眾生，公權可維護子子孫孫的人性，因此我才投入政治活動。經過八年縣長、六年政務委員、中選會主委、總統府國策顧問四年，永不站在權力者這邊，而還是站百姓這邊，體會無數政治人物幾乎缺孟子四端。有了權力，人性全失，與這些人為伍，我感到最衰，與我當初參政的想法和理念完全相反，因此使我對權力有厭惡感。

7/19
- 台灣政治人物大多「明」的是假的、騙人的，是聲東擊西的，是講爽的，「暗」才是真的。

- 大高雄地區飲水問題，院會開過數十年會無法解決，迄今越嚴重，表示這個政府根本無法解決問題，也無解決的能力和客觀條件。

- 院會討論統籌分配稅款，直轄市各縣市拚命爭錢、爭稅款，足見爭錢不只商人、一般老百姓，爭得最厲害的是政府，顯見「錢」大家都愛，大家都爭。很可惜政治人物不將焦點放於檢討自己的開源節流，檢討浪費、貪贓、官商勾結，而把焦點集中不思而得，輕而易得的「錢」上面，我不同意此做法。

- 造成爭錢的原因在於研考會失去功能，主計、人事也然，法務部也有責任。如果這些機關能深入各級政府，徹底了解資源的使用、資源使用效率有無浪費，將無效率和浪費的資源刪除，上級政府的研考、主計、人事應做這些工作。

- 分錢原則：一、人事費基本面，二、機關組織基本面，三、鄉村藍圖基本面，四、都市藍圖基本面，五、上述基本需求之餘，中央應以整體規劃順序建設。

7/20
- 政治人物喜信口開河，亂開支票，是「嘴爽」而已。「嘴爽」

易害死人。

7/21 ・密使的設立須有機制，須有國家檔案，須移交，須有歷史紀錄。如無上述制度，將成為獨裁政治的產物，獨裁者可透過密使得私益出賣國家。

7/24 ・台灣正在腐化，患有兩種重症，一為言行意識神經分裂症，二為無眼睛只有耳朵的殘障症。因言行不一致，只能聽無法看，只有被騙而已。千騙萬騙的社會。

・看著八掌溪四位罹難工人的鏡頭，我的感受是台灣苦命人悲哀的寫照。誰真心關懷苦命人？政治人物是講利害而已，高層喜人拍馬屁、巴結，聽好聽話，忠言逆耳，喜交權貴、財閥，怎看得起這些生而為貧窮苦命的人？那些高層口頭上雖也會說愛心、人道，其實是假的，講利害的人不會有愛心、人道。
在山洪暴後的滾滾溪水上，四人圍在一起，與洪水奮鬥三小時，這樣苦命的工人，我永難忘懷。在我生命中，他們是台灣苦命人悲哀的代表作。

7/25 ・八掌溪四位受困工人圍在一起，處於大洪水中足足等待三小時，雖然電視鏡頭不斷轉播呼救待救的危急鏡頭，阿扁政府卻無能救他們，全國人民與官員眼睜睜地遺棄他們，讓他們的生命消失。這種政府，全民無法救出那四條命，還談什麼對抗中共，談什麼關懷生命？永遠無資格說大話，這是事實。他們埋葬於洪流中的事實，是政府的責任。兩千三百萬人三小時無法救出他們，是不可原諒的，是奇恥大辱，是國恥，將貽笑於全世界。

7/26 ・八掌溪被洪流埋葬的四位苦命人，正是台灣人的精神，是原始純正的苦命人。

・院會有感：八掌溪被洪水活埋的四位苦命人是被政府遺棄的，主政者罪大惡極。
一、消防局人員無危機感、無責任感、更無處理危機能力。
二、通報系統失靈。

三、各單位接到緊急情況仍推諉塞責，置人命於不顧。

四、內政部、國防部均無進入狀況。

五、行政院長至事發翌晨七時才獲告知。

六、事發當時，陳水扁正於李登輝家閒聊三小時，根本不把人民生命當成一回事。

七、四位苦命人的遇害鏡頭正是陳水扁的歷史標記，是他的人權諷刺。

八、事後的默哀、慰問金是在撫平人民的憤怒、抗暴，騙騙被害家屬而已，無濟於事。

九、首長相繼奔喪，為何危急待救時沒有一人？我早已說過台灣的政府只有奔喪能力，而無防範於未然的能力，連奔喪都在作秀，增加他們作秀機會。

十、結論是「道歉無責」。

7/27・無知，縱有智慧也無法解決問題、處理好事情，因為無知會「用錯智慧」。

・凡事應先檢討自己，如果自己有責任，就無資格怪他人。

7/28・人生如果不紮實，也不用智慧維護公義和人道，貢獻智能，則成生命休眠期、人生空檔，徒有形式而已，但已失靈性，只是浪費時光和生命。

・以道德和公義為基礎的想法、看法、做法才是智慧。

・真理可多元化嗎？道德可多元化嗎？法律可多元化嗎？絕對的事不可多元化，法律、真理、真實、道德均為絕對性。
政客喜說「多元化」這個名詞，但往往連絕對性的真理、道德、法律也說成多元化，是錯誤的。
相對性的事可多元化，如果把絕對性的真理、道德、法律多元化，等於是分化而不是多元化。

・分化與多元化有別。

・批人批政均應以事實為依據，無事實的口水戰，不只會誤導，還會失去公信力，如根據「事實」，大家面對事實，將啞口無

言、口服心服。

7/31 ・台灣不少政務官心態如同「常務官」，無政務官條件、遠見、智慧、歷史責任感。

・政務官不可有「做官」心態，常務官才能算「做官」。因政務官隨時會下台，爲歷史負責，常務官受法律保障。

・藝術分八類，舞台藝術包括音樂、舞蹈、戲劇。視覺藝術有繪畫、雕刻、建築、文學、電影。

8/2 ・唐院長在院會中要求各部會多協調合作。我看是不可能做到，因爲各部會首長「做官慾」太強，有官氣、威風，因此本位主義強，哪有協調餘地，更無合作可能，彼此之間也怕其他首長超越他，沒有落井下石就好，還想救你！自然協調開誠布公、互助合作，在這種官場文化幾乎很難做到。

・我的性格和特色爲做官難，做事易。做官的學問大，臉皮要厚，無知無恥，會使嘴皮，言行不一，高度騙術，不需「做」，不負責，這些都不合我的性格。

・做事癖是我的個性，不做事還活幹什麼？

・民主政治既爲維護人類尊嚴，所謂尊嚴，首要「尊重」，尊重他人，才有尊嚴。然政治人物因取得「權力」、「當大官」，往往忘了自己是人，而將公權力當爲「自己家裡的」。自己是「官」，別人是「人」，因此政治人物最易侵害人類尊嚴，最無民主觀念。

・很多做官的人，自己是「官」不是「人」，他人是「人」不是「官」，因此以官迫人，以官欺人。

・平衡哲學是公義與無私之源。人與人之間的平衡才有友誼的存在，忘了平衡，使盡權力的傲慢和以金錢控制公義的行爲，僅是一時的存在，無法永久存在。個人在情緒上的平衡，才能使生命活得健康。

・有智慧和能力的人，是以公義主宰社會人類，無智慧和能力的人，是以權力和金錢來主宰公義。

8/5 ・台灣政府非整體規劃式的統治，而是補洞式的統治。今天補一洞明天補一洞，補來補去，整個鍋子無處可補時，只好把整個鍋子丟掉，亦即政府垮台（國民黨式）。

8/6 ・專門檢討他人，譴責別人，責罵他人，不檢討自己，聽眾很容易聽進去，也聽得最樂、最爽，但這種話最無意義，只好當成歌劇或相聲的娛樂節目而已。

8/10 ・功利時代，當他對你特別好時，就是正要利用你之時，當無利用價值時，將無情地打擊你（扁利用唐飛之例）。

8/13 ・以平凡的心態，完成偉大事業才是偉大。

・言行不一致的領導人或大官或大財閥，只是騙子。以權力和財力強迫人民接受他的騙，太無理由，這種格調，難有歷史地位。

・有仁慈的權力才能普度眾生，因此有權力的人應有比一般人更高度的仁慈心。有慈悲的權力者，才不會享受權力的傲慢，有仁慈的權力者，只有謙卑和責任，無傲慢也無榮華。

8/14 ・無慈悲的權力比土匪更可怕。

・包青天的公正無私並非僅指嚴刑峻法，且頗有惻隱之心，還會站在當事人的立場，公平處理案件。

8/15 ・年紀愈大，愈懶惰活。甚至會漸漸放棄一切，包括有形和無形。因生理和精神的支撐度，不得不使你如此，這是正常的。

8/16 ・「公義」受權力綁標、綁架，是社會的不幸。權力者以其權力破壞公義、壓制公義，使公義成為弱勢，是國家的不幸。

・言行不一致的領導人有歷史價值嗎？言行不一致的人是無誠信的人，無誠信的人是垃圾，人人唾棄。無誠信的人是騙子，領導人如無誠信、反反覆覆，令人痛心。

・為政者只要那張利嘴能隨時說「道歉」，其責任就完了，官位保住了，因此官場流行「道歉」而「免責」，是不公平的。八掌溪阿扁道歉、中華電信葉菊蘭為「貪之無厭」而數度道歉、陳定南今日為調查員參與綁票而道歉、曾志朗為回扣風波

道歉八次……官員道歉之舉是最不負責的，應該是道歉又要負失職之責。

- 行政院會中討論集遊法修正中有關「偶發性」的集會和遊行，無須申請許可。過去主張放寬的在野黨現為執政黨，竟主張限制，足見功利政治，執政者怕人民集會遊行。其實我的看法，集會自由即為憲法保障，集會遊行有提醒或改正政府錯誤政策和侵害人民權益的功能，政府應開誠佈公，放棄權力接受人民公義的訴求，也是一良政也。不要只站在政府管人民的立場，應站在維護人民權益立場，才是好的政府。

  如政府討厭人民自由、結社自由，則憲法無須規定人民的自由權。能保護人民自由結社、遊行自由的政府，才是好的政府，進步的政府。

- 民主政治是多數決的政治，只要法案符合公義，任何人均會支持。因無公義的法案才要協調、妥協，然後才以利益分贓取得妥協，也即共識，此種觀念是錯誤、是黑箱的。唐飛在院會中說要與立法院妥協，顯示他無實力，更無民主政治的觀念。

- 正常民主國家，政策是透過各黨派透明的公開辯論、公開表決而取得共識，並非以黑箱作業的妥協。以黑箱作業分贓利益的妥協，是無公義的政治，是腐敗的政府。

- 我從政以來（自縣長、行政院政務委員、中選會主委）均以人民的立場處理政事，以百姓的角度看政府，並無站在做官的立場和心態處理政事。因此許多人說我不像做官的，角色無法轉變。

  「以民之心」治事、治政、治國，才能純潔、誠實，解決民瘼，為民謀福。如以「官之心」治事、治國，永無法進入狀況，更遑論民瘼，為民謀利呢？

8/17 · 對問題的處理判斷，切入要準更要深。

8/18 · 總統府舉行人權婚禮有感：強調人權是功利觀念的產物，人權是權利，強調人性才是人本觀念，人性是義務。義務比權利重

要，有義務才有權利存在，無義務怎會有權利存在？權利是基於義務而來，無義務就無權利可言，無人性就無義務，國民如不負義務，國家就無法存在。

- 強調人權不如強調人的尊嚴。尊嚴是互相尊重，不尊重就無尊嚴，因此應強調維護尊嚴才有人權。有人性的人，才會尊重人家，受尊重才有尊嚴，有尊嚴才有人權，因此人性是人權的起源。維護人類尊嚴比維護人權更具體、更公平。無人性，人權就不存在，這些可能是我的「死觀念」。

8/19
- 台灣的領導人只要取得權力，什麼話都講得出來，權力即可亂說話，言行不一是正常，說來說去還是有權力的人對。德範、風範更談不上，壞的示範很多。

8/21
- 不依附權力或財勢的生活，才是最純潔、最瀟灑的真人生。
- 政治家應言行一致並負絕對責任。政客如商人，「翁祿仔嘴糊蕊蕊」（如江湖賣藥郎中拐騙）。言行不一致，比奸商更奸。

8/22
- 智庫固然重要，智慧的運作和策略更重要。
- 李登輝說，「民之所欲，長在我心」，但其實很多是「民之所欲，藏在吾心」。
- 偉峰說內閣是取得共識非表決，是全體閣員取得共識來對抗議會，無共識的閣員即應離職。唐飛無常識，說內閣之八部二會才有表決權，如此幼稚宰相令人對新政府大為失望。
- 唐飛與蔡英文如同「乩童」與「桌頭」的演出。

8/23
- 台灣的腐敗在於掌權者認為權力就是「對的」，不審慎使用權力，以權力達成他當官的目的。因此以當官心態濫用權力，不以平民之心使用權力，名為民主，其實是獨裁。如果官員強調民主，但當他以做官心態濫用公權力而非以平民之心使用公權力，那是獨裁而非民主。
- 台灣以選舉為名欺騙世人為民主國家，其非民主——
  一、賄選的權力算民主嗎？是錢主政治。
  二、無需兌現的政見，欺騙選票算民主嗎？是騙子政治。

三、以做官的心態濫用權力，非以平民之心（民意）使用權
　　力，是獨裁非民主。

四、資政、國策顧問吸取民脂，酬庸性封爵，非民主，是君主
　　世襲。

‧新政府成立迄今，上至總統下至院長、部會首長道歉十數次，
　而成為道歉政府。新政府閣員無能力、無智慧，才造成錯誤百
　出，新政府的新貴認為只要道歉就無事，這是極端無知、無責
　的想法。如果道歉就了事，那犯人事後道歉就好了，何必抓去
　監牢呢？因此，道歉更應依道歉程度負政治責任，包括下台、
　民刑責任。如果道歉就了事，那販夫走卒均有資格當高層首
　長。

‧不要小計較，但要有大計較。人與人之間勿計較，國事、社會
　事、公事要計較。

8/24 ‧永走平路，不管地位多高還是要走平路，才永不跌倒。千萬不
　可走高高低低的路，易跌倒，高高低低自然起起落落。

‧以利害為生存準則的人最可悲！如果以國之利、公之利而生的
　人，將快活多了。

‧《民眾日報》第七版介紹行政院祕書長魏啓林，魏說他是「公
　共財」。我想應是「做官財」。公共財不一定要「做官」，做
　官的人說自己是公共財，不妥。

‧以利害為基礎而組成的政府，一定是腐敗的政府，新舊政府均
　然。以利害為基礎組成的政黨或團體，一定是腐敗的政黨和團
　體；以功能為基礎而組成的政府、政黨團體才是好的政府、政
　黨團體。

8/25 ‧八點三十分院會，遲到十五分鐘。自他執政迄今，經常不是不
　準時開會便是中途離席。記得我任政務委員六年間，從無此現
　象。照理軍中出身的人雖不懂民間事，但至少應守時，這是基
　本問題，惜唐飛當了高官，基本的軍中守時都忘了。這種政
　府，難怪外界批為混亂的政府。唐院長主持院會主題外的話特

別多。

- 政務官說話應抓住目標，解決目標事項，能解決問題，可行性又能負責，始可說話。大多數政務官只要無啞巴，什麼　話都說，知道名稱不知內涵，也說得很宏亮。

8/26
- 公權力關係不能有「忘恩負義」存在，如果有，必定會「徇私舞弊」。

- 「忘恩負義」是皇帝時代才有，民主社會不能有忘恩負義這句話。

一、公權力之下不能有私人間之「恩情」，如果公權力是私人間「恩情」，必定會「徇私」然後舞弊。

二、私人間關係可能有恩情存在。

（一）自動施予，也無恩情關係。

（二）只有在他人請求下特予幫忙，始有恩情存在。

（三）最好不要有施恩的念頭。

8/28
- 台灣正在發生質變，高屏大橋斷塌是質變的開始。

- 在凱悅五樓健身房，正要跑五公里時，碰到廖運達太太。她說我應胖一點，尤其臉部太瘦不像當官的人。因我當官與不當官沒有不一樣，當官感到責任大當然會消瘦。我曾說當官是以老百姓的心處理政事，更以貧民弱勢的立場處理政務，因此我當官不只不發福，還永保削瘦身材。

8/30
- 人生深淺度不一，自然能見度也不一，能見度不一，自然影響見解不一。人與人之間意見不一，源於能見度和深淺度不一。

9/1
- 政治人物大多只有利害而無人情，大官更甚，很少有好人，個個可怕。惡運的人才會碰到他們，如同碰到鬼一樣。與政治人物相處是一生最不幸的事，這是我的感受。當初讀書參與政治，以為政治人物可留青史，因為政治人物有立德、立言、立功的典範，唯其實相反，所看到絕大多數是吃天、吃地、吃政府、吃人民，名利雙收的作秀而已，不值得尊重和尊敬。

9/2
- 我天天都活在人的前面，因為我要引導人家、替人設想，更要

事先運籌帷幄，這就是無為而治的實現。

9/5　．暗中運作才是真的，明的表態幾乎假的，這是台灣特有的現象，如果您信「明的」，被賣掉還不曉得。如應酬大位小位之分，大多讓坐、吃菜時替你端菜，這些人都是可怕的。暗的才是真，明的是假的。

9/6　．真智慧才有用，口說智慧就是無智慧。真智慧起碼是言行能一致，如言行不一致非智慧也，無智慧也。我曾說無道德就無智慧，言行分裂症的人是最無道德的。大家口頭上都會說「智慧」這兩字的名詞，但對智慧的意涵不明，更無資格談智慧，唯有道德修養堅強和言行一致的人才有資格談智慧。

．行政院第二六九七次院會，內政部地政司及營建署的業務報告，均提到行政院院會簡報。不懂行政系統組織，竟把內政部內的一級單位業務提到院會，完全不懂行政層級，浪費時間，弄錯對象。地政司營建署之業務簡報，應向內政部長或部務會報提出，竟把豬母牽到牛墟，弄到院會，此種混淆體制的行為，對新政府有何期待！

八月二十三日下午二時的政務會報，唐飛竟說只有八部二會才有表決權，列席的各委員會包括中選會均無表決權，選罷法應交內政部主導。其實院會從未曾表決過，各委員會法案均由各委員會自行處理，從未交八部二會決定。

．行政院為總預算，總動員各部會，各部會負責兩位立委，使總預算順利通過，產生幾點質疑——

一、行政院長及各部會首長，似總預算無通過就會無官可做，因此才那麼認真。

二、總預算之審查權屬立法院，是權責問題，立法院不通過是立院的責任與行政機關無關，行政院何必越俎代庖呢？何必那麼緊張呢？

三、行政院長及部會首長如果為總預算而向立法院請託、求饒、低頭，則同理，人民碰到行政機關處理問題時，同樣

也要央三託四，請求行政機關幫忙處理。此種惡性循環的政府絕不會清流的。

四、我在縣長任內，從未為總預算拜託議員，因縣府有縣府尊嚴，不能將行政權斷送於議會之手，預算不通過是他家的事，跟我何干？這是權責問題，是體制問題，不容人為破壞，法有明文，責也分明。

- 批評簡單，提出解決方案最重要。我在政務委員任內審查法案時，不容許各部會代表對法案的發言只批判，必須提出具體的「替代方案」，如無法提出替代方案只批評，我不許發言。因行政人員是要解決問題，非國會議員只批評。

- 阿扁政府的敗筆──

一、資政、國策顧問該廢而不廢，反而濫用或酬庸或任憑財團或舊政府特權人士的推薦而定。

二、行政院首長也然，任憑財團或特定人士的分贓，如政務委員無一位內政、外交、法務、國防人才。

- 思考系統敗壞自然發生亂象。

9/8
- 當你對一個人或一件事有不良反應或生氣、不喜歡時，你應查清楚（證據）後才可反應。否則不僅冤枉人，甚至損傷自己形象，並產生許多負面的作用。

9/13
- 行政院院會任由各首長恣意發言，均為零零碎碎、枝枝節節的話，浪費時間又損及內閣格局。如此小格局的院會又有何意義？內閣能否有所作為，視內閣首長發言便知。

- 唐飛口口聲聲不是向總統負責，便是說總統任命，眼中只有總統無國家存在。

- 台灣如要進步，各首長應要徹底負責，並且會做事、能做事，把事做完，否則均是空嘴嚼舌而已。

- 政務委員是酬庸性的任命，因此內政、法務、農業、衛生、外交人才從缺，如農會法和漁會法審查竟指定原子能委員會主委的政務委員胡錦標主持。文不對題，烏魯木齊（亂七八糟），

如此內閣，悲哉！

- 院會從院長以至部會首長對問題，只會批評，不知對策，照理，院會是提「對策」而非「批判」。

9/15
- 「做官」的人最自私自利，無公義心可言，唯有「做事」的人才有公義心。

- 政治人物說謊不誠實比犯罪更嚴重，更不可原諒，尼克森因水門案說謊而下台。

- 個人利害高於政黨，政黨只是個人分贓的圖騰而已。掌握談判協商的黨員無整體利害的判斷力，加上個人利害高於政黨，因此容易受利益左右，犧牲黨的利益，達成個人之所欲為，因此離政黨政治還很遠。

- 政治人物如果無高度智慧和能力，及高度道德風範和公義風格，政府自然無公信力，會崩盤。

- 陳水扁、唐飛一直說內閣閣員三個月表現不好就要換人。我的感想是三個月對閣員的觀察，是對閣員的侮辱，當初任用不好閣員的閣揆不用負責嗎？不好的閣員浪費三個月時間，任用人不需負責嗎？

- 答覆與報告：立法院總質詢各部會首長應是答覆，但愛做官的學者閣員或民進黨過去很凶的部會首長，如陳定南對陳瓊讚及洪玉欽聯合質詢，竟將答覆說為「報告」。陳博志在答覆陳超明及陳進丁質詢時，也說「向陳委員報告」，其他閣員也然。為了做官，答覆均稱向某某委員報告，太無尊嚴。「喜做官」自無尊嚴可言。

- 唐飛之敗，在於不懂法治，以選罷法之施行細則既改為中選會訂定之，他竟不懂，還進而召開政務會議，批各部會首長之意見，裁示否定選罷法之規定，用政治力來否定法治，足見唐飛無法治觀念和素養。

9/16
- 《中國時報》第二版標題「新政府伊始馬即被鎖定，丁渝洲人格保證，絕無這種事」。我的解讀是，「喜做官的」不會有

「人格」，可能只有「官格」，他應該說「我以官格保證」。只有「做事的人」才有人格，但大部分大官只會做官不做事，這些人只有「官格」無「人格」。有些人經常說「人格保證」，其實這個社會有幾個有「人格」？自討沒趣。

- 總統應以其學識、智慧、道德、人格領導全民，不具上述條件的領導人，這個國家一定沉淪。

9/18
- 立法院總質詢應以實質問題為主，非為理論性或學術性的辯論，是講實質的，是說如何「做」、從何「做」起、如何達成。

- 軍中弊案——浮出有感——
    一、拉法葉、獵雷艦及今日報上幻象機，均扯出弊案，原因是台灣無國際生存空間，要購買武器是很困難的，因此花費變得較高，又得考慮外交（實質）關係，及其他不可告人因素才能獲得購買。

    二、主事者在上述困難中，為了官位不得不做決定，在不正常狀態下所做的不正常決定。現以正常的心態去追求責任，自然主事者難逃不正常決定的責任。

    三、所有參與那段時期的軍方人員，均難辭弊案之責。

    四、公道嗎？多做多濁，少做少濁，不做不濁，不做必清。

- 立委質詢，官員應據實答覆，並非解釋理由。應做與不做、有做與沒做、未做如何做、如何補救……並非提出一大堆道理來答覆。

- 無雜質的鑽石最有價值，無雜質的人才是最純潔的人，才是有價值的人。一個人活久了雜質就多，汙染也多，但能永保持清淨純潔才是最有價值的人生，也是我的唯一選擇。

9/19
- 新政府大部分均忙於做官而忘了做事。

- 自己不懂主持會議，浪費時間，問東問西才能了解，無腹案、無構想，開會品質差，無法解決問題，悲哉！整個內閣均在學習開會。

9/21 ・不可有害人或損人之心和行為，而突顯自己有公義的假象。

9/22 ・有格與無格：蔣經國逝世十二年後，才由美國資深外交家陶涵（Jay Taylor）先生撰寫《蔣經國傳》。蔣經國在政府位居要津數十年，未曾出書宣揚自己，把所有時間用於施政，用於為國為民工作，足見「他無私心」是有格調的。

一、不利用公的時間和公的資源（地位）宣揚自己，無私心。

二、不表功，任內好壞是非功過如由自己炫耀，就不客觀不公義。

可惜有些執政者不如蔣經國之歷練，在任內拚命出書，利用任內公的時間、公的資源來出書賣書，以炫耀自己。

・我有堅持實力，堅持真實的獨裁，不管如何對我不利，我還是欣賞真實！這是我活的意義和價值。

・除非我無意識，真實我絕不讓步。

・真實和真理：真實最具體，真理較抽象。

9/26 ・豎仔級的內閣：有數位閣員是典型的豎仔，豎仔當政比小人當政更可怕。

・《李光耀回憶錄》下集，第一百九十頁「賄選是商業民主制度，以錢買權」。也有稱為自動提款機，馬來西亞巫統稱為金錢政治，台灣是金權政治。

・人的品質最重要，李光耀強調優秀人才，而不是好的法律或制度。如新加坡公務員薪水很高，大家不會貪汙。台灣的法官（檢察官）薪水比其他公務員收入加一倍，貪汙照常。由此可見人的品質是關鍵，品質不良就是幾倍高薪，還是照貪不誤。人的品質好，就是薪水低也不會貪。

・民主應是清楚的、嚴肅的，不是三教九流的民主。

・王天競在總質詢中說李光耀來訪未經外交部，表示不滿。田弘茂答覆，他是「透過媒體」反應。這是錯誤的。政府是一體，應可直接溝通解決，何必透過媒體呢？

・《自立晚報》第二版刊載，李光耀下榻鴻禧山莊與李登輝隔鄰

而居，李原爲李光耀好友，因價值觀迥異而分道揚鑣，然記者問李登輝爲何迴避？蘇志誠代答「不在其位不謀其政」，退休了就是退休了。其實李登輝退休了但公器並未退休，有近數十名隨扈，又有浩浩蕩蕩的車隊出出入入，這樣算退休嗎？

- 日本工人守紀律，勤勞、團結，有效率。

9/27
- 無知又興說（喜講話）。
- 李光耀主政原則：「行得通」、「有效能」。與我的主政觀念一致。我常說能做、做好。
- 決策者應有高度具體感，無具體感的決策不易實現，因此決策者對問題應充分了解，然後有實現具體感的本能，決策才有目的。

9/28
- 政治人物應有高度智慧掌握眞實，控制客觀因素，才有所作爲，惜大部分政治人物只會耍嘴皮，無意識和説夢話，因此無績效可言。

9/29
- 擔任公職和公眾人物最不自由，因要嚴以律己，爲人處事受道德的限制，分秒公私分明，要有公正、公義、公益的風格，要有高智慧領航民眾，要有是非、惻隱、辭讓、羞惡之心，處處爲人的風範、風骨……實在太不自由了。我二十年來的公職生活完全遵守上述意識形態的嚴屬考驗，現在已六十五歲了，該還我過著自由自在的生涯。
- 有實力就無黨派之分，無實力黨派自然應運而生，因實力是絕對的。相對的，黨派無法對抗絕對的實力（在三軍軍官俱樂部向大學先生小姐評審人說的。在座有李鍾桂、張俊彥、周立委雅淑、羅明才、華梵大學校長馬遜……）。
- 〈禮運大同篇〉中說「選賢與能，講信修睦」。很清楚的，台灣是選黑與金，講騙造敵。眞是天壤之別。

9/30
- 《聯合報》第五版刊載，王永慶說「李不如蔣」。李時代不如蔣時代，蔣眞的比李謙虛很多，足見王永慶與李有距離。

10/1
- 國會審查總預算爲國家人民而審，並非爲行政院長或任何官員

而審，這是政治學的常識。很可惜現在的大官認爲國會預算不通過，他就會丟官，因此每逢總預算審議時，各大官紛向立委低頭、拜託、委曲求全、請客、奉承，一點尊嚴都沒有，使出全力維護，就是犧牲色相，也爲那頂烏紗帽而犧牲尊嚴，討好民代，使體制紛亂沒完沒了。

究其原因，爲政治人物缺乏政治常識，權責不分、沒有實力，才導致此亂象。其實預算權在國會，國會不通過是議員對不起人民，對不起國家，並非官員之責。

10/2 ・文化是絕對的，經濟是相對的。有堅強文化基礎的國家，雖窮，仍有發展潛力。

10/3 ・人本價值與功利價值。

10/4 ・對阿扁有感：當選總統算我運氣好，你也無可奈何（也嘸你要怎樣）。核四、股票崩盤，扁說照吃照睡。

唐飛在立法院說他只聽阿扁及謝長廷的話，其餘他不聽。

皇帝心態，其實應效忠國家，遵守法制，依法行政才是。

・總統、副總統待遇支給條例，將總統、副總統之薪給約減半支薪。然卸任總統、副總統雖受舊法保障，但在新總統自動減薪情形下，卸任總統並未表示意見。

10/5 ・搞政治而能出人頭地的祕訣是勢利眼。善於利用人，不需人格、不需人道，要殘要狠，因此政治人物最狠、最皮、最厚臉、最不值得尊敬。這是台灣現在政治社會現象。

・政治家應有風範、風格、風骨，有智慧、有公義、有倫理道德，這種政治家少之又少。

10/6 ・俞國華夫人曾說：「政治是最可怕的。」這是無意中自然流露出來的眞言。政治人物要利用你時，下跪、磕頭、甜言蜜語均做得出來，一旦他占上風或穩住陣腳，殘酷無情地踢人出去，還落井下石，非置於死地不甘心，這是台灣高層人物的作法和心態。

阿扁三請五請唐飛，結果只有四個月又十三天的壽命，還是等

到那麼久才處決他，不然再下去就完蛋。張博雅、賴英照也受到三請，結果如何，還等著看。

· 至今我才發覺，越會耍嘴皮的越無眞實意識，更無「行」的責任。耍嘴皮永遠是空的，永遠是騙人的，永遠無結果可言，人的生命就在耍嘴皮的情形下浪費掉、犧牲掉，尤其政治人物是靠那張嘴臉吃天吃地吃人的。

· 政治人物在媒體面前爲自我膨脹，提升自己，什麼謊話都講出來，因此媒體面前說的都是假，都是裝修自己門面的。

· 表面都是假的，暗中才是眞的。如果相信表面的，注定失敗、受騙。

· 政治人物貴在誠信，誠信應由高層做起，如高層無誠信，不管說一大堆好聽話，人家都不會相信的。

· 政治人物當他吹捧你時，正是要宰你之時，如同先給你注射嗎啡，然後才宰你。政治人物當他吹捧你時，就是要利用你，這些比鬼話更可怕，不可相信，不可高興。

· 權力和金錢的力量足以使你哭笑不得。喜做官和拜金主義者是不會有人格，不會有是非，更不會有公義的。看到不少大官爲了當官或碰到財團，隨時展現搖尾狗的討好和拍馬屁，一點尊嚴都沒有。

10/8 · 生命鮮度第一，其次爲健康。不要有腐爛的健康，要有鮮度高的健康。

· 台灣政治人物的能力，官位越高說謊能力越強，做事能力越差，因此高層具堅強的說謊能力，用高權力來說謊騙人，不是用高權力來做事。

10/9 · 用高權力來說謊，效果高，爲害大。

· 無道德和良知，無法產生智慧，自然無啓發性和開創性的突破，政府人員只停於耍嘴皮、鬥嘴作秀的僵局，用口水戰瞞過人民的耳目，順利地占上他的官位，享受他的榮華。

10/10 · 台灣人缺智慧，只有錢慧和官慧，這種條件，國民品質不會

好。

・台灣的大官，講爽話、作秀，享受權力的傲慢。時間都不夠了，哪有時間和心情為國為民解決難題呢？

・作秀、講爽話，享受權力的榮華是皇帝才有，作秀、講爽話是玩弄百姓的行為，是古代封建的產物。現在名為民主，實是封建。

・邱吉爾說：「如果我們不斷為過去和現在爭執，我們將失去未來。」

・如果大官高層言行不一，喜說爽話、作秀享受權力的傲慢，則任何團隊精神都是假的。

・高層要能稀釋官僚、權力慾、榮華，以平民心態處理國政、公事，才能辦好國事、公事。

・政務官應有意見、應有立場、應有看法、應有主張，任何人不得禁止之。

・「做官心重」必無效率。

・用巧言令色來掩蓋其做官慾、榮華慾、權力傲慢……這是大官聰明之處。

・陳水扁利用唐飛是李登輝利用郝柏村的翻版。李利用蔣仲苓來對付郝柏村，而陳利用湯曜明來對抗唐飛，也是翻版。

・我自主持縣政，至中央從不爭人，也不爭錢。我總認為既有的「人」和「錢」，如能以一當十地運用，其效果（率）絕不輸於爭人爭錢，這是我的政策。台灣目前人已夠多了，錢也夠多了，惜大家未能充分發揮功能，任憑浪費和弊端，爭人爭錢好像是做官的本能，實在錯誤。

・有健全完整人格，才有正面獨立自主的能力，沒有完美人格所展現出來的獨立自主能力，對於人類社會均是負面的。

10/12・台灣之敗的原因：主政者不是拍馬屁出身，便是靠罵人、攻擊人起家的，前者是國民黨，後者是民進黨。做大官的不拍馬屁、不阿諛、不討好、不奉承、不勢利眼……自無機會當官，

這是國民黨的黨魂。另外民進黨是靠罵人、攻擊人製造是非、抗爭、暴力……起家的，無此種本領，自無當選機會。

這種馬屁和罵人文化起家的綜合政權，台灣能好到哪裡，天曉得。

本來主政者應如古代或現在新加坡，注重高度智慧、人格道德和能力，始能領導國家。今日的台灣垃圾一大堆，垃圾當權，人民慘哉！台灣之敗在此。逆向治理，難有機會，非智慧之國，非道德之國，非君子之國，而是馬屁之國，是口水之國，是小人之國。

- 馬屁和罵人文化造成的主流價值社會，有智慧、有人格的人很難生存，除非向他們輸誠。
- 我一生雖無所成，但至少我能堅持原則，分明是非，堅守道德和公義，抗拒利誘、惡勢力、不道德、自私自利，更不與人同流合污。
- 馬屁和罵人的基因，種下台灣的禍根。
- 幼時貧窮，人好（善）；現在富有，人壞（惡）。
- 很多人無智慧自己活，就迷迷糊糊地為爭錢、為爭官而埋葬生命。
- 用智慧活來的才有意義。
- 尊嚴與金錢和官位是不能混在一起的。為了純潔的尊嚴，須遠離名利。
- 智慧最易在金錢和官位中迷失，也即在名利中迷失。
- 活過的，盡量不要重複，應有創新、突破、環境、新內涵，才有意義。
- 「做」的意識神經必須活化、強化。 10/13
- 政務官必具智慧、無私、完美、能力、責任的條件。政務官能掌握整體環境、問題癥結和系統的解決方案。如缺上述條件，將是禍國殃民的大官。
- 做了官自然想如何保住官位，甚至希望能再升官，他的思考只

是如此。因此責任和使命感自然忘了，當官與未當官前成兩種人。

10/15 ・在假民主的社會，我竟能以眞民主的精神親自參選，也即極不公平的政治環境下，以獨立人與黨政軍聯合作戰的唯一政治對抗，這是我一生最得意的傑作。

・智慧、無私、道德、能力是領導者應具備的八個字。

10/16 ・十月十三日在國家劇院觀賞ABT美國芭蕾舞劇，吳淑珍、唐飛夫婦均到。唐飛夫人一直奉承吳淑珍，休場時間均在交頭接耳，親密異常。但十月五日總統府晚宴，陳水扁對我說，已經等四個月了。然唐飛夫婦竟無此感受，或因阿扁貴爲總統，雖無權位了，仍可攀龍附鳳，觀此情境，非無志氣便是無知，政壇上均是無人格的虛僞。

・國安基金隨時護盤股票，公義否？股票只是部分人民玩，況台灣股票又是短線投機，非投資，賭贏了自己賺，賭輸了拿全國人民的國安基金來護少數股票族的盤，公道嗎？如果這樣，「國民」應改爲「股民」。

・台灣難救的原因——

一、政治人物用騙的手段占據政權，保護政權。

二、無法針對問題提出解決問題的方案。

三、說來說去，換來換去也是「口水」和「油水」而已，看不到東西。

・台灣政治人物只有「口水」和「油水」，沒有「東西」。

・人民對政府無信心，表示主政者無誠信，因此要挽救人民的信心，必須起用有公信力的人才，才能解決信心問題。

・「信心」只有「有信用」的人出來解決才有效。無誠信的政客一大堆，誰會信任呢？信心從何而來。

10/17 ・解決目前困局，唯有在政界長期有公信力且有高度智慧、無私，不想當官，有道德公義，並有強而有力的做事能力的人出頭，人民才有一番新的面目，對新政府才有信心，否則一切難

也。新政府大都言行不一致，政務官為酬庸或御用，並非能解決問題、能做事的人才，更無誠信，公信力盡失。包括領導階層，說話如放屁，天下不亂才怪。

10/18・國家利益第一，人民利益第一，聽起來很動聽，但能做到的有幾人？因道德消失，政治人物充滿「爾虞我詐」，又缺下列條件——

一、缺少認知國家和人民的智慧。

二、大部分出賣國家和人民資源，遮掩官員的無能、無知與無賴的榮華。

三、未來子孫應有的生存資源被政客掏空，濫竽充數為保其官位，成為欺騙政權的籌碼。

四、領導者應具人類觀、國家觀、歷史責任觀，更應具對人類、國家、歷史的嚴格責任觀和責任感。

五、領導者應對上述問題有高度智慧、無私、道德和能力，百分之百兌現，否則均為達成自己玩弄權威、享受權力的傲慢而禍害人類、國家、歷史。

六、我本身對上述觀念和作法認為是生活自然的事，毋須刻意。

・昨天在王永慶車內，他說「政治他不懂」（經常說）。我則答以「政治是能做事才是政治」。不是那些賣江湖的一天到晚作秀，口齒伶俐騙來騙去，批判人、攻擊人、言行不一之徒才是政治。王董事長做大事能力高於任何人，因此才是真正懂政治的政治人物。

・行政首長應具宏觀、整體無私的基本性格，掌握整個問題的重心，才能釐訂高品質的決策和法律制度，否則是負面的，禍害國家人民。

・政客到處濫開支票，但均無法兌現，如有兌現，不是擴增機關（客家事務等）安插人員，則升格院轄市。這些為求個人當選為目的而濫開支票，打亂體制，巧立名目、濫用人員、消耗資

源的不道德行爲，另一方面又說要精減機關組織，實在可惡。

- 政治人物應注重問題的基本面，如股票下跌原因，基本面是兩岸不和平，影響企業信心，政府高層言行不一，不像在治國，人民對執政者失去信心。這些基本面無法處理，則以短線的治標藥方，均無法解決的，況治標均有副作用的。

- 政務官在電視Call in節目所爲言論應負責任，與非政務人員之言論迥異。

- 任何立法如無法絕對執行，均無意義。台灣人守法觀念差，長期在投機環境下生存，違法的人太多，公務員管（取締）不完，無法徹底執行，徒法也無用。如今日審查之「農藥管理法」，誰敢相信台灣生產的蔬菜農產物呢？

- 李登輝的「心靈改革」和達賴的「心靈價值」，最主要是「從自己做起」。如自己不做，甚至只叫人做，自己做相反的，將褻瀆這兩句神聖的語言。

10/19
- 眞正知識分子絕不會注重「表面」、「表面行爲」。

- 「眞活」和「假活」：眞活不浪費生命，甚至可節省生命，假活浪費生命也浪費時間。

- 「做」是至高無上的，不做什麼都沒用，是騙人是假的。我最看不起只有那張利嘴而無法無能做事的政治人物。

- 不做事或不能做事或亂做事或做錯事，然後才說一大堆理由來解釋，這種人是最無用的人。可惜台灣的政客專門要這一招，他們無實力、不會做事，但用利嘴來解釋無做的理由以保護官位。

10/20
- 打太極拳式的總質詢是無法解決問題，是一場口水戰而已。質詢者與被質詢者如無法針對問題，對問題核心切入剖開，則任何總質詢均爲徒然的。張俊雄看起來很用心、很熱誠，唯可能是最會耍、會敷衍的行政院長。說了一大圈，把時間拖過去，但一個問題均無解決。

- 台灣的國會是口水戰的戰場，並非解決國政的場所。

- 權力絕不可傲慢。

- 責任是要言之有物的負責，不是空嘴嚼舌的口水戰。很可惜台灣的政治人物誰有責任意識？誰有言之有物的負責？責任是有良知的人，主動表現廉恥的行爲，只有不要臉的人，將責任當爲口水戰的兒戲。

- 問政重點在「責任」。口水戰如果是問政的目的，那就毋須問政了。問政應是「講責任」、「追查責任」，有責任應負全責，除了下台的政治責任外，仍須負民刑責任，如此才有問政的結論。

- 「眞實」將使人無法質疑，更無法讓人反駁。說「眞實」話可省下受質疑及受反駁的無聊。

10/24 ・唯有「眞實」，生活才會單純，單純才會舒適。不「眞實」，生活複雜，痛苦萬分。

- 如果只爲金錢而活、如果只活在金錢上，與植物人無異。

- 平時把健康當生病注意處理，自然就不會有病。

10/25 ・權力如刀槍，在無是非的社會，秋後算帳才是最可怕的。有權力就如有刀槍，隨時會有生命的威脅，甚至斷送生命。有權力的下場與有刀槍的下場無異。看到台灣的社會，最好還是不碰權力，看到權力如同看到刀槍，不值得羨慕和追求。無公義的社會，權力不表示神聖，如此擁有權力又有何用，有何意義。

- 享有權力的人應有謙卑，唯有權力謙卑的人，才有人權和民主。

- 如果權力不謙卑，將無民主和人權可言，是欺世盜名而已。權力不謙卑必定壓制人民，強姦眾意。

- 無權力謙卑，這個權力便是罪惡之源，人人應唾棄之。無謙卑的權力者，不值得尊敬。無謙卑的權力，比魔鬼更厲害。

- 「馬屁病」和「有耳無目病」是台灣將要沉淪的主因。這兩種病是統治者造成的。

- 謙卑是權力的煞車，無刹車的權力是很危險的，容易衝進深谷

而毀滅。

- 智慧＋無私＋謙卑＋道德＋能力＝最理想的政治家。

- 很多政治人物，口口聲聲民主人權，但他們的修為是最不民主、最不人權。他們因享受權力的傲慢而得意忘形，無是非、無公義，在破壞民主和人權。

- 權力如握在惡魔之手，最好不要認識它，不要接近它，不要在同一國家、地方與它生存在一起，如此才不會受災殃、受殘害。取得權力的人大部分如惡魔，惡魔是無形的。有權力的人表面上好聽話，但最厲害的也如惡魔無形地暗害他人，修理他人。

- 新加坡、馬來西亞報紙的專論或社論較實在性、學問性、客觀性，可增加很多知識。台灣的報紙則充滿政治性、意識性和新聞性，看後易受誤導。

- 台灣政治很可笑，只要能使股票上漲就可當財政部長。許嘉棟因股票下跌下台，顏慶章專門操作股票，掌四大基金及國安基金護盤，當得很得意。

10/26 · 台灣之敗，在於領導者只會耍嘴皮，講得好動聽，惜「無心」、「無術」。無心自然無做，無做永遠是假的。

- 台灣功利教育，人人自私自利，無團隊和運動員精神，運動水準難以提升。因此，如要提升運動水準，應有為國爭光、為國犧牲的國民，才能出人頭地，在國際上揚眉吐氣，才能提高國家地位，否則永難抬頭。（看韓國足球隊與沙烏地阿拉伯對抗有感）

10/30 · 《南洋商報》D3版沈觀仰談知識分子的角色，為道德立法人，是世界詮釋人，是理論的仲裁人。

- 聰明人往往能做雙面人、三面人或多面人，因此聰明人是見人說人話，見鬼說鬼話。

11/1 · 最好的政府團隊應如最佳的足球隊。足球運動是劇烈動態，又是以足部運作自如的運動。球員頭腦皆很清楚，尤其在爭搶球

時不怕受傷，如此亂局中，能保持冷靜，將球很快速、很精準地傳給動態的接球者，可說團隊在動態中具有高度自動的默契，又在對方極度搔擾阻礙的亂局中，能將球踢入球門，實在不簡單。我想如果政府的團隊能如足球隊的精神和訓練運作，默契、技巧、靈活、無私、攻守能力、智慧判斷、準備……則這個政府一定是好的政府。

我認為足球隊的成功，比政府團隊的成功更難。因此好的政府團隊如能向足球隊學習，將可使政府團隊成為一支強旅。

・脫離主觀意識才有公義性格、平衡的心，以客觀超然立場對待事務，論斷是非、對錯，才是正確的論斷，才算是有智慧、智識和道德可被信任的人。

・當今社會很少有公義、超然、客觀的條件，因此看這個人的臉就知道他是屬於那一派、屬於誰的人，他會說有利於誰的話，為誰辯護。不是因為他們有情緒的關係，便是有利害的關係，很少人能站在公義、客觀立場說真話，說公道話。

11/6 ・民主不應腐化，如果民主是腐化，那就不要民主了。

・自由如果是天下大亂，那自由對人類有何用？如果自由就是在保護壞人的生存權，那更可不必自由了。

11/7 ・「實話」應「實說」。可惜很多人連「實話」都沒有了，怎有「實說」呢？

・如果高層做錯，只能道歉了事，任何人均可當高層了。道歉不能只用嘴巴，不能空嘴嚼舌，應負責任包括辭職賠償或恢復原狀，最好應立「道歉法」。

・台灣政治人物喜演「道歉秀」。「道歉」成為政治人物不負責任的「護身符」，只要會說「道歉」，則萬事可通。我認為「道歉」是禮貌和廉恥的高尚風格，只適用人與人之間，國家政治人物不適用。因政府人員錯誤的決策和弊端，是屬於公的行為，不能以個人的道歉空話了事。政治人物應「負責」，而不是「道歉」，如果道歉能解決一切，那就不要法律和政治責

任了。

・常道歉的人，是無廉恥、厚臉的，不要把道歉當成尚方寶劍。

・我們不喜「常道歉」的領導人、政治人物。

・人民如忍受「常道歉」的領導人，這個國家就無希望了。

・政治人物在劣勢之下，才以道歉敷衍一下，等自己強勢局面時，權力就傲慢起來，一點都不謙卑。

11/8 ・道歉應出自良知、內心，迅速、立刻為之。如拖太久，受到壓力後才道歉，實已失去誠懇、反省的意義。陳水扁在八掌溪事件拖了五天才道歉，宣布停建核四造成遭罷免壓力，十天才道歉。這種道歉是解危的方法，也是應付性質非真心的道歉，是不得已的道歉。

・享受權力的傲慢，最易腐化。權力是做事的責任，並非傲慢或榮華，這是我從政的感受。

・權力者應有風範、風骨、風格。台灣的權力者有利嘴、傲慢、自私自利、人渣，權力是他們傲慢榮華的工具。

・有黨派就無公義，除非人民的力量強於黨派，才有公義出頭。

11/10 ・大部政客均屬於情緒與權力結合，私心與權力結合，金錢與權力結合。情緒、私心與金錢與權力結合，真是非常可怕的。

・真正能對人類社會做事的人，他必定具備高度智慧、豐富經驗，更重要的是對問題要有完整的了解、全面的掌控，能長治久安，以千百年為目標的事。

11/11 ・只有口才而沒有人才。

・為公的正派，真正派；為私的正派，還不錯。

・台灣固有族群對立，但利害的對立才是真正的對立。只要利害一致，哪有族群問題，只是藉口而已。製造族群的對立是不道德的。

11/12 ・行政院政委及中選會任內：一、審查大小案件一百七十多件，二、成立消防署，三、解決農權會問題，四、國家文化藝術基金會，金額一百億元，五、廢棄國民大會代表。

11/13 ・有民主的外殼而無民主的內涵和條件，這是台灣所有問題的癥結，也是反淘汰的因素。無民主條件和內涵的台灣，將在外殼民主的口號下消失一切。

・二十年來只有公的思維、公的行為、公的生活，而忘了私人思維、私人行為、私人生活。

・台灣政治人物經常說善意、善意的回應，我看都不是真正善意，而是自我意識優先的善意或保護自我至上的善意。因此所謂「善意」是政治名詞，不要上當。

11/14 ・對人要低調，對事要高調，尤其做學問更應高調。

・開店的人明明要倒店，他還是說生意很好，絕不會倒。主政者明明要金融風暴，偏偏說體質好、基本面好，不會金融風暴。因為他們要做官，要說好聽話，騙騙人民，才能繼續當官。

11/15 ・私心重的人雖可得到一時的便宜和成就，但畢竟是有限，也是短暫的。唯有無私的人，才有海闊天空的永恆成就。

・抵銷式的人生、抵銷式的生活，浪費時間和生命。

11/16 ・我當縣長或政務委員、中選會主委時，從無架勢，從未將手插在褲袋內面對民眾、部屬說話。但我看到很多人一當上官，手插在褲袋裡，擺出十足架勢面對民眾說話。這是我與其他的官不一樣的地方，也是我不管平民或官員均一視同仁的自然行為。

11/18 ・無國家意識、無全民意識、無做事的意識、無責任感的意識，這些人取得權力，只會禍國殃民。

・玩兩面手法的人只會抵銷，不會有利的。

・教育部要取消學生品德項目，實在太大膽、太不負責任。教育除傳授知識、啟迪思維，還應負塑造人格教育兼身心健康之責。在這人性消失、倫理道德淪落之時，竟不加強道德教育，反而取消品德教育，十年後的社會將是無品德的人所組成，與動物園無異。

・活得太清楚，實很難活。責任、公私、倫理、是非、善惡、道

義……分得太清楚，活起來就不容易，唯無選擇的餘地。

11/20 ・我一生最討厭西瓜偎大邊，吃父偎父，吃母偎母，吃相難看的政治人物。這些人無骨氣，無公義感，是人渣是敗類。

・台灣過去的反對者沒有理想和歷史使命感，而是以利害爲出發點。因而當時反對者其反對的目的是從「利」出發，反對執政者既得利益，盼推翻執政者，以便取得「利益」，並無理念和責任感。

反對黨於今年取得政權後，其心態與過去的執政者仍然同一模式，足見政治人物真正有理想和歷史責任者很少，大多是「利害」而已。

・生態溝與水泥溝：德國早已將水泥溝打掉，改爲生態溝。

11/22 ・以功利處理國政，這個政府雖可有眼前短暫、現實的成績，但騙騙人而已，終必很快腐化、慘敗、毀滅的。以公義處理國政，這個政府必定長治久安，有品質、有歷史，能讓子子孫孫的繁榮和享受福祉。

・如果你要破壞他，最佳的方法是灌輸功利思想，並以功利手段誘惑他，使他用功利手段治國，相信這個國家很快走上腐敗和毀滅。

・功利和公義是對立的。功利是低賤、現實、短暫、炒短線、投機的，有害於人類；公義是有氣質、有理想、永恆，人類永續存在的資源。如果你要害他，則以好看的功利灌輸他、誘惑他；如果你要他好，則以公義灌輸他、提醒他，實踐公義心的社會。

・公義人和功利人之區別，公義人絕不會害人，可信賴、可幫助人。功利人會害人，絕不可信賴，最會利用人，投機製造矛盾，從中取利，是兩面人，表裡不一致，須小心提防他。

・公義人是君子，有人格；功利人是小人，無人格。

・以功利思維處理問題，就是以小人之心處理問題，以公義思維處理問題，就是以君子之風處理問題。

- 政治家是以公義處理國政，政客是以功利處理國政。
- 政治家有公義的智慧和維護公義的本能。

11/24
- 金錢介入政治，公義自然消失。

11/27
- 台灣無救之因不是意識形態掛帥，便是功利自私介入政治的結果。政治人物無道德素養，無責任的智慧，更無誠信的認真，導致「騙來騙去，鬥來鬥去」的政局。

- 記得我上任縣長不到半年，師大教授和不少縣民均說：「你做不到半年，比國民黨做幾十年還多。」陳水扁本來應和我一樣做得很好，因為國民黨做得太差，應該很快就會分出高低，可惜他逃不出國民黨過去的框架，還不斷請教經營到倒店的國民黨經驗，才造成不到六個月就要被罷免或被嗆下台。

11/29
- 原則和系統觀念是發展的基本條件，無原則和系統觀念將雜亂無章，亂中加亂，僅在橫向間忙碌不堪，永無整合和大方向的結論。

- 把握大原則和系統觀念，是處理問題的關鍵。

- 解決問題的智慧和能力，是從事公務工作的基本條件。台灣的政務官，欠缺解決問題的觀念和責任，只在官大學問大的威權下紙上談兵，或在文句上做文章而已。

- 大官喜用「民意為依歸」，其實是以「民意」來達其「私意」的目的。試看台灣的政客有民意的認知和責任嗎？

- 誠信必須建立在言行的一致性，更應一貫性。

12/3
- 壓力下、利害下、誘惑下的尊敬是最虛偽，是欺騙式的尊敬。

12/4
- 民主化的結果，如果是無倫理道德、無是非、無公義、人性消失，成為是非不分、善惡不明，惡人出頭，善人消失的多元化社會，造成反淘汰的人類社會，則這樣的民主不要也罷，這樣的民主難道是我們祖先千年來努力的希望嗎？

- 過去無社區之名，而有社區之實，現有社區之名，而無社區之實。過去社區是由感情親情自然形成的共同體，現在社區是建立在利害的功利共同體，亦即功利社區。

12/5　・年老時應撥出些時間用於身體的保養，有折舊就要修補，才會衡平長久。年輕時身體健康精神充沛，只有加無減，老了只有減無加。因此要設法加，才能彌補減。年老了不能如年輕時賣命，應該是如何賺回生命才對。

　　　・無道德就無良心、良知，分別是非善惡，因此每個人頭腦不清，模模糊糊，大家均在模糊中，模來模去、糊來糊去，浪費時光、精力，無方向目標，更無結論，這是台灣社會的特色，無可救藥。

　　　・真實只有一個，正常人應看得很清楚，為何大家不看真實，為真實而說話？看不清真實不是色盲便是青光眼，才會把一個真實弄成天下大亂。

　　　・台灣人的嘴巴和耳朵最厲害，可惜沒有眼睛去確認，才會造成今日騙來騙去的社會。

12/6　・當一個人要過橋時才覺得橋的偉大和重要性，一旦過了橋就忘了，有些人甚至會摧毀它，過橋拆橋是最惡質的。

　　　・絕對的權力，絕對的腐化。因此以權力統治的人，這個政府必定腐敗，權力不是什麼好東西。

　　　・有權的人越謙卑，越使人尊敬。

12/7　・無私是我與眾不同的特有性格，也是能為人類社會做點事的本錢，很感謝父母給我無私的體質。

12/8　・騙與變的結合是最可怕的，國人無所適從。

12/9　・無道德的領導者以建立在「權力與豎仔」的結合，國人是他的俎上肉，是可怕、恐怖，無人權保障的。

　　　・台灣目前的恐怖統治是古今世界各國所未曾有的，藉民主政黨輪替之名行剷除異己、清算鬥爭之實。卸任前批示的公文落在現任者之手，現任者為鬥爭卸任者，可將不利的公文提供檢調單位，把有利的公文和證據抽掉，如此卸任者必死。葉昌桐總司令之保命公文是一例。

　　　・人權日阿扁、呂秀蓮大談人權，其實道德比人權重要。

- 不知也無道德就沒有人權。

- 作秀分為自己作秀和為大眾作秀,為大家作秀還算好。

12/10
- 一位領導人每日至少有一矛盾,國人將隨著過著矛盾的生活。

- 講人權的領導者,自己言行舉止均應有尊重他人的人道主義者,才能做到。如講人權,用權力去講人權,只是說自己的權,非人權也。

- 有人道的人,始有資格講人權。很可惜現在講人權的,只是用人權來掩飾他的殘害人權的罪惡而已。

- 有人性才有人權,一個沒有人性而有權力的人說人權,太離譜了。

12/11
- 資訊時代一個領導者欲將政治社會、人品變好,是可以很快速的,如果要將它變壞,也是很神速的。

- 財政部是管錢,無錢騙有錢,要倒說不倒,金融風暴說不會……如此說謊耍嘴皮,才能當部長,如果老實人早就要下台了。

12/13
- 行政院政務委員不少是來學習,並無專業專長的經驗,然而竟在審查與他們所學無關的內政、法務、國防、外交法案,難怪立法品質降低,造成整體行政的崩盤。政務委員作為酬庸性的安排是扁政府的一大敗筆,害人非淺。

- 台灣問題在於政治人物缺乏智慧、私心重、缺道德、無能力,加上意識形態的鬥爭,永無歸零的機會,亦即無從整合,只要沒有啞巴,什麼話都可講出來的政客、口水戰,模糊焦點,展示權力的傲慢,享受權力的榮華,如此條件、如此政客,怎能有希望呢?

- 扁政府不少權力來源來自某集團,只要當過交通部長或民航局長的出路都很好,立委為某集團護航者也然,這是台灣變相的民主,其實也是「錢主政治」。

- 錢主政治——
  一、賄選:民選人員用買票而來的。

143

二、非民選官員：酬庸、金主、樁腳、功臣。

三、政務官不少來自財團的派用。

‧立法品質不佳在於政務委員的品質。政務委員非僅形式上協
調，而應具實力（專業經驗智慧）才能協調。張院長僅主張形
式上的協調，政務委員應有實力、更有責任負責審查優質法案
的責任，如果僅是形式上的審查，則不需政務委員了。

‧行政效率不彰原因──

一、高官和民代品質不佳，公務員不敢放手工作。

二、相對性的民主與絕對性的獨裁不清：相對的效果與絕對的
效果。

三、是非不分、善惡不明，做與不做差不了多少，何必做呢？

四、保護自己為上策。多做多錯，少做少錯，不做無錯，多做
多罪，少做少罪，不做無罪。

在上述因素下，所謂提升行政效率只不過是口號，騙騙人民與
世人而已。上述因素是結構性問題，結構性問題無法解決，行
政效率是無法提升，不是原地踏步，便是向下沉淪。

‧惡的否定善的、無知的可否定有知的，無經驗的可否定有經驗
的，不做的可否定做的人，如此人的品質很難提升，甚至是反
淘汰。

‧有知識的辯輸無知識的，做事的辯輸沒做事的。

‧政務官不下苦心，反而耗在應付、敷衍，甚至享受權力的榮
華，政治必腐敗。

‧根已經爛掉了，還花資源說那些枝葉。不管如何修剪維護，也
無濟於事。

‧台灣人喜做表面的秀，當然集中在枝葉，因為根在地下看不到
無從作秀，因此不管根爛掉，只管可作秀的枝葉，這樣的人民
是沒有救了。

‧道德是根，根腐爛，枝葉無法存在。什麼行政效率、什麼清
廉、什麼守法、什麼黑金、抗爭……永遠是喊爽的。

- 領導者不重視道德、不守道德，僅在枝葉上下功夫。如果是修剪與維護還不錯，可惜僅在枝葉間撥弄來撥弄去，弄得人民眼花撩亂、霧煞煞，結論是敗根之樹。今日台灣大家均在這棵敗根之樹下掙扎，騙來騙去、鬥來鬥去。

12/16
- 台灣政客不只言行不一，連言言也不一致。

- 政治人物、政黨、學界，幾乎以「私心」爲出發點。制法修法以私利、黨利爲依歸；法不利於已時，則不遵守法律。

- 「私」與「利」是台灣政治人物從政特有的基礎，不是「私」便是「利」。所謂法治、民主是騙人的，私利高於法治，私利是台灣政客的基本，這種政治比過去帝王時代更差。過去帝王一人爲害有限，現在數百個民主帝王，人民受不了。

- 特權享久了自然僵化，國民黨的領導階層不去找問題、解決問題救救黨，也聽不進人民心聲和進言，眼睜睜地任它倒下去、消失掉。而民進黨剛得政權，也享特權，也同樣麻木不仁，無法接受他人好的意見，自甘墮落。

- 除了公義，任何事都不爭執、不爭吵、不計較、不與人磨擦，是最快活的人生。

12/17
- 看到每日政府高層作秀重於思考、解決問題的政治，使我對台灣失去信心。天天看那些欺人騙人的秀，浪費生命又影響健康。景氣差、治安惡化、倫理道德消失，這些政治人物不只不關心，也無辦法處理，天天想作秀搞關係騙騙人民。

- 無公義的社會，雖身居高位（縣長、行政院政務委員、中選會主委、文總副會長）心情永不樂，不如到大自然去享受自由自在的生活。

- 台灣的是非是領導者製造和決定的，悲哀！人民長不出眼睛。

- 垃圾步的統治才造成今日政局混亂、風氣敗壞、治安嚴重、生態破壞、人性消失、無是非無公義的社會。

- 應注重高層政治人物的空頭口號，大部分是說空頭名詞，名詞與口號本是漂亮動聽的，但很多無用腦筋的人易受騙。

12/18 ・立委無法盡職，因其水準差，無國家、人民觀念無，又無知、私心重，更無責任感。因此國會成政黨和個人角力作秀的場所，並非為國家的發展和維護人民權益的機關。

・權力與道德成反比例，官位與人格成反比例，這是台灣十三年來的發展結果，因此台灣社會政治、生活、內涵……均根據上述兩原理而來的反淘汰結果，領導者應負其責。

・不看人的頭臉而看公義的頭臉，這是我內心與外表一致的信念。

12/20 ・人的品質惡劣，什麼革新、什麼行政效率均為空談的。人的品質惡劣，原因是倫理道德消失，無倫理道德，一切等於零，只有口號、口水，誰去做誰去負責，無人做無人負責，所謂革新，行政效率均係空談的，永遠不會好的。

・圖利他人是行政效率不彰的主因。因司法人員如要羅織罪名時，最簡單的方法是以抽象的理由陷公務人員於圖利他人之罪，因此公務人員誰敢去衝去拚呢？

・認官不認人的社會，就是功利現實的結果。

12/22 ・讀經才算有讀書，經書不懂能算讀書人嗎？

・昨晚在王永慶家，何壽川說財政部長公開要求銀行做假帳，虧損分十年沖銷，引起會計師界的困擾。世界上無一個政府叫人做假帳，足見政府已窮途末路了。

・能做又做到才是政治，不做又無法做到的不是政治，政治不是口水戰，也非只說不做，更非言行不一。

・民選首長分兩類——

一、當選就任後即開始準備連任競選，因此開始籌錢，自己A錢或供其親友得利、或做公關，以便連任競選之需，因此荒廢政務，人民不滿，政績差，挑戰者多又強，因之競選時把所A的錢、親友助選，全部花光，還是等於零，但當選與否尚未可知。

二、我就任後全精神貫注縣政，不A錢、不給親友機會，更不

做公關，結果政績斐然，無對手，如桌上拿柑，不費一兵一卒得九成高票連任，這是我從政的基本態度。

- 讀經的小孩不會變壞，讀經的人多，社會的品質一定高。
- 權力否定真實和道德，權力可使是非顛倒，權力可維護錯誤，權力全是對的……上述是台灣領導階層握權力的觀念和做法。
- 選委會主委任內的傑作——
  一、總統、副總統選舉不合法，力爭合法化，否則選舉可能無效。
  二、主張如期選國代，迫使國代虛級化（廢棄），是歷史性的勝利。
- 權力落入無道德的人之手，人民和國家完蛋。
- 做的意識教育應加強，唯有「做」才有「德」，有德才會做，才有「真實」的結果。
- 權力的謙卑是執政成功的先決條件，這是永恆的。權力的傲慢是短暫的、一時的，很快會消失。惜很多首長迄今仍享受權力的傲慢，看花會紅多久，這些首長會紅多久。
- 縣長時代幾項措施——
  一、縣政績效好，連任無對手，不必一上任就準備連任。
  二、議員問政指責，承認政府錯失，甚至補充政府錯失。
  三、怕議會通過預算太多會做死，因此不必拜託、委曲求全，好像議員無通過預算，官就會丟掉。
  四、用阿公阿媽所說那套治縣就綽綽有餘了，以後所學的較功利較奸步，我都不敢用。

12/23
- 「做」才是「真」的，不做都是假的。說實在話，不說表面的話，不說形式的話。

12/24
- 領袖、領導人提衣服應從衣領提起，不是提袖子或其他部分。提領可整齊、條理不紊、有系統，才會平衡，衣服才不亂，因之「領」是非常重要的，表現在做人做事是重原則、重系統、重條理，這種條件的人才能當領袖，當領導人物。

- 由兒童讀經來教訓其家長，教化社會人士。
- 權力傲慢的想法、做法、看法，永不會聽他人的意見，也聽不進去。權力就如血管內的血板塊一樣，會使腦血管栓塞而中風、心臟病。
- 不公道就無尊嚴，無尊嚴就無人權，不是只指進入監獄或被捉才沒有人權。
- 我平生有排斥不公平不公義的習慣。
- 民主政治是〈禮運大同篇〉說的「選賢與能，講信修睦」，現在是「選黑與金，騙來騙去，鬥來鬥去」。
- 做官做久了，腦筋自然生鏽，轉不動，無法接受他人意見。國事全被這些生鏽的人斷送掉。
- 民進黨執政，政務官無經驗又陌生，為保官位亂投醫，如股票的護盤，每日只要看股市下跌就將國安基金、四大基金投入護盤，使其不下跌反升而保住官位，就如跑三點半以免退票而保信用般。這種無長遠從基本面解決，以炒短線或賭博式，一時使股票不跌而得一日官位，如使支票不退票而渡一日的難關，只要過三點半就安了。這種作法是「三點半政治」。

12/25
- 國民黨迫使宋出走，三月十八日國民黨政權倒下、民進黨執政。據近日報載，不少李系人馬黃昆輝等不重新登記，可能造成第二次分裂，好像國民黨還倒不夠。過去林洋港、郝柏村也被迫出走，看來國民黨將成離離落落的在野黨。
- 韓國自全斗煥下台後，政黨及政治人物均重組，政敵與政敵合作，如盧泰愚與金泳三合作、金大中與金鍾秘合作、金泳三與金大中分裂……台灣政黨及政治人物有重組的可能嗎？

12/26
- 許多人為了當官不說真話，還要反駁真實（話）。
- 很多政治人物、知識分子，吃到死都還不知道公義、真實、真理，悲哉！

12/27
- 不可以拍馬屁或奉承心態談公事。
- 現在是說「官話」的人才能當「官」。如林嘉誠在Call In節目

中一派官話，其目的只不過是維護官位或替魔鬼辯護而已。

- 台灣之悲在於知識分子無公義意識，和辨別是非的責任和能力。無公義和是非心的知識分子，只會禍國殃民。

- 總統府的勳章頒發，許多是酬庸性，競選功臣或私自得到好處者才頒發，成為私人酬庸的工具，並非真正對國家有貢獻者才頒給。因此，勳章榮典失去意義。過去為怕王玉雲的反彈，在機上決定要給王勳章，現在又大送勳章給有錢人，置國家榮典意義於地。

- 取得權力不是滿足而是責任的開始。

12/28 ・台灣高層心中只有權力而沒有良知、沒有公義，甚至以權力來否定道德。權力是功利的產物，如無道德制衡將成大害。

12/30 ・用拍馬屁得來的均無尊嚴，甚至有詐欺性存在，如拍馬屁得官、升官、得利，拜託選票當官，均是。

- 高級乞丐是以拜託乞求選票而當選者。無尊嚴，無尊嚴的人，能為公做事甚至能治國嗎？

- 自己的尊嚴無法維護了，怎有能力維護他人的尊嚴？

- 拜票當官是無尊嚴的，無尊嚴的人怎能維護他人的尊嚴呢？今日的領導者幾乎是拜託而當官的，而不是以實力、人格、道德被推崇而當官的。

- 無根怎能永續？大家喜歡說永續經營、永續存在，但大家會想過「根」呢？

- 功利是價格觀而非價值觀，如將功利當成價值觀，人類永亂不完。

- 功利是說樹枝樹葉，人本是樹根，倫理道德亦是根。無根，樹枝樹葉不存在。

- 台灣如果說是民主，勉強可說是殘障的民主，如黑金政治為朝野所公認，賄選、用錢買來的權力，賢能無法出頭，又法治不彰、選擇性辦案，在在與民主不合。有名無實的民主就是殘障的民主。

2001年

　・民主政治應是政黨政治，但台灣民主政治是幫派政治，民主政治在台灣是黑金政治。台灣已很少有「不被騙的人」，因此我已沒有市場了。不被騙的人，才是我相處的對象。

　・施政應有整體規劃，有系統地建設。台灣的政府迄未做到整體規劃、系統建設的地步。

・台灣的建設是分贓式的建設，特權和民代主導分贓式的建設，爲選票和私利不顧大局。

・政治人物的七要件──

　一、能做的才説。

　二、不講好聽話。

　三、「做」的條件如智慧、認知、經驗、能力，客觀環境具備，才可説。

　四、不可盲目説話。

　五、要能以身作則的才説。

　六、要言之有物。

　七、説到絕對做到。

・行政院張院長在院會報告災區重建時，公家負責的三十九所國小重建工程，迄未發包一所，民間認建的國小，發包百分之一百。如此政府與民間效率比較，政府效率等於零，民間則達百分之百，關鍵在黑金政治。

・院會：有政策而無對策，執行無效率。

・我從政，從政策到對策到執行，是一條鞭的。現在大部只説政策，宣示性而已，況且政策也不完整，毫無意義。基本建設乏人注意，如人的品質差、道德無、功利高、大家不守法，犯法、犯罪自然多。政府對根本問題不謀對策，只談治標（樹枝的修剪），以有限公務人員要抓無限的犯法、犯罪之人，有濟於事嗎？沒有當過官的團隊太天眞了，説官話容易又好動聽，效果恐有限。

・首長在開會做裁示時，時間要短、緊湊、講重點，節省時間，

最重要的是「有效率」。但很多首長的裁示，權威大於內涵，官話大於目的，形式大於實質。

- 孩童時期是比人格，現在是比垃圾。

1/4 · 成功的要素是能規劃每日的生活項目，如能規劃最精緻的生活和最有效率的工作是最成功的。

1/5 · 「整體規劃，系統建設」是國建的基本觀念。

1/8 · 黑金政治算民主化嗎？既然黑金專制，自無民主可言。

1/10 · 行政工作應整體規劃、系統化執行才有效率，而不是忙碌的熱鬧和熱鬧的抵銷，否則效率可能是零，甚至是負面。

- 忙碌在單純化和解決問題，並非忙碌於複雜化和製造問題，亦即忙碌於「加分」，而非忙碌於「減分」。有些人以為忙碌是「加分」，其實不然，忙碌於「減分」也不少。

- 倫理道德是經常想到歸零，歸零的人才能打得準、才能一致、才有力量，從不歸零，累積許多污穢的國民和政治人物，永遠無法發揮正面功能。

- 公私不分的權力是致命的，也是政府腐敗的源頭。民主說得響亮，但權力成為他家的、成為私有的、成為私人的傲慢、成為私人好惡情緒的權威、成為私人得到好處的工具、成為私人榮華的迷藥、成為被拍馬屁的威風⋯⋯這是錯誤的。得到權力的人，如果不將權力當成絕對是「公」的，這個政府就枉然了，如同已死的政府。

過去因政治人物把權力當成私有，有特權、有好處、有誘因，才有今日黑金政治的氾濫，無道德、無學識之徒，競相不擇手段爭取權力，結果權力被黑金占有，造成黑金政治，而不是民主政治。

- 不要用「選舉即民主」來欺騙社會。用買票、黑道威脅或作弊方式的選舉是罪惡的，民主如果是以罪惡手段得來的，有何意義？

- 權力如果是絕對的「公」，是無「私」的空間，相信權力市場

會很蕭條的，因爲無根、無道德的社會，沒有人會「吃飽去換餓的」。

- 有最佳的單純，才有最佳的效率。單純和效率是成正比例，單純取決於智慧、無私和內心，無智慧、私心重是複雜和製造問題的病源。

- 過去我任縣長時，在縣務會議説的「不做沒資格説話」、「做的不一定要宣傳，把宣傳的時間再加碼去做」。這是我把「做」看爲最神聖的事。「光説不做」的人，我最看不起，這種人是「欺騙家」。

- 李的名言：「中共是土匪」、「啞彈」、「中共再大也不比其老爸大」、「台灣人的悲哀」、「國民黨是外來政權」、「討厭加入國民黨」。

- 劣習成性，什麼敏鋭、什麼效率、什麼服務，均是口號而已。如果是考試一定滿分，如果是「做」，可能不到六十分。

- 「智慧的灌溉」對一個人之成敗，有關鍵性的重要性。

- 阿扁總統施政無法發揮，説是因爲國會議員無法過半數，才無法進行改革。然李總統以改革起家，不管是憲政改革或教育、司法改革，雖然國代占四分之三，立委在他任內均超過半數，無論憲政或司法、教育改革，均無進展。因此，要改革不是量的問題，應是質的問題。

- 不講利害，能超越利害的人才是君子。

1/12
- 權力＋傲慢＝小人，權力＋謙卑＝偉大；
  權力＋功利＝人民的災殃，權力＋道德＝人民的幸福；
  權力＋公＝國家之幸，權力＋私＝國難也。

1/14
- 開會拖時間和無效率的原因，一爲主持者不了解會議內容與目標和重點，二爲與會者應付性發言，三爲成爲與會者發洩和出氣場所。

1/15
- 看公義的頭臉而生存，而不是看人的頭臉而偷生。

- 乞丐有兩種，一爲乞金錢爲目的，是低層乞丐，二爲乞官位

153

的，爲高級乞丐，如選舉的拜票甚至跪求選票。

· 經濟部長林信義爲執行民進黨廢核四而當部長，照理反核四應爲環保單位，今負責產業發展的經濟部竟主導廢核四，而非環保署主導，難怪人民對新政府無信心。

· 司法高於政治，道德高於司法。如果司法要看政治的臉色而判決，則司法將落入政治人物的工具（武器），將無人權可言。

· 可向權威挑戰，但不可向眞實（理）挑戰；可不服「權威」，但不可不服「眞理」。

· 功利是炒短線的，短暫就消失；道德是永恆的，永續存在。

· 不講道德的政府，是炒短線的政府。炒短線的政府，如同吃特效藥，有副作用的。

· 無爲而治的政府：一、爲之於未有，二、治之於未亂。是一流的政府

· 縣長時代突破性工作——

一、道路三政：高級路面、路肩鋪柏油、拓寬狹橋。

二、體育三政

（一）每一體育老師至少培養一優秀運動員。

（二）各學校發展特定運動項目。

（三）校際比賽

三、基本動作：立正、稍息。

（一）準時上下班。

（二）公文每日處理完畢，即今日事今日畢。

四、嚴密追蹤

（一）主管晨報，超過三日公文的主管，不得參與主管會報。

（二）各單位均馬上辦，取消專案式的馬上辦中心。

（三）無做無資格說話，做比說重要。

五、其他

（一）吃飯可遲到，辦公不可遲到，因吃飯不要那麼認眞。

（二）強調人的品質，而非生活品質。

（三）強調縣民尊嚴的維護。

（四）一元錢當兩、三元用。如原編一條路的預算，可做四、五條路。

（五）不做「公關」，只做「事」。所謂公關，是利害一致才有公關，利害不一致，還有什麼公關呢？不做特定人的公關，要做一百二十萬人的公關。

（六）不重宣傳：要求主管把宣傳時間，用於做事。

（七）重排水比道路重要。

（八）經常在餐廳出現的，都不是好公務員。

（九）無形建設比有形建設重要。

（十）不建好路給壞人走。

（十一）對議會答帶教。

（十二）教育的獨立比司法的獨立更重要。

（十三）真實意識的形成在教育上的重要性。

（十四）爭取的都不是模範：對模範母親選拔有人爭取表示意見。

（十五）對管線單位破壞道路提出告訴。

（十六）做十分，讓人家知道五分，絕不做一分膨脹為十分。

（十七）與地面水平之謙卑心態處理縣政。

（十八）從不居縣長身分處理縣政。忘掉自己是縣長，拚命做工、做事。

（十九）最怕人拍馬屁，被拍馬屁是被裝瘋的。

（二十）每日工作十六小時，縣長室電燈是最晚熄。

（二十一）縣長做不好，被暗殺也是應該的。

（二十二）最討厭作秀，要作秀不如到動物園當猴子。

（二十三）言行絕對一致，甚至說少做多。

（二十四）以風範、風格領導縣政，也即自己以身作則領導人。

（二十五）要做給人看，而不是說給人聽。

（二十六）重根不重枝葉：以德治縣。

（二十七）提倡沙發應讓老師坐。

（二十八）縣長不參加有色情表演的婚喪喜慶。

（二十九）強調公權力是政府的靈魂。

（三十）開會很快結束，不喜開會太久，浪費時間。

（三十一）最擔憂台灣成為世界最大動物園。

（三十二）開始談價值觀（省訓團演講主題）。

（三十三）與農、工人約會，先去等他們，不遲到。

（三十四）誠信第一。

（三十五）成成人做到變不成人。

（三十六）走遍五百七十九村里民大會。

（三十七）用阿公阿媽說那套在辦縣政。因阿公、阿媽均強調道德。

（三十八）台鳳都市計劃，用投票解決。

（三十九）村里民大會答選舉拿錢人要做道路是不公平的。

（四十）不讓校長列席議會備詢。

1/19　‧兩袖清風最輕鬆，兩袖不清風是有重的壓力。

1/24　‧很多人做錯事，然後才來處理和收拾，結果不只抵銷甚至還成負的。

1/25　‧不可有負的，只有加才有績效。否則會抵銷等於零，甚至零之下。

1/26　‧防止錯誤，不要處理錯誤。亦即「防止錯事」比「處理錯事」重要。大部分的人做錯事而不自知，然將很多時間和生命用於處理錯事而不自覺。

　　　‧有計劃、有系統就不會有錯事。

　　　‧把權力當為自家人時才會傲慢，權力當為大家時自會謙卑。

1/29　‧有謙卑才有民主，傲慢就沒有民主。

　　　‧有人性才有人權。

　　　‧很可惜現在傲慢的人，在高唱民主，是假民主。

156

1/30　．政治人物要言行一致、表裡一致，有謙卑的權力、無私心、有
高度智慧、有堅強的能力和高度責任感，並應有風範、風骨、
風格，更要有立德、立功、立言的事蹟。

．權力高於人格，人民必遭殃，無人格的權力，必遭唾棄。

1/31　．院會政治應重人才，人才必須具備智慧和無私、道德、能力，
非人才的團隊是烏合之眾，非人才的團隊為害人民更甚。張俊
雄院長在院會一再強調團隊，但不重優秀人才的團隊，而是形
式的團隊，是做官的集團。唯有優秀人才的團隊才能解決問
題，為國家、人民、子孫擔憂負責。

．張有惠無法律素養，竟敢負責審查刑法一三一條及貪汙治罪條
例修改案。足見行政院是「不知」領導「知」的團隊。

．權力應用於發現真實、發掘真實、解決問題，並非享用權力
的傲慢和以權力來維護執政者的方便、喜怒、好惡、利害。

．以靜態為基點做施政計劃是不準確的，甚至落差很多，因此台
灣應以動態為基點做計劃，才能獲得準確的結果。也即靜態考
量準確率低，動態準確率高，做計劃的人應特別注意。

．靜態是如意算盤，動態則將過程、狀況、意外因素、突發因子
均能掌握所做的計劃。

．我一生參政是為維護人性，為子孫、為歷史而執政與參政的，
並非為做官浪費生命時間而參政。因此，我參政的層次與一般
參政者迥異。

．各級政府如要施政順利，應成立「障礙清除機構」的單位，負
責掃除障礙「人」與「物」、「制度」。

2/7　．只看權力不看風格，悲哉！

．很多人是以「權」在「做人」，或以「錢」在「做人」，而不
是以「人」在「做人」。而使人「物化」、「功利化」，而非
人性化。

．在功利社會以「表皮」和「嘴巴」就可騙吃一世人（一生），
很少人會去了解「內心」和「行為」及其「背景」。這是社會

157

不公義且嚴重的問題。

- 無道德的權力是人類的亂源，也是社會動亂的源頭。

- 無私是解決問題的動力，為何無法解決問題是私心作祟（核四問題）。

- 無私才是乾淨，乾淨就是美、真、善。

- 無私才有智慧，有智慧才能解決問題。

- 好的首長應有的觀念，是立法應由學者、專家蒐集先進國家優秀案例體制，加上有創見、突破性、專家意見，並針對國內生態，解決問題，釐訂可行的政策法制，否則立法品質低劣，甚至反淘汰的法制。

- 有形建設由科學家、工程師負責規劃、系統建設。首長以風範、風格、風骨，以身作則領導整體、領導團隊。

- 政治人物勿再浪費唇舌，應只認「責任」。「說」的要負責，「做」的要負責。負什麼責？包括下台、賠償、坐牢，甚為明確。惜政務官視若無物，說的做的不負責，甚至推來推去，甚至以權力推給他人身上，厚臉地不下台，更談不上賠償。

- 凡事應以「負責任」為基調，去說去做去負責，如此人人負責、處處負責，這個政府才是有效率、有品質、權責分明的負責任政府。

- 酬庸性組成的內閣很難有功能的。

2/8 ・無私最美。

2/9 ・現在的人是以「利害」在做人，不是以「人」在「做人」。

- 要重視「層次」，即「事的層次」和「人的層次」。層次低的人無法做層次高的事。用層次低的人不只無法完成任務，反而被耽誤，因此要適人適事。層次低只能用於做低層的事，無法用於做層次高的工作。

2/10 ・功利就不真，是假的，是虛偽的。

- 無私才不會自我設限。

2/12 ・官位是炒短線的，是短暫的；人格是長線，也是永恆的。人格

158

是自然的，官位是人爲的。

2/13 ・如果政黨輪替後連事務官、行庫、國營事業都要綠化，台灣一定完蛋。事務官應中立，行庫、國營事業應重專業，不能以意識形態經營。

2/14 ・核四去年十月二十七日宣布停工，如今二月十四日又宣布復工。內閣對此停工又復工措施，可不負任何責任嗎？三個多月停工期間造成損害，可不免負責嗎？損害包括工期延緩及利息，停工期間工人、材料、合約執行……如果政府政策改來改去不需負責，嗣後各級政府均可效尤而不負任何責任，將開創惡例，人民又無可奈何，實非民主國家的現象。

・「負面」不會馬上發生反應，須待兩年三載才發生。屆時決策官位已移動，找不到人負責了。

・根本的道德教育失敗，任何積極作爲均是短線的、短暫的表面績效。表面提升，其實繼續向下沉淪。

・無沉澱凝固的堅強道德素養的領導者，所爲的決策都是功利的。功利決策是在利害中無形、有形地互相抵銷，只有熱鬧無績效。

・與權力對話無效果，與人對話才有效。權力應與道理對話，惜權力大多無法與道理對話。對權力說話無效，對人說話才有效

2/15 ・對錢說話無效，對人說話才有效，因爲它是錢不是人。

2/16 ・是重點記憶而不是選擇記憶。

2/18 ・唯有「眞實」才不會受騙或騙人。騙人只出在人嘴，欺騙人的惡源是嘴巴，不說實話就是騙人

・我的角色是丟骨頭（肉骨）的人，而不是搶肉骨的角色，惜有私心的人永遠是搶爭骨頭的。

・有私心的人他的臉色是醜陋的，寫在他的臉上。台灣話說的「壞腳手」。私心的人由他的眼神也可看出來。

2/19 ・道德和法律均不可多元化，如果道德和法律可多元化，那就成爲可選擇性的執法。根也不可多元化。樹枝、樹葉當然可多元

化，但根多元化就變態了。

- 無私加責任才有用，只有無私而無作為、無責任感，是無意義的。

- 有私心的人比較會講好聽話、拍馬屁的話、歌頌的話。利用免本錢的一張嘴說好聽話、拍馬屁、歌頌，就可得一大堆好處而吃一世人。

- 政策性與事務性無法對話，根與技術性難以對話，原則性與技術性也難以對話。

2/20
- 得到權力的人幾乎以權力在說話，不會以人的身分說話，這是幾十年來臨床經驗的結論。

- 當權力紅得發紫時，正是權力開始要消失之時，我最喜看權力傲慢的人在公眾下死得很難看。

- 很多政務官為表現自己而犧牲他人，也即壓制他人而提高自己，以表現自己政績。表面上看起來似乎清廉，但壓制他人、犧牲他人是不易被發覺的，用此手法得來之政績不足採。

- 無私是有道德者的先決條件，自私是無道德者的專利。

- 核四停工又復工不只決策錯誤，更浪費鉅額資金及耗損社會成本。無人下台，則民主政治之責任政治毫無意義，不只創下民主政治的惡例，更顯政務官無風骨、無廉恥之惡範。

- 無私自然有高度智慧解決問題，更可開創新局、新境界、新內涵。

- 蔡英文的學術性答覆很抽象模糊、未確定、不透明、不夠簡單清楚。行政官員答覆應確定、具體、以「可否」清楚答覆，非學者之只講不需負責。倘如蔡的高學問答覆，民代永監督不到。

2/21
- 無欲則剛，無私更剛。

- 當公義長期受壓制，有一天將全部受壓制的能量一旦釋出，至少是八級地震以上的撼動，將是人類的末日。

2/22
- 民主之可貴在於有權者姿態低，無權者姿態才能高。

- 要講一個爸爸生出來的公道話，不要講兩個爸爸生出來的霸道話。可惜在無倫理道德的社會，很多人講兩個爸生出來的話。今日天下之亂，就是講兩個以上爸爸生出來的話太多了。

2/23
- 政府高層講話或寫作，最好不要有一個贅話或贅字。
- 權力足以使人腐化，因此喜與權力接近的人，也易受汙染而腐化。有些財團負責人，有機會和權力者掛勾，然後獲「資政」、「國策顧問」之銜，以此腐化的權力頭銜，亂發表腐化言論。
- 萬惡之源在於無道德的權力和權力的傲慢。
- 去年國代選舉，李、蕭、陳金讓、國民黨、民進黨合力要我延選，我拒絕，迫使國民大會之廢國代（虛級），減少三百多人的為害。但新政府上台，三教九流入主總統府擔資政、國策顧問，如今加上七名無任所大使，足見新政府是以利害濫用政府資源，增大柱仔腳，以為未來競選鋪路，此皆私心作祟，對國人不公平。試看美國人口兩億多人，白宮顧問只有幾人，無任所大使更少。台灣邦交國少，人口只有美國十分之一，資政、顧問一百二十人，無任所大使十人，這是虛榮，破壞國家體制的罪源。
- 民主政治貴在監督。當總質詢時，立委重在使人難堪、羞辱官員，而官員則在編故事應付性答覆，非在解決問題層面發揮，甚至回避問題，使民主政治最重要的總質詢監督機制消失功能。
- 古代奸臣是一奸到底，現在奸臣是多元化。這黨奸完了，又換奸他黨，奸來奸去。
- 主觀重就難有「真」的出現。

2/24
- 民主是相對性，是多元的，道德是絕對性，是單元的，上帝是絕對性，是單元的。不能因民主，連上帝也成相對，成多元的，也不能因民主使道德成相對性，成多元的。如果上帝是相對的、多元的，如何成為信仰呢？道德也然。如何遵守呢？故

我們應在道德下的民主、上帝下的民主，不是民主下的上帝、不是民主下的道德。如果是民主下的上帝或道德，上帝與道德均無意義。

· 民主是相對的、多元的，因此才用選舉方式解決。上帝或道德能用選擇方式為之嗎？當今之世，人類高唱民主之下，將上帝或道德置之於民主之下，才造成今日人性消失、倫理道德無、社會無是非，人不人、獸不獸，天下大亂之局。

2/25 · 公權力當為大官（民代）的私權力，是政府腐化的根源。

· 負責是行為的負責，並非嘴巴的負責。

· 功利下的社會，國家、社會、人民是排在功利之後，也即功利掛帥下，哪有國家、社會、人民存在之理呢？

· 說的一套是在騙人家包裝自己，偽善偽君子，表面看起來像是人，其實是非人也。做的一套是為他自己的利害，與說的不一樣，甚至暗地做傷天害理、剷除異己的作為。

· 是公義價值觀，而不是功利價值觀。功利價值只有自己利益存在，而無國家、社會或他人存在。

· 行政中立是公務員的靈魂。

· 大官以嘴巴負責，小官以行為負責。

· 表面是依法行政，實際是看人（頭臉）的行政。

· 民主制度下如無專業主導，任由三教九流強勢主導一切，將造成劣幣驅逐良幣的反淘汰或「劣抵銷優」的惡果。因此在民主制度下，很難有優質行政文化出現。

· 依法行政是只認「法」而不認「人」。

· 「講話」不要浪費他人的時間，分秒均能使人受益，最短時間讓人了解和增益。

2/27 · 懂的遇到不懂的，有理講不清，甚至會顛倒換位置，不懂的可主宰懂的。

· 競爭力無法提高原因——

一、國民品質低，根本問題無法解決，道德守法是正面的，反

道德違法是負面的。無道德和無法治的人民哪有競爭力。

二、客觀因素

（一）行政首長做官心態重，只有嘴巴政治而無行政能力、智慧，且私心重又缺德。

（二）民代自私自利，無國家全民觀念和責任，只會濫用特權破壞體制、秩序，提出不三不四意見，要挾官員關說、施壓，無所不用其極。

（三）抵銷因素多，人力用於處理接踵而來的治標工作，也即處理「減分」問題，無暇處理「加分」問題，如治安抗爭、黨派、政爭。

• 中選會存在理由是從功能性方面著眼，因此中選會須具獨立超然、客觀、中立、公正、公平的形象，與一般行政機關迥異。因一般行政不是建設便是行政效率，而中選會是獨立、超然、客觀、中立而達到公正、公平、公開的選舉，產生公職人員，除非不辦選舉，否則中選會是不能廢棄或合併。

2/28 • 人生最悲哀的是面對權力身不由己。面對權力自然無是非，遠離權力才能當家作主、是非分明。面對權力，公義原則易消失，道德意識也難存在，如此可說權力足以使人腐化。

• 面對權力的主體，包括掌權者和被主宰者。

3/1 • 權力本來是公權力，但由於私心基因作祟，權力大多成為私權力，權力才使人腐化。如此，權力成為罪惡之源。

3/2 • 無尊嚴還談什麼？

• 面對權力必虛偽。

• 面對權力，利害心油然而生。

• 權力不對稱下，社會公義蕩然無存。

• 面對金錢同樣身不由己，自然無是非、無法當家做主、無尊嚴，必虛偽，生利害心，無社會公義。

• 特權是公權力當為私權力行使。

• 有道德心的人才有邏輯思考，跳躍式的思考是無道德的人、無

邏輯修養的人。跳躍式思考是挑他自己有利的思考，而將不利的跳過去。很多政治人物有跳躍式思考的癖。

- 張院長答詢的方式，似在他當律師時為被告或當事人辯護，非辯贏（勝）不可，為對被告有所交代，什麼強辯詭辯，什麼招式紛紛出籠。不過行政院長應站在國家利益、全民利益、公義的立場答詢，對就對，錯就錯，應有示範作用，不可將黑的辯成白的。如果是這樣，立法院的總質詢就無意義，只成為秀場而已。

- 要執政的人先決條件應先認清權力的本質：權力是公的，不是私的。執政者的錯誤是一旦取得權力，就將權力當成是他家的、當成是私人的、當私產濫用權威特權，禍害國家、殘害人民、強姦道德公義，造成「權力即學問」、「權力是利害」、「官大學問大」。

- 民主政治固然任何人均有發表意見的自由，但他應負發表意見的責任，何況是公職人員或政府組織法規定的人員，領取人民的血汗錢，更應負重責。

- 人逢權力必低頭，悲哉！

- 國會是最現實、最虛偽、最會作秀、最厲害、最無是非，只認「權力」的場所。

- 反對中國人又喜娶中國人為妻，這種人的邏輯何在？

3/3
- 慈善家才有人道精神，權力家少有人道精神。爭權奪利的人自顧不暇了，哪有精神關懷他人，還談什麼人道。

- 仁慈者即人道者。

3/6
- 內閣每逢改組，主軸是政治安定，而不是以國家發展、競爭力、政治突破為主軸。所謂政治安定是騙人的，如果政治安定就不必改組了。過去國民黨一樣，現在民進黨也然。內閣改組應給人民看出有希望、有期待、有新鮮的內容，否則不必改組。

- 各國透明度調查，新加坡政府透明度居首，美國其次，台灣第

六十一名。

3/7 ・國民黨威權下的政府組織體制，民進黨接權後仍然存在，如資政、國策顧問……甚至更濫。如此怎能彰顯民進黨勤儉執政的新形象？民進黨用錢比國民黨大方，尤其作秀方面，個個高手。

・政務官首要條件是風骨，無風骨就無風範，無風範人民看不起，更不信服，如何領導人家呢？當今的政務官不是酬庸就是馬屁精，或利害關係而來，這種最無廉恥。這種人來領導這個國家，只有向下沉淪、腐化，無希望可言。

・政府透明，決策透明，施政透明，計劃透明，公事透明，預算透明，執行透明，驗收透明。透明即赤裸裸，無什麼不可告人，透明即公開、不欺人。無私才能透明，透明最公道，童叟無欺。

・無私才能透明，透明才不會黑暗面，黑箱作業是見不得人。

・陸海空軍刑法修正案，竟由不懂法律的蔡姓政務委員審查。這種不負責、反淘汰作法是新政府的特色。為了做官，不懂法律的人也敢接受此工作，真是荒唐。最悲哀的是七位政委無一位具法律常識，竟在主持審查法案，難怪法案粗糙，立法品質不佳。

3/8 ・張博雅昨日在立院公開陳水扁同意台灣設賭場，今日總統府公開以新聞稿否認。張博雅今下午在總統府告訴我，陳水扁在接見安德森時說同意設賭場，今日否認，太不應該。我想這是當然的。擁有權力者永遠是對的，錯的都是無權力或權力較小者。我經常主張權力者應有誠實的智慧和風範，否則就無是非，權力者不管黑白說，最後都是他對，下屬活該！

3/9 ・阿扁要捍衛資政、國策顧問言論自由。資政、國策顧問是依總統府組織法規定產生的，自應受公器的約束。言論自由固是天經地義，唯最主要是說實話的自由，如違法或不道德有侵害國家或個人自由時，如何捍衛呢？犯法的言論總統能捍衛它嗎？

- 言論自由是説實話、説負責話的自由，是法律範圍的自由，是道德規範內的自由，不是説謊話騙人的自由，不是説混淆視聽、誤導的自由。
- 立法委員質詢張俊雄的答覆有感：私心就是心中有鬼，因有鬼在，不是支支吾吾回避問題，便是答非所問、不清楚、黑暗、模糊、不自然、不大方、不乾脆。
- 內閣政策應走在國會議員之前，亦即「無爲而治」、「爲之於未有，治之於未亂」。內閣應有此條件，並非只做官，任由議員責罵、譴責、批評、攻擊。
- 從政的人應有「無私」的素養，因此從政者應接受「無私」訓練，培養無私的習慣和精神。無私，一切迎刃而解。

3/10
- 現在的人過於機械化、塑膠化、電腦化，而忘了人性化。
- 每日至少應留一至兩小時活成「人的樣子」的生活，否則每日均在爭權奪利的生活，將會忘了人的滋味，而失去人性。

3/12
- 我參加任何活動，均是以風範、風格、風骨去參加，並非以官位權力的架勢去參加。我的參加是盼提升氣質，以風範、風骨、風格與民眾共勉，並非去作秀、熱鬧被拍馬屁的。
- 很奇怪，台灣的宗教和企業界喜拍官員的馬屁，是否宗教須藉官員的權威來助長宗教的氣勢？或企業想藉官員進行掛勾？否則大可不必。況現在權力者大多不是蟑螂便是垃圾。
- 台灣到處都是技術學院，缺乏人文學院，顯示人類走向功利。「只要錢，不要人」，人類的危機在此。

3/13
- 權力不是私有的，拿到權力的人應以公的立場替國家執行公權力。權力不是他家的，很多政務官無公私之分的智慧和責任，把權力當成私有，隨心所欲，爲自己的利益而行使。
- 權力是公的，非私有的，公私不分將公權力當私有地執行是合法的兇犯。
- 無私是至高無上的。
- 有私心自然爭辯不休，無私無可爭辯，可免唇舌之苦。

- 教育工作者應具「完整」、「完美」條件。倫理道德風範的條件是起碼的。

- 無私是最高的藝術。

- 核四停工至復工損失三十五億，決策階層均可不負責，無人負責，由老百姓買單，無人下台，這是責任政治嗎？民主政治如果不是責任政治，那比獨裁政治更惡質、更無意義。算老百姓倒楣的政治。

- 民主社會應平等、公平、公道，不能存有特權。背景強或權力關係好就能出人頭地、靠特權、有靠山，靠權力關係而不是靠道德、靠智慧、靠能力長大的，均不值得尊敬反而應唾棄之。

3/14
- 過去我一再強調「真實意識」的重要性，尤其在教育上「形成真實意識」的重要性。政務官無真實意識觀念，因此無論在政策釐訂、說話與立委對答——只有表面口舌之快、口舌之爭，無法觸及真實、面對真實、解決問題。既無法談「真實」，所有的政策、主張都是空的。

- 院會「外交領事人員講習所組織條例」修正為外交部外交學院組織條例，竟由不懂法政、外交的胡錦標審查，反淘汰。

- 領導者首要條件為無私，其次為智慧、道德（風範）、能力、誠信，最後為權力的謙卑。領導者切忌權力傲慢、私心、無責任、酬庸性用人、受賄而用人，喜用拍馬屁的人，得到好處而用人，上列用人是私心作祟，把名位當為自家的作法，是不顧死活無責任的行為。

- 所謂「責任政治」，是以責任來追究其權位。政治搞不好主要是空有責任政治之名，而永不負責任也無人追究其責任之實。

3/15
- 無是非、無道德、選擇性執法、私心重、重利害這種結構的社會，國家不會有前途，只有向下沉淪，無法向上提升。

- 不純潔就是有雜質，因此不純潔的人，他一身都是雜質，只有過著有雜質的人生。

3/16
- 塑膠化人生、雜質化人生、功利化人生均為缺乏心靈化人生，

也即無靈性的人生。

- 國安基金和四大基金護盤股票，這種用國民金錢或勞工金錢來護盤股票是最不公道、不公平的作為。買股票並非全民，只有少數投機者而已，以全民的金錢來為少數人護盤不應該。

  況股票應自然的實質價值，如以護盤來反應不真實的股價，也有欺騙買股票的人。

- 核四停工又復工損失三十五億，無人負責由全民買單。行政院說是大法官會議五二○號解說，不需負責，如此，大法官應負責。難道白白損失三十五億大家都沒有錯？是上帝的錯或老百姓的錯？這種政府是吃人的政府，也是騙人的政府。

- 過去郵政總局長許介奎因動用郵儲金護盤股市有功，而直升交通部政次。如今護盤高手顏慶章也是以國安基金和四大基金護盤有功，而取代不贊成護盤的許嘉棟部長而當上部長。這種逆向操作的政府，人民無法監督，比專制獨裁更蠻橫、更惡劣。

- 核四停工又復工損失政府不負責，實在百思不解。為何政院停工前不先向大法官會議解釋後才停建？如有此手續，行政院自可不負責。如今先停建再經大法官會議解釋後又復建，政院無責任嗎？

- 國策顧問和資政應廢棄——

  一、過去國民黨政府因須安排大陸撤退來台的黨國元老，才設那麼多國策顧問和資政。

  二、國民黨時代幾乎部長級以上，才能當國策顧問及資政。

  三、如今民進黨應可廢棄，因民進黨無包袱也無那麼多部長級資格以上的人可當國策顧問和資政。

  四、如今又聘些金主、樁腳、選舉功臣充當之，重貶國策顧問和資政的格，也浪費公帑。

  五、以美國之大，美國總統也只有國家安全顧問、科技顧問和經濟顧問各一人，新加坡只有李光耀一人當資政，而台灣竟要一百二十人之多，完全是內耗，而將公器濫用為酬庸

金主、椿腳而已。

六、難道台灣的總統府是低能，須要一百二十人顧問、資政才能治國？人家美國之大，只有三人就可治國。

· 美國、新加坡邦交國一百六十國以上，也很少巡迴大使之設立。而台灣已成為斷交國，竟設那麼多巡迴大使給財團，足見執政者之私。

· 單看一百二十人國策顧問和資政，和那麼多巡迴大使，就可看出——

一、總統之私。

二、內耗，在酬庸金主、椿腳，競選功臣。競爭力喪失之主因。

三、國人無知，任憑政客濫用。

· 權力可強姦一切，人民無可奈何？

· 官員（權力之私）＋商人＝（金錢之私、私益之私）。

· 無私才有名，私心是惡名。人家說名利雙收實不可能，重利的人，名自失，重名的，利自失。欲利就無名，欲名就無利。也即「有名無利，有利無名」，這是鐵律。名利能雙收，只有雙面人可為。

· 名與利如同魚與熊掌不可兼得。名與利是相對的，不是一致的。無私的人，人人敬重，才有名聲。自私的人，人人痛惡，名聲掃地。因此名利雙收是不道德，是不可能的，除非是幾個爸爸生出來的可能有。

· 不可以權力壓死人，因此碰到有權力的人應格外小心，最好能敬而遠之，以免橫禍。

3/18 · 權力與智力不平衡，權力與能力不平衡，權力與德力不平衡，均可造成人民與國家的不幸。

· 倫理道德是我的基因，也是我的養分。

· 私可知足，公難知足。

· 人與人之間，每日也會產生垃圾或受汙染，因此每日均要清理

垃圾，如同辦公室每日均有垃圾，每日要清理，如兩、三天不清理，垃圾一大堆，人也然。人與人之間的關係也產生垃圾，如兩、三天沒清理，垃圾也一大堆，等於心靈上有一大堆垃圾，很難受。因此要保持「清靜」才不會產生垃圾。「清靜」之理在此。

3/19 ・要抗爭也要當內場，更要官員和民代大家均搶稻穗（割稻仔尾），無人深耕、播種、施肥、除草、除蟲，這樣的社會、這種人品，像人嗎？忠厚人忍著，很難生存。合法的土匪到處搶劫、殺人、放火，與野生動物園無異。

・無誠信，最怕是暗的那一套，明的可不怕，只怕暗的。

・宴會是營養加馬屁精，是無理念和正面知識交流。宴會也是利害最尖銳和敏感的地帶。

3/20 ・民主政治如無絕對的法治和責任，比暴民政治更差，更會破壞人權。

・國會議員大都在穿梭各部會首長，進行關說施壓請託工作，如同掮客政治。

・國家無定位，政客吵翻天，無心搞建設，責任無人負。

・不負責任的人就是無賴、流氓。很可惜台灣的高官大多屬於這類人，死不認錯，死不負責、死要當官，人民無可奈何！

・國代助理要求索資遣費，而行政院竟答應付出約九千萬，違法、違理、不公平、圖利！這種傷天害理的勾結行為，竟會做得出來，這種公然罪惡行為，人民也無可奈何！

・看到立法院的總質詢和官員的答覆，我很為全國人民悲哀！台灣在近十餘年來不只黑金政治，將台灣帶到最功利、騙人的境界，也使台灣只有向下沉淪、腐化，成為非人的社會，原因在於——

　　一、參與政治的人私心重、官商勾結，官員為保持官位以公權力或公的資源與民代交換條件，與財團掛勾，官員與民代，與財團維持利益輸送關係，即可保住官位，甚至下台

還有財團照顧，領高乾薪。

二、政治人物無智慧和能力維護公義，也無心真正為公做事。

三、人民水準低，不明是非、黑白、善惡，見利忘義，好人巴
　　結有權的惡人，不只容易受騙，甚至喜與有權勢的惡人為
　　伍。

總之，大官小民均以私心私利為本，我已苦思無解，煩死了，
獨力欲喚回，如今已精疲力盡，真是春蠶到死絲方盡。對這款
無人性、無道德、無是非、自私自利，無公義、無廉恥的台灣
已失望，只有拖命至死而已。

· 唯有「無私」政治才會好。

· 無靈性、無實力的官位有何用，只是師公嚇死鬼，騙騙小人而
　已。

3/21 · 政府透明度最重要，透明度強自有公義，少爭論（執），競爭
　　力高。

· 政府無透明度，效率要好是很難。

· 有透明度，自無「明」與「暗」之分。否則明的一套，暗的一
　套，矛盾、抵銷，自無效率可言。

3/22 · 建立無私的價值觀，公職人員或公眾人物絕對不能有私心，尤
　　其假公濟私更屬害。

· 以影響力（德望、公信力、聲望、智慧、公義、能力）治國，
　而非以權力治國。

3/24 · 很多人當接觸權力或取得權力之際，便油然升起了私心，權力
　　足以使人腐化在此。

· 無私自然無黨，孔子說「君子不黨」。無私是永恆的，無私能
　解決一切，無私就無障礙，無私才有透明度。

· 有私心自無透明度。

· 有理想的黨才不會自私，但人一接觸黨，私心自然來，藉黨的
　力量壟斷、專橫一切，因此黨成私心的工具。

· 施政不可學國民黨，否則注定失敗，阿扁錯在此。

171

- 年齡越大行動越慢，記憶也減，思考雖較周到，但較慢。這是自然的，但應自知，否則易誤事。

- 多元成為亂源。無負責的大官學者輿論一再強調多元化，其實多元是具體的而非抽象的，應將多元化搞清楚才可說，不能亂說。

  一、能多元人格嗎？如果可多元即成為雙重人格，甚至三重人格，等於無人格。

  二、倫理道德是單元，如可多元，就不成為倫理道德了。

  三、法律可多元嗎？如可多元如何遵守呢？也成為可選擇性執法了。

  因此社會發展或產品的進步可多元化，但人格、倫理道德和法律均不可多元化，否則成為亂源。

- 雖說「民主」，照理應是平等的，但政治人物最現實，最分階級，以利害反應現實、以利害待人、以利害看人，無民主意識和素養。

- 政治人物由於修身不夠，因此除了做官享受權力傲慢外，無時間做事，更無心無能力為公事，更談不上道德、公義，只顧自身利害保護官位，以公的資源換取榮華富貴而已。

- 不少政務官以公的資源與民代或財團換取官位，和卸任後的出路，實不公平。如有些高官下台後，立刻成立基金會，企業家為回饋捐鉅款。

- 政務官除了無私、智慧、風範外，應具開創、突破、深度、整合和解決問題的能力。

- 議場如股市，最現實、最利害。

- 當了官腦筋就生鏽。

- 無意識的活和無責任的活，都是空的。

- 今日立法院會宣讀行政院函請修正法案一百多案，足見平時立法品質不佳，尤其有些政務委員不懂國事、法令和專業，酬庸性的用人。草草立法、草草修法，國家、社會、人民均蒙受其

害。

- 得到權力或財勢後腦筋馬上退化與往常不同，更與人不一樣。
- 政治人物大多無謙卑心和仁慈心，這是政治的悲哀！
- 有權力的人不講證據和真實，必亂。
- 我有權力主要是要實行我的仁慈和謙卑，有權力的人如能謙卑又有仁慈之心，人民之幸也。
- 做官只說官話，不說良心話，不說有責任的話，不說真實話，悲哉（看到官員的答詢有感）！
- 立委與部會首長利益交換，做官的「安了」，倒楣的是人民、國家、下一代子孫。
- 部會首長答詢均不敢針對問題、面對問題，然專門迴避問題、閃避問題，打這種太極的人我是看不起的。
- 一個人不會「做事」，可從他說話中了然。說空轉話，說不負責話，話中無實在感，說官話，說無企圖心話……都是不做事的人。

3/28
- 台灣政務官職業化，造成政府的僵化或官僚作風，產生權力無法與道理對話，更無法與新知對話。新加坡政務官則相反。他們的政務官永遠有責任感，活化而不僵化，先進而不鄉愿，權力與道理和新知永遠對話，因此成為清廉度全世界第一名，政府透明度也第一，競爭力非第一便第二。台灣政務官一旦取得權力，就開始「做官」、「睡覺了」、「榮華起來了」、「傲慢了」、「人生目的達成了」，這是台灣官員的心態。
- 院會「法院組織法」、「創制複決法」、「土地法」，竟由不知法律和經驗的政務委員審查，這種立法品質自然差，是新政府一大敗筆。
- 騙來騙去的政府，怎有資格談人權呢？「不實在」就是「最不人權」，因「騙來騙去」、「不實在」就是無「人的尊嚴觀念」，無尊嚴怎會有人權。很可惜現在的大官本身隨時隨地在踐踏人權，但還在高唱人權，如此騙人，還遑論什麼人權呢？

- 新政府立法及法律修正不盡理想，尤其無法律常識的政務委員審查，加以新手上任，無法完整掌握政策，因此立法草率不完整，將來造成法律品質低，無法解決問題，甚至製造問題，阻礙今後國家發展和人民福祉。

- 新政府的政務官大都是酬庸性而派任的，因此較無廉恥感，更無政務官風骨，因他只認主人，主人為其靠山，既有靠山自毋須「廉恥和風骨」。酬庸性用人是破壞政務官廉恥和風骨的主因。政務官如無廉恥和風骨，這個國家只有墮落和下沉。

- 酬庸性是公器私用，無是非自無公信力，人民和公務人員均不會信服。酬庸性的任官是罪惡的、是腐化的、是最自私的、最不公義的。

3/29
- 很可惜為何大人物喜與小人相處？可能是不知，也可能是喜聽小人的讒言（好聽話），或無法辨別善惡。

3/30
- 人格才有加權價值，權力和財勢不能作為加權指標。

- 民主政治如無強烈道德基礎、是非觀念和公義精神，比獨裁更差。看過台灣的官員與議員之間，只要私人利害一致，一切就解決，亦即感情好，利益輸送，什麼國事、什麼公事、什麼人民都可以不要。

- 暗的暴力才可怕，明的暴力不足懼。暗的暴力（無形的暴力）占百分之九十，有形的暴力不到百分之十。在科技時代，最怕無形的暴力，因為無形的暴力看不到，防不勝防，暗箭難防。

- 社會果真無是非善惡之分，佛家所說的「人生無常」之意在此。堅持是非分明、堅持公道的我，看到無是非善惡的社會，痛心至極。無是非心、無公義心的白道，比黑道還可惡。

3/31
- 看到國會這麼亂，高層又沒有是非觀念，與為非作歹之徒和黑金照樣成鐵三角。究其因，是政治人物最沒有「人格」，即「沒有人格的政治」。

- 滿足為善美之本，滿足為無邪之本。

- 有道義始有人權，沒有道義就沒有人權。

- 人生最不幸的是與壞人認識。所謂壞人是做傷天害理之事，無道德，為私利禍害他人和社會的人。

- 無是非、無善惡之分的人在弘法，心術不正的人在弘法，越弘越糟、越弘越亂。台灣今日社會之腐化，人心之墮落，均源於有些心術不正的人在弘法，帶來的災禍。如同政治，心術不正的人在執政，社會同樣腐化，人心同樣墮落。

- 政治和尚不會有宗教精神，只是利用宗教力量達成其利害的目的。真正宗教家應以其宗教修為，以其風範、風格影響人類社會、淨化人心，並非藉宗教力量來達成其利害（包括政治和金錢）的目的。

- 政治很少說公義而是說利害的。「利害源於自私，公義源於無私」。宗教應是認公義，而非說利害，如果宗教是說利害，就不成宗教了。

- 宗教應是是非分明、善惡分清的。如果宗教是無是非善惡之分，用宗教的力量來混淆是非、製造是非、模糊是非，那人類永無公道，甚至沒完沒了，而宗教將成為罪惡之源。

- 達賴可能是政治人而非宗教人，因他的目的是為領導西藏的自治而非為宗教理念，勉強可列為政治和尚。

- 一棵無根或根已腐化或敗根的樹，怎能活下去呢？可能活不久。縱使現在的枝葉很茂盛，也無法維持多久，這棵樹很快會乾枯而消失。因此一棵樹要使它活很久，活了永遠青翠、活了堅壯，最主要是要重視埋在地下看不到的根，要朝夕灌溉無法作秀埋在地下的根。根好，枝葉自然好，根爛，枝葉枯乾，最後同歸於盡。

  因此我無論做什麼都會考慮根，也即重視「因」。「根」就是「因」，枝葉是「果」。「因」不好，自然有「惡果」。「無根」、「無因」得來的就是不勞而獲，不勞而獲是貪贓、搶劫、盜賊、詐欺、侵占而來，也有以黑金取得政權，這些都是惡因換來的惡果。

根就是人類的倫理道德，是公義、是風範、風骨、風格，缺這些就是無根。無根的政府、無根的企業、無根的事業，能維持多久，能成功嗎？

很可惜參與政治或社會活動的人，無「根」的觀念，才導致今日人不人、獸不獸，無倫理道德、無公義的地步。

無根，只有果的人，即是無根只有枝葉。是現實、暫時、功利的，是爲目的不擇手段，是無道理的。

・如果人生如戲，當國小學生三年級以前感受很好。鄉下有倫理道德，有大有小，且有嚴格的教育和法紀。

國小、國中、高中生活樸素純潔，雖物質生活不好，但克勤克儉的生活，能體會人的滋味。

大學時雖戒嚴時期，對政治不滿，有反抗心理，但總能在不滿和對抗心態下過得還有意義。

執行律師和經營公司是準備執政過程，爲解決不滿和反抗，須走政治路線。這段時期體會功利社會、道德淪喪、仁義禮智信盡失，幸我能掌握做公益慈善工作，以彌補、平衡功利與道德，雖不如意，但可接受。

縣政時期，執意提升人性，重視倫理道德的人本價值。社會雖漸惡化，但畢竟圓了些我重建倫理道德的夢。

政務委員、國策顧問、中央選委會主委、文化總會祕書長時，對政治徹底失望，對執政者無道德、無倫理、無法治的統治，徹底懷恨無望。

剩下的戲目，只有惡戲可看，無看好戲的機會了，整棚戲攏是奸的。

・我很怨嘆！我自幼迄今堅守做人的原則，不管地位、不管身分，我始終保持幼時重道德倫理的生活感受，不因地位、工作改變，心永遠和幼時純潔、自然，亦即幼時的心迄今未變，但生理上變老了，這是我最怨嘆、最不了解的事。心不變，爲何身會老！

176

- 我在乎眞實眞理，不在乎聲望和地位。因聲望和地位往往是騙來的，不然就是無知的人誤信而來的，如有些民代、官員或授勳榮典而來的。
- 政治語言是虛僞的、無學問外，與江湖術士的語言無異，因此政治語言無讀書的也會說，尤其黑金說得更流利。

4/3
- 行政院與國會無效能之因——
    一、官員與民代私心重，只顧自己官位和議員私利。
    二、官員無實力，只有看民代頭臉生存。
    三、官員爲保全官位將公的資源分享民代，彼此互通利害，共存共榮。
    四、酬庸性或選舉功臣的官員最無實力。
    五、官員缺治國理念和責任感，只要能保全官位，公權力任憑民代瓜分。
    六、官員難抗拒惡勢力，特權，也即無抗壓力。
    七、民代以黑金爲主，也以黑金對付官員。
- 道德是根，民主是葉。無道德民主就無意義，無道德就無民主。
- 是威信而不是威權。
- 功利是起起落落、騙來騙去、鬥來鬥去的感受而已，道德是永恆、平靜、有內涵、眞實的感受。
- 公義是絕對性的，而非選擇性的。不少有學問的，分不清是非，不懂公義，公義和無公義的人混淆不清，濫用無公義的人來主宰這個社會，反淘汰。

4/4
- 一個政府能否有突破性的、創新性的政績，端看首長的品質，如無高度智慧、經驗和能力，怎會有創新突破的結果呢？酬庸性和金主式的用人，不只無法用到優秀人才，況用了也難管。因他是另有老闆爲靠山，用人者不敢過問。因此酬庸性或金主式的用人，一定用不到優秀人才，是公器私用的庸才而已。
- 新加坡政府——

一、透明度第一名，美國第二、台灣第六十一名。

二、清廉度0.83，第一；澳洲1.7，第二；美國1.8，第三；日本2.5，第四；台灣6.00；大陸7.8。

三、新加坡去年聯合國各國犯罪報告：搶劫一次，是十年來第一次，槍聲也是數年來第一次發生。

四、國家競爭力第二，有時第一。

．酬庸性的用人哲學，是私心重的首長的專利。酬庸性用人的首長，絕不會考慮國家利益和全民利益，酬庸性用人是真正公器私用。

．酬庸性用人是最無責任的人，酬庸性用人是將公權力當成私有。酬庸性用人是專制思想，民主就無酬庸。酬庸性是用不到優秀人才的，縱然用了，也不好管理，既是酬庸何必聽你的。酬庸性用人，比貪汙更可怕。

．我一生最討厭酬庸性用人。政府公器是神聖的、嚴肅的、是慎重的，怎可私相授受呢？

．聯業餐會最苦。

．有權說話的人應說真話，說有風範的話，不是說五四三或不三不四的瘋話。

4/6 ．台灣政治人物最會競選，一旦當選取得權力，則過去的政見都忘了，開始享受榮華、搜刮利益、特權、作秀、騙來騙去、墮落、無理想、無責任、無遠景、無歷史觀、無智慧、無風範、無能力做事、無使命感，因此政治腐化，國家無前途。

4/10 ．親情不能物化。

．說政治就是說利害，說利害就無慈悲，無慈悲就無親愛。

．有慈悲才有人權。

4/11 ．人權應無國界，人道也然。

．民主是要以身作則，並非要求他人民主，而自己不民主。高層人物大多是要他人民主而自己不民主，真正的民主很難達成，只是統治者拿民主為口號騙騙人民、世界而已。

- 原子彈炸毀廣島長崎，造成無數傷亡的動作，是最無人權觀念的作爲，也最無人道修爲的行爲。
- 政治是「是非題」，而非通俗律師（非律師家）將黑辯成白的、將白的辯成黑的。
- 寬容的智慧才能整合精華。
- 大官做官心態占百分之九十，做事心不超過百分之十，因此大官的「做官能力」很強，但「做事能力」很差。
- 比「官」而不比「人格」，是反淘汰的主因。
- 智慧、地位、能力應均一，否則無法做事。
- 智慧與人格交往最有意義，是純潔尊嚴的。智慧與高官交往是無意義的，無法對話的。高官與高官的交往是浪費的，是狼狽爲奸的。
- 長官應多說方法，解決問題，少說些口號、風涼話。
- 智慧是解決問題之本。智慧即方法，而非長篇高論，也非口號。
- 無私才有公道。
- 「方法意識」大於「做官意識」，才能眞正做事。
- 現今做官話多，做事話少，方法語少，口號話多。
- 無公信力的公權力是無用的。台灣公權力不彰原因，在於官員無公信力，而影響公權力的運作。
- 濫權與濫吃對自身社會均有害。濫吃的結果，心臟病、糖尿病、癌症……接踵而來。濫權的結果同樣也會心臟病、糖尿病、癌症、高血壓。
- 要病好，須先知道自己有病，然後怎樣醫治，病才會好。要政治好，須先知道政治不好，然後如何醫治它，政府才會好。如果不知自己有病，不知政治不好，又不去給他醫治，病怎麼會好？政治怎麼好？沒有醫治，病自然會好嗎？除非天會降下來。可惜很多在位者，不知自己有病，縱然知道也無法去醫治，但竟說「自然會好」，政治不好、束手無策、無法治好，

但竟說「樂觀」，這是最不負責任的說法，騙騙人民，維護他短暫的官位而已。

4/12 ・第一流的人處理事情從不出事；第二流的人出了事才補救，浪費物力、人力和時間；第三流的人處理事情，出事又無力補救，全部落空。我最欣賞第一流的人。

・領導者應具高度智慧、道德、能力，以其風範領導群倫，才能在歷史上留芳。如每日在享受空洞的權力傲慢，最後是空的，枉費他的領導機會。

・權力如不說道理就成暴力。

・布袋戲和歌仔戲中之皇帝、狀元、忠臣、奸臣、小丑，角色分明，也即君爲君、臣爲臣、丑爲丑，不像現在君不君、臣不臣。因此政治要好，應先觀賞布袋戲或歌仔戲，然後扮演應做角色，君成君、臣成臣、奸成奸、忠成忠、丑成丑，角色分明，政治才能清明。

4/13 ・無私才有公義。

・權力可維護公義也可毀滅公義，唯有無私的權力才有公義。

・政治人物大多私心重，常以「公義」之名，行其罪惡之實。

4/14 ・現代政治人物眼中無人，眼中只有權力和金錢，也即一眼爲權，一眼爲錢。

・我當縣長時經常說，現在是塑膠化人生，無靈性、無感情、親情，如塑膠表面好看，但裡面有毒。表現塑膠化的重要部分：塑膠心、塑膠話、塑膠字。心如塑膠無靈性，說話如塑膠，好聽但無心、不一致，寫字也然，心寫不一致，說的一套做的又另一套，寫的一套做的又另一套，這就是塑膠話和塑膠字。

4/18 ・一個政府好壞可從幾個指標看出，首先是一個國家的競爭力，二是政府清廉度，三是政府決策透明度（陽光度、公開度），四是治安，保障國民生命財產安全，從上述四點來看簡單、明瞭、清楚。

・在台灣，這個年代「死人最有價值」。活人騙來騙去、鬥來鬥

去，人不人、獸不獸，社會無是非，道德公義均缺，不管怎麼說，都不是人、不像人。唯有死人最吃香，人一死，五路人馬均來拈香、敬禮，不分黨派、不分黑白道，高官顯要爭相拈香、叩首。黃尊秋病故，國民黨、民進黨爭相敬拜。謝東閔亡故，國民黨、總統府爭相辦理治喪。其他民間喪事，門庭若市，大官小官各級民代競爭悼祭，真是「活人皆下品，唯獨死人貴」。要死趁快，死人很難像現在這般好年頭，不趁機就無機會了。一場全國性文化活動不及一場告別式，選票掛帥之故也。

4/19 ·政客只說利害，政治家則說是非。說利害的是生意人，生意人有公權力，等於「利害＋權力」。「權力＋利害」是最恐怖的東西，政客是「利害＋權力」，是最可怕的，這種人掌控政治，人民的不幸也。政治家是「權力＋是非」，是清明的政治。

4/20 ·這個社會只有利害無是非、更無公義。有吃的說有吃的話，無吃的說無吃的話，吃一點點的說一點點的話，他們不說實話，不敢說良心話，也不敢說公道話。同樣的，做官的說官話，說拍馬屁話，智慧、良知、公義的神經已被抽掉，只是一個只知做官，讓人看不起的傀儡而已。

4/22 ·政治人物大多光說不練。光說也只說權力的話和騙人的官話，雖然好聽、動聽，又易使人誤信和誤爽，猶如鴉片、嗎啡，使人如入雲境飄飄然的爽快，但畢竟是毒藥，對人類社會將造成無限的傷害。因此現代政治人物的話，不可太相信，也毋須客氣。

·人不可多元化。人格如可多元化，豈不是雙重人格或多重人格，也是人格分裂。

4/23 ·智慧判斷是非和價值，聰明只認利害和價格。因此要有智慧，少聰明

·要尊敬人格而非尊敬權力。

· 權力是一時的，人格是永恆的。

4/25 · 古言「知人善用（任）」。現在奸猾、權謀、缺德……均藏在內部，表面上演出好看，實質上詭計多端、心狠手辣、居心叵測。

· 負責任的領導者，用人前必須親自了解品德、能力始可用人，不可僅靠介紹、推薦或利害關係人的酬庸而用人，否則用人不當，貪贓枉法，影響國計民生動搖國本，其責足誅之。

· 首長有無負責，端看其用人則知之。台灣的用人大都是酬庸性和代價性用人，偶而用一、兩位優秀者，是樣板性用人，以掩蓋其酬庸和代價性的用人。

4/26 · 李在帝國飯店「自然誠實」，其實應是「自然眞實」。

· 自私的人是不會有誠實的，自私與無私，很容易從他的言行舉動中看出來，分別出來。

4/27 · 聰明是麻煩的製造者，智慧是麻煩的解決者。

· 現在必須選擇較像人的題材活。

4/29 · 民進黨說要組聯合政府，可能嗎？現在政治人物幾乎發角，政黨之間也然。發角與發角即仙拚仙，怎能聯合相處呢？角角之間不刺死就不錯了，如何聯合？

4/30 · 高層與財團結合。如財團經常在大飯店請高官吃魚翅，吃人的自然受給吃的人影響，也即魚翅可影響政治，稱爲魚翅政治。

5/1 · 台灣的領導階層除成大富翁外，特別有特權，亂說話（言行不一致）的特權、有爽無責的特權、專門說人後面話的特權。

· 有利害就無是非，無是非就無公道，無公道就無正義。因此說利害的人，自然無公義可言。

5/2 · 台灣問題嚴重的原因——

一、人本教育徹底失敗，人性消失、倫理道德淪落、社會無是非公義，善的條件喪失，如何好呢？

二、施政頭痛醫頭，腳痛醫腳，只爲功利和選票的政治，無整體規劃，無系統建設。

三、黑金政治、魚翅政治，壟斷政治。

四、無透明度、清廉度、競爭力。

五、治安惡化，人民生命財產無保障。

六、現在問題來了。有上列因素，如果景氣低迷、失業率高，非一時能解決。

．魚翅政治、選票政治：沒有國家政治、責任政治、歷史責任政治，只有魚翅和選票，國家哪有前途？魚翅只對個人口腹有利，選票可用買、暴力、騙術騙來的，用這種魚翅求選票掌控政局，國家還有什麼希望？

5/3 ．責任為處世之本——

一、有智慧、能力，落實於人類、社會、國家之責。

二、負道德責任。

三、負有不害人類、社會、國家的責任。

四、負法律責任。

以上是我的責任觀。

5/4 ．人的好壞是用看的，不是用說的。

5/5 ．雙連教會《歐保羅傳記》發表。政治人物的傳記幾乎是以權力堆積而成的，企業人物的傳記幾乎是以金錢堆積而成的。如能以智慧、無私、人格、風範堆積而成的傳記，才有價值，才值得我人效法和學習。因權力足以使人腐化，金錢也然。腐化堆積的傳記，不值一讀。

5/6 ．以權力斷是非，是獨裁。

．無形的獨裁才可怕，也即明的一套（假），暗的一套（真）。無形的獨裁，就是暗的那一套。

5/8 ．由言行看人的善惡，由言行看私心之有無。

．無私最美也最樂，無私不怕人謗、罵、抹黑、冤枉、製造是非。無私可抵擋一切，包括天、地、人。

．無智慧的人就無法感受無私的價值。然無私才能產生智慧，智慧和無私是互通的。

5/9　・公私不分的人怎麼會乾淨？公私不分的人是最髒的，最腐化的。

・國民黨去年的敗選，其責任在過去執政失敗，國民黨政權才被摒棄。如果國民黨失敗不算其執政責任，就非責任政治了。
很可惜國民黨垮台，國民黨無人負責，可笑至極。民主政治是責任政治的常識都沒有，至為可憐！

・政黨輪替就是政績奇差的執政黨，應負施政失敗的垮台責任，讓在野黨執政試試看。

・國民黨敗選如不針對過去施政的失敗加以檢討，而檢討其他，是太無責任也無常識。

・李連關係如繼續曖昧，國民黨很快滅亡。因此連可能採斷然措施，與李切割，然後如宋一般在各黨夾殺中壯大起來。李系人馬如投向民進黨，民進黨開始歡迎，但難共存。民進黨相處不易，久而久之必遭排除反撲。

・做官一時，做人一世。政治是一時，朋友是永久。

5/10　・蔣介石、蔣經國的時代，我都公開與他們對抗了，現在算什麼？兩蔣雖不好，但至少有倫理道德。

・官員的飯局不是灌酒便是灌米湯，因此我厭煩大官的飯局。

5/11　・祖述堯舜，憲章文武；德配天地，道貫古今。（孔孟學會墨寶）

・有話說方才說話，要說有目的的話。許多人在聊談中忘了說話的目的和主題，浪費唇舌和時間而已。

・政治人物歷史價值在於風範（典範）而不是權力。

5/12　・錢跟善良人是萬幸的，錢跟惡人是不幸的。

5/14　・政黨輪替應是以政績的好惡而定，如果不談政績，還談什麼政黨政治呢？

・國民黨政權終結，應是國民黨數十年來政治腐敗、政績不彰，才被人民唾棄。連、蕭兩個人固應負責，所有領導者亦難辭其責咎。

- 他是聰明型的人物，不是智慧型的人物。

- 無私心才有是非心，私心只有利害心。

5/15
- 對陳敏卿說價值是無私、智慧、是非，價格是自私、聰明、利害。

- 公害的青天計劃竟成陳青天，眞是竹竿接菜刀。

- 有人剖柴連柴砧也要剖，是可怕的。

5/16
- 智慧是根，聰明是枝葉。

- 政治人物要有面對問題、針對問題、解決問題的能力，也即有做事的智慧和能力。

- 台灣政治之敗在於政治人物只說不做、無法做。只說，永遠是空的，唯有「做」須付出代價，然後才有成果。

5/17
- 執政黨和在野黨之分在於人民稅金繳給誰，誰就要負責任，執政黨收人民的錢，自然應負全責，無收錢的在野如何負責？

5/18
- 民主政治是責任政治，錢交給誰，誰就應負責。拿錢的人（政黨）要負責，總不能讓繳稅金的人負責吧？

5/19
- Call in節目是近年來使政治腐敗、社會治安惡化、民心腐化的主因。參與節目的人，大多做不良示範。有吃說有吃的話，無吃的說無吃的話，吃一點點的說一點點的話。如果當初參與Call in節目的人均無私、有智慧，公道、是非分明，有豐富經驗、專業和能力強的人，也許可做良好的示範和教育，才有正面作用。

- 儒家以修身、齊家、治國、平天下，而非以權力、齊家、治國、平天下。權力不能齊家，以權力治國，天下必大亂。

- 權力如鴉片，一觸到享受權力的傲慢，最後如吸毒，中毒而腐而亡。

- 治國是從修身始，而非只從權力而來。

5/20
- 被人冤枉，自信有因果，毋須人補正，讓因果處理。

5/21
- 台灣大使館只有二十多個，不是小國便是三等國，其餘大國僅設代表而非大使，如今竟派十位無任所大使，顯示形式酬庸意

義大。美國等大國有一百八十國大使，也沒有那麼多無任所大使，是公器私用之例。

5/22 ・國策顧問、資政、顧問、無任所大使均是酬庸，源於私權力私相授受的酬庸，不是過去和現在有利益交換，便是將來酬庸的發酵（未來利益）。

5/23 ・多元化是好人、壞人、半壞人均可用，也即「用人非才」，而非「用人唯才」。

・領導者應具堅強道德修爲，以身作則，以完美人格爲民表率。對國家發展、民生樂利應形成有系統的規劃，尤其用人應戒酬庸或受選舉左右，應用有責任、有專業、有經驗、有能力的人當之。試看現內閣分贓式而成立，李系、民進黨系、金主系……拼湊而成，並非用人唯才而來，而是酬庸、關係、壓力而組成的，這種內閣能做些什麼？

・政治人物若無尊嚴、無人格、無志氣、無羞惡、無是非觀念，造成是與非同值、善與惡同值、對與錯同值。如此國民品質、社會風氣、政治理想如何兌現？只有每日在混水摸魚中過日子。

・學商掛勾與政商掛勾一樣。政治人物受財團支配，學者受財團左右，造成政治腐敗，學術墮落。

・學問家萬萬勿與財團掛勾，否則會成爲烏龜和浪費學問。

・財金介入學術比介入政治更可怕。學術應中立、客觀、求眞理、清淨，如受財金侵蝕汙染，是學術的悲哀！

・有些財團不只介入政治，巧取政策上利益，更介入教育學術，對學術的破壞甚大。

5/24 ・黑金學術（教育）比黑金政治更嚴重。

5/25 ・金權政治比黑道政治更可怕。黑道容易處理，金權不只難處理，甚至連處理的人也會被吃掉。

・民進黨不瓦解，國民黨不分裂，扁、李體制不易有成效。也即扁、李體制必須建立於民進黨的瓦解和國民黨的分裂。

- 政治人物私心重才受財團的影響。財團不務正業，攀上權力，對財團是火上加油，但對國家的前途是雪上加霜，也即政治腐敗的主因。
- 政府如不與黑金劃清界線，只有向下沈淪腐化。惜現在官員與黑金共生，只有腐敗一途。
- 國民黨主政建立黑金政治的典範，現在民進黨繼而承之。
- 民主政治是政黨政治。爲什麼要政黨政治？最主要目的是責任，也是政黨責任分明。因此民主政治的可貴，應是責任政治。
- 無法達到責任政治時，民主政治徒具其名而已。
- 聯合政府或聯合內閣，是責任的模糊，成爲無政黨負責的政治，也即無責任政治，因聯合政府或聯合內閣是聯合分贓。

5/29
- 台灣高官部會首長經常放話，造成社會、政治、經濟不安，這些人放話從不負責，人民也不會追查責任，官員我行我素，不知恥、不知責，全世界沒有這種官場。

5/30
- 要以典範領導，而非以權力領導。
- 台灣之敗在於政客。只有口水政治，而無執政智慧、良知和能力，因此成爲泡沫政治。
- 政黨如不以國家全民利益高於一切的理念，如以爭權奪利的思想，爲鞏固政權做爲決策過程，以黨的利益高於一切，在決策中失去公義……如此政黨政治比專制獨裁更可怕。
- 過去是個人獨裁，現在是政黨獨裁。政黨獨裁是民主政治嗎？政黨獨裁比個人獨裁更可怕。新加坡政府決策透明化是全世界第一名，政府決策透明化，比民主政治更重要。台灣名爲民主政治，實爲政黨獨裁，藉政黨政治之名行政黨獨裁之實，在政黨獨裁的主導下，台灣產生黑金政治、魚翅政治、口水政治、酬庸政治、短線政治、分贓政治，腐敗、腐化，在這種基本腐化結構下的政黨獨裁，任何改革都是騙人，根本無法改革。內部的抵銷、虛耗、空轉（有形、無形），惡性循環不已，沒完

沒了。

- 根一爛，目標只好向爛走，只是早爛晚爛而已，結論就是「爛」。除非發新根、新苗，否則只有消失一途。

- 私心的結果是「沒完沒了」，只有無私才能「完了」，才能「清楚」。

- 現代的政治人物已脫離道德境界，只有利害，無人格可言。

- 大官隨「利害」而「變臉」，甚至攤販不如，利害精密度很高。

- 縣長時的主張：能做才講，做了才講，做完才講。有做才有資格講話，無做沒有資格講話，這是政治人物應有基本觀念。

- 暗的運作最可怕，只有透明化才公道。

6/2 - 權力的謊言是台灣高官的本行，也是天下之亂源。

- 卸任後還有權力的影響力，非民主社會而是專制政治。正常的民主國家，卸任就是權力的終結。台灣卸任後，權力延續發酵，這叫做民主嗎？

- 卸任後應是典範的影響力，只有道德風範、人格修為、為民表率，人民才會尊敬，權力者不可不知。

- 權力加謊言，不聽也不行。由權力背書的謊言，等於權力是謊言的保證，謊言不得不兌現。

- 有權力的人，什麼都不想聽，然聽了也聽不進去，這是權力足以使人腐化原因之一。

- 我無私無權力觀念，因此喜聽人家的意見、學習他人，也樂意提意見、看法給大家互相交流，新水與舊水永遠不斷交流而成為活水。

- 科技（資訊、生物、技術）的發展，目的在使人類生命健康長壽和生活內涵豐富（包括物質及精神），及人類品質的提升，而並非破壞人性、人的品質，也即並非破壞倫理道德，破壞人的修為，應維護自然真實的人類、人性、人本。

- 廣池千九郎是東京帝國大學法律教授，當他到曲阜參觀孔子故

鄉，發覺儒家倫理道德的重要，遂放棄法學教授，專門推動儒家道德，認為道德比法治重要，無道德的人不會守法甚至會違法，為害人類社會。因此有道德才有法治，有道德才能民主，有道德的科技才不為害人類自然。

6/3
- 責任心重的人，是有道德的表現。
- 道德心：主動，實質；缺道德心：被動，形式。
- 形式的道德就是假道德，假道德比無道德更可怕。只有真心的道德，才是道德。
- 我的看法（人生觀）：責任重於權力，義務重於權利。

6/4
- 聰明不一定是好人，智慧應是好人。
- 年紀大，體力失，柔軟段，免傷神。

6/5
- 台灣大官強調多元化，結果台灣人成多元化，成雙重或多重人格，反而社會無法得到多元化發展。其實人是不能多元化，社會和文化發展才能多元化。人應有原則，只能單元化，人如可多元化將成見人講人話，見鬼說鬼話，多重人格如人格分裂，是最可怕的。人可多元化，將成做好人兼可做壞人，有時忠臣有時奸臣，有時法治有時人治，是最可怕的。
- 是做模範而不是作秀。

6/6
- 同一事件，因時空有別而有變化，因此對過去、現在和未來，有不同解讀，自會產生誤解。

6/7
- 南北韓隔離五十年以上，造成無數家庭失去天倫親情，是人間最慘的悲劇。誰造成的？是少數政治野心家的責任。少數政治野心家藉民主、自由、人權之名，行無人道之實。南北韓父子、夫妻、母子、兄弟姊妹、祖父母和親戚五十年以上都沒有見面，是最慘絕人寰的無人道悲劇。親人一生無法見面共敘天倫，還談什麼民主、自由、人權。
- 無人道就無人權，無人道的自由民主是動物園內的動物，而非人類的自由、民主。
- 應以人道處理政治，而非政治處理人道。政治處理人道就無人

道，應以人道處理人道，人道處理政治才有人道。

· 維護人道比人權重要，應以基本人道代替基本人權。

6/8 · 御用學者，誤國殃民。

· 有些御用學者水準低、功利心重，缺乏公義心，更缺學術良知，是下賤可恥的。

· 一位學人如淪為御用，猶如一個人淪為妓娼一樣。

· 權力應是公的，但大多數人取得權力後，往往將權力當成私有，當成他家的，這是人的弱點，也就因此才有權力足以使人腐化。故權力是公權力，可惜很少人把它當公的。因此才有權力的傲慢而成特權，專橫獨裁的工具。

6/11 · 忠於真理、真實、公義，而非忠於權勢、財勢、功利。

6/12 · 他也不是皇帝，還要向他感恩什麼？除非濫用品質差的人當官，品質差的人才要感恩。民主國家，政府非他家的，如果是好人才，他還要向好人才感恩才對。現在已不是「謝皇上」的時代，不要一方面說「民主」，一方面又要「謝皇上」，否則就是忘恩負義。

· 公事如要「感恩謝禮」，不是舞弊便是營私。

· 專制時代，江山是皇帝的祖先打出來，朕即國家，封爵升官均屬他家的，因此受封者當然要感恩。民主時代，總統是公僕，舉好人、賢能之士為國為民做事，是他的職責，如不能舉賢能之士為國做事便是失職，何來感恩之論呢？

6/13 · 能力包括言行兌現力、工作力、監控力、開發力、解決力、整合力、責任力、完成力。

· 行政院人事布局以分贓為重，而非超黨派以賢能為主的布局，行政效能難提升。

· 一己之私和一黨之私是不公義和腐敗的主因。

· 唯有「人格」才能永存，只有加分不會減分。名位和金錢是起起落落，是一時的，很快就會消失。爭名利對人格是減分的。

· 名利＋人格＝價值。

- 責任感重和使命感重的人，才能主動做事，否則只是敷衍的做官而已。
- 政策的釐訂和執行應考慮「抵銷」因素，如意算盤式的釐訂不會有結論的，「抵銷」是計劃無法完成之癌。
- 抵銷力是無形的，是可怕的。
- 人權只是針對政治方面，至於生命的安全保障的生命權（如殺人、自殺），無人提起。人權似不包括傷亡在內，其實生命權是最基本的人權。
- 公職人員應以身作則，否則如何領導他人，也難令人口服心服。既要以身作則，當然要有高度的道德標準，如高官民代無高度道德標準，誰會聽令於他，誰會服氣？公職人員高道德是起碼的。如果無道德，政事怎會做好，無道德的當官比黑金更嚴重。
- 有系統和一貫的規劃才可避免「抵銷」因素。
- 一個團體之屬性，如已指明支持特定的預設立場或決定，則該團體已失超然、客觀、中立和公義性，該團體已失存在價值，只不過是功利的應聲蟲而已。
- 難道台灣社會已無公義之人？為什麼電視Call in節目所談之人，幾乎是有吃說有吃的話，無吃說無吃的話，吃一點點說一點點的話，為什麼有格調、公義性格、責任感的人，不為道德說話，不為公義說話呢？

· 民進黨執政，政治亂、經濟差、失業多，歸責於在野的國民黨執政時腐化所致，然民進黨肯定李登輝，處處為李登輝的政績歌功頌德，足見國民黨政績不差。民進黨無是非，粗陋騙人的說法，明顯侮辱全民。
- 李說宋當省主席綁樁，濫用地方補助款五千億，為何時任財政廳長兼副省長的賴英照，竟被扁重用為行政院副院長？矛盾！
- 人格高於名位和金錢，很可惜台灣竟是名位和金錢高於人格，也即無人格的名位和無人格的財勢均非善類。很可惜，這些人

191

均在主宰這個社會。御用學者和御用財團是台灣的毒源。

- 政治人物勿介入教育，也即權力不可進入校園，造成反教育。畢業季到，高官顯要及其他政治人物紛紛到各級學校作秀，進行大規模的汙染，讓天真無邪的學生給這些權貴鼓掌，權力者得了便宜又賣乖，很無道理。這些權力者本身無風範，演講不談倫理道德，只談功利和炫耀權力的傲慢，的確是反教育。如要使教育好，應拒絕無人格的大官顯要進入學校。大官顯要已汙染整個社會，現在又要汙染清淨的校園，太可惡。

- 卸任如繼續有影響力，則非民主也。如美國的柯林頓不敢說一句話。

6/16 · 台灣應是乾淨、品質高、文明、進步發展的台灣，並非腐敗、無公義，無道德的台灣。

6/18 · 股市炒短線，政治更炒短線，如花近兩億美金的馬其頓建交案很快就斷交，只是那些高官花公帑到馬其頓觀光、風光一下而已。

- 絕對性問題，比相對性問題容易解決。有高度的智慧才能解決相對性問題。相對性問題是高難度問題。

- 不道德的事很難處理和解決，道德的事，就不成問題。

- 健康的情形下勤勞，道德的基礎上爭名利。

- 有效能又可行的事才進行。

6/20 · 三十年前四十年前說的話，到現在說的都是一致的。

- 竹竿接菜刀式的決策和思考必亂，酬庸性的民主是分贓政治。

- 無健全的文官制度加上酬庸性考量的任官，是不正常的政府。

- 要有是非的政治，而不是有利害的政治。有是非的政治才是公義政治，政治才能清明公正。利害的政治是生意，而不是政治，利害的政治是天下大亂，亂不完的。

- 政治人物能受人尊敬的是典範。講利害的政治人物，無典範可言。只有明辨是非，講是非的人，才有典範。

6/22 · 政治應是典範，無典範政治算什麼？

- 政治決策如不能透明化或公開化，將成陰謀，黑箱作業，不可告人，成為私人或黨派的分贓，不能算為政府。

6/23
- 人格是人的靈魂。現在的人都不需要人格，既不像人了，當然無人格可言。無人格價值觀的人，不會有典範，因此可為非作歹，為所欲為。
- 要講民主就不能有什麼個人傲慢或個人路線。
- 不能有「謝皇上」式的任官。「謝皇上」式的任官，必是庸劣之才。「謝皇上」式的用人，賢能之士難出頭。

6/27
- 有責任感的人，才會做大事，才會反省檢討自己。無責任感的人絕不會做事，只能「靠嘴巴做事」，從不檢討自己，不自省，反而很自然地批判他人、痛罵他人，還罵天罵地，罵大罵小，把責任推給他人。
- 「做賊喊賊」、「專門說他人壞話，表示自己最好」均係同一理由在掩飾自己的罪責。
- 當官最易忘了自己是「人」，更忘了「人格」。人格以典範表現。
- 「光說不練」是最不公道的。
- 陰險（內在）比奸巧（外在）更屬害。

6/30
- 單純化和清靜化對公對己均有益，也是人生最佳境界。
- 部會首長為保官位與立委進行惡性競爭、破壞行情，造成首長無尊嚴、無格調，任憑立委宰割、委曲求全，使立委吃定政府官員，實不應該。我認為官員與民代之間應互相尊重，同時應維護政府和個人的尊嚴的原則下，始可與民代妥協。

7/2
- 台灣人的悲哀是人格分裂症，高層高官均是，不是雙重人格便是多元人格，使你無法相信一切。人與人之間、人與社會、人與政府無互信基礎，騙來騙去、鬥來鬥去，哪會有穩定的政局和和諧的社會呢？
- 台灣社會是虛偽的、假的，「明的」是假的，是騙人的，「暗的」才是真的。所謂說的一套，做的又另一套，前面一套，後

面又一套，明的一套，暗的又一套，可怕！

・公義任憑搶劫和強暴、宰割，我心煩死了！

7/3　・人家是西瓜偎大邊，我較習慣於西瓜偎小邊。公義精神，也是平衡觀念。

・政治垃圾化的台灣，我對政治漸漸淡泊。政治人物如非典範而是垃圾，如此政治比殺人放火更惡劣。因殺人放火的人還是掌握在政治人物的手裡，因此政治人物比殺人放火還可怕。

7/4　・民主時代，任何人的路線或使命感也應在一任或連任（合計八年）完成，不能藉路線或使命感未完為由攪局，除上帝是專制外，也應遵守民主規則。

・意識形態強烈驅使下台灣社會無是非、公義和實質建設可言。意識形態掛帥，只有為反對而反對，為贊成而贊成，無超然客觀公義選擇的餘地。

・以意識形態左右公義是非，與專制思想無異。意識形態，本質上是專制性、對抗性，非理性的。

・是尊敬典範而非尊敬權勢或財勢。

7/5　・縣長時代「無水灌溉不繳水利費」。

7/10　・政府的責任——

一、國家安全和國際地位。

二、公平的法制及執行。

三、人民的安全和公義。

四、發展和進步，包括國民品質、文化、經濟、教育、科技、社會……。

五、對歷史及後代的責任。

・日本戰後政治社會汙染嚴重，但住宅、天然環境、山川、樹木花草均保持過去清潔、秩序、綠化、純樸、勤勉。

7/11　・二〇〇〇年我最滿意的兩件大事，一為辦理政黨輪替的歷史性成功的選舉，二為廢國代。

7/13　・由台中縣學生拒領議長獎，及幾年前嘉義學生拒領議長獎說

起，我在縣長任內到各村里民大會，要縣民不要掛不良公職人員的中堂、匾額和喜幛，如果人民能拒掛不良民代（公職）的中堂、匾，學生拒領不良公職人員的獎狀，這個社會才有是非，不良的人才會被淘汰，獎狀才有意義。

- 功利社會無私的人已很少，功利競爭力的強化結果只有自私自利的社會，無私的人不能生存。無私的人既不能生存，則政治社會無法好，人類只有墮落下沉。

- 世界七大奇景：一、埃及吉薩的胡夫金字塔，二、奧林匹亞的宙斯神像，三、巴比倫空中花園（伊拉克），四、亞底米神殿（土耳其），五、摩索拉斯王陵墓（土耳其），六、法羅斯的亞歷山卓燈塔（埃及），七、羅得島巨像（希臘）

- 靜態思考如打如意算盤，結果將無所獲。動態思考，失敗機率低。靜態站著容易計算，倘動態走來走去就難算了，又靜態靶好打，動態靶就難了。考慮每一件事，須以動態思考才會準確，因為人的一切行為是動態的。

7/14
- 在位要謙卑，下任人尊敬。

7/15
- 知足常樂是指個人的問題，但我很少有個人問題，時刻關心人類的倫理道德、公義。看到倫理道德淪喪，社會無是非，公平正義不存，能樂嗎？是痛心欲絕，能樂嗎？當然，如不問人類社會國家事，僅處處關心自己，相信我一定最樂的，因此知足常樂，只限於自己的事。

- 台灣有些人專門利用意識形態生存，這些人又居於政治社會重要角色。台灣的人文建設和公共建設，均在意識形態鬥爭中向下沉淪。

- 政治如果無是非、無公義，比什麼都可怕。選輸可帶兵投靠勝利者，更以穩定政局為由欺騙人民，破壞政黨政治原理，至為可惡。唯惜部分知識分子也然，向權力靠攏，無是非公義可言。

- 錢可破壞地球自然生態，錢也可破壞人文社會。而人性、倫理

道德、公義，在所謂民主的藉口下破壞殆盡。

7/16 ・假民主之名行黑金之治，民主可天經地義地騙人，又無人敢否
定它，它的威力比核武、洪水猛獸更甚，誰敢抵抗它？那些聰
明的政客只會運用它，漂亮地來欺騙納稅人、欺侮人民。

・黑金與政權的結合比舊政府尤甚，財團搶政府搶到銀行。俗語
說「有錢使鬼會推磨」，何況是人呢！總統呢？「有錢使總統
會推磨」，乖乖地聽財團的。

・現在台灣的戲，我均不感興趣，無論政府或各黨派我都不興
趣。因為僅有「民主」的口號，而無道德、無是非、無公義，
如想活在有倫理道德、有是非善惡之分、有公義的社會，只有
看歌仔戲、布袋戲了。

・六十五歲以上該守成了，但有什麼「成」可守呢？無人格的社
會是一無所有，一無所成還有什麼可守呢？悲哀！

・政治人物公關應酬上表現恭恭敬敬、客客套套，如給你端菜、
送上車……都是虛偽的、騙人的，這是他要利用你、吃定你的
武器，你如果相信，將會死的很難看。這也是現在功利社會的
官場文化。

・當官當久了，腦筋自然會皮了、生鏽了。當官的麻醉並不遜於
鴉片的中毒，當官是麻醉心靈，鴉片是腐化生理，權力足以使
人腐化就是這個道理。

7/18 ・國家領導人如與司法首長或人員掛勾，或司法人員聽命於領導
者或淪為政治工具，則這個社會永無公義可言，活在這個國家
的人永無保障，容易受到迫害、受冤枉、受鬥爭清算。

・我服公職，依法令辦事，堅持道德公義，不推諉不塞責，勇於
任事，只要對國家全民有利者，從不計毀譽，勇於承擔。但對
違法或無道德公義的領導者劃清界線，不同流、不合污、不盲
從，甚至寧下台也不戀棧職務，進而可討伐之。

・不要向領導者（或權貴）討好、拍馬屁，或為升遷而出賣公
義、出賣良知、出賣人格。

- 領導者有私心、私心重，則國家之不幸。
- 過去我強調萬惡之源在民代，現在我要說萬惡之源在政客。
- 做無尊嚴的官，做無作為的官，有何意義？
- 領導者以國家權力來騙來騙去、鬥來鬥去，其罪惡不可赦。
- 靠嘴巴治國，民無可奈何。

7/19
- 無私包括名利的無私，也即不要名不要利。
- 名利也是人的累贅，有盛名之累。
- 政黨政治是責任政治，有能力才能執政，才能負政黨政治的責任，無能力執政就應下台，不能要求反對黨為它背書。
- 政黨政治除非執政黨無法執政，始可舉行政治協商會或所謂經發會，要求反對黨參與，為其背書，否則不應舉行政黨協商會議。政治協商之類的會議是一黨專政時期才有，如過去國民黨在抗戰時或在台的國是會議、國發會。
  真正民主國家的政黨是負責問題，如果舉辦政治協商會議，政黨責任將被模糊、責任不分，政黨政治的功能盡失。不知何故，台灣學界對此均無糾正。

7/20
- 如果政治人物不是典範，只是玩弄權勢，政治人物有何意義呢？定位如何？國民黨執政時的各級首長說得意的話、講得勢的話，自己褒揚、褒獎自己、頌揚自己。民進黨執政也然，都是玩弄權勢，權力的傲慢，盛極一時，但典範何在？政治只是如此而已嗎？

7/21
- 要讓不要爭，讓才會成功，爭終是失敗。讓比爭好，但當仁才不讓。

7/22
- 功利社會大家靠近權力和金錢，唯我則漸疏權力和金錢。我只靠近公義，甚至緊抱公義而不放。

7/23
- 「真實」最公道的，不會騙人。「真實」對人類社會才有作用，「不真實」是空的、假的，因此我一向堅持「真實」、欣賞「真實」，因為真實最自然，真實最美，真實是價值。很可惜現在的學者和政治人物及公眾人員，缺「真實感」，遠離真

實，不了解眞實，不重眞實，不追求眞實，造成今日虛幻的社會。既不眞實、爾虞我詐、空洞虛僞、不公義的結構，這是台灣腐化墮落的主因。

- 黑金政治進到白金政治，台灣人的大不幸。

- 「說眞話」簡單明瞭，自然自在，說者不費無謂的氣力，浪費身體，聽者亦然，且能得到聽的效果，不需聽那麼多「不眞」的垃圾話。

- 在這虛僞不實的社會，願上蒼將我應活的一生，扣除被不實虛僞、垃圾玩弄部分，以彌補我應有的眞實人生。

7/24
- 說眞話、說實話、說有影的話，說簡單明瞭的話，說有智慧的話，說有學問的話，說「明是非」的話，說公道話，說正義的話，說有倫理的話，說有道德的話，說無私的話，說關懷他人的話。上述是我一生自然的表示和反應。

- 關心「貶低人命的價值，侵害人命」的道德責任（對胚胎研究的關切）。

- 你用「人」跟我說話，不要用「權力」（官位）跟我說話。

- 權力是毀損人格的毒藥。當一個人未嚐到權力滋味，是滿口仁義、清流，一旦嚐到權力或接近權力，馬上忘掉自己是人，成爲白痴，無是非，只有權力，是濁流而不是清流了。很可惜，權力是一時的，人格是永恆的，寧爲一時的權傾，而廢掉萬年清譽。

- 我是靠體力吃飯的，而不是靠權力吃飯的。

7/27
- 無人格的僞君子從兩方面可看出，一是面對權力目睭起濁，二是面對金錢心起橫。

- 政治騙子比詐欺犯更惡質，但台灣是政治騙子的溫床，人民被騙千次也不累。

- 無公義基因的學識、權力、金錢、能力，對人類社會是黑暗的、負面的、傷害的。

- 有知識但沒良心的聰明人，非知識分子也。

- 捍衛公義是我的天職，不認人、不認錢只認公義，是我的活力。

7/28
- 民主政治是功利政治。

7/30
- 國內財團捐款，再從政商掛勾中賺回數倍利益，並非如外國財團純為回饋社會的捐獻。台灣的捐獻如投資是有目的、有代價的。

7/31
- 政治人物為自己利益的是政客，有理想為國為民的利益就是政治家。
- 為自己利益著想的是功利主義者，是政客。

8/1
- 非分之活不必活、不爭活、不要活。
- 選擇性的活對個人很重要（個人生活規劃）。
- 政府官員太過保護自己而忽略了責任感，才造成口號和欺騙的官樣文化。
- 一個人如無法了解人格是什麼，不去塑造完美的人格，將枉費做人的意義和價值。

8/2
- 在這個天年，能活得像人就不錯了。

8/4
- 有道德，你的人生就不會起起落落。
- 國民黨去年垮台後，才看出過去的大官是利用國民黨長大做大官，國民黨只不過是政客利用的工具、踏板而已。此可由原在國民黨任重要官職的投機政客看出來，國民黨垮台，馬上向扁的民進黨靠攏，還惡言相向批國民黨。殊不知他們是長期吃國民黨奶水長大成人，藉不應有的國民黨黨產栽培，才有今日。不知感恩，還要毀滅它，這種不仁不義的風範，竟成台灣的主流，悲哀！

8/6
- 淨空法師說古代的人過著真正人的生活，也即有詩情畫意的生活，現在則過著機械科技的妖魔鬼怪的生活。和我的理念、感受是一致的。

8/7
- 領導者如果道德公義條件不夠，將是以權力做最不良的示範，將帶給人類反淘汰的惡果。因此領導者應具高度道德風範、高

度智慧和公義精神，以其權力和模範帶給人類和後世的好品質和幸福。

- 無公義的所謂民主，是假民主。
- 有人治無法治的民主，是騙人的民主，是不民主。
- 有人治無法治，就是獨裁專制，選擇性執法。
- 民主國家不應有人治。人的色彩過重，人的喜惡高於法律、高於制度，均非民主可言。
- 制度高於一切，民主國家應遵守制度，以制度領導一切，以制度處理一切，並非以人的因素高於一切、高於法令、高於制度。
- 不遵守制度和法律就無民主。
- 亞洲式的民主無法消除人治的陰影，人治還是重於法治，高層和部會首長經常發表超過法令的言行，以人的權威壓制守法的人員，以酬庸式或利害性（個人）起用人才，均是人治的表現，尤其選擇性執法更是人治表露無遺。
- 功利價值之下，一切均以炒短線的現實為依歸，不會有長治久安之計的考量，即「頭痛醫頭，腳痛醫腳」式的設計和短線收穫，並無遠大的眼光，「成功不必在我」的歷史使命觀，只以一年或三、兩年的成果來騙選票，騙做官而已。

  如無道德價值、人本價值主導，消除功利思想，則這個國家僅在政客玩弄下漸漸衰竭，終至消失。
- 民主應是百分之百的道德、法治，公義、尊嚴、人權的指標，是政治人物的血和靈魂。
- 尊嚴不分官大小，每人的尊嚴是平等的，皆為百分之百。並非總統百分之百，甚至超過，而高官百分之九十，小民只百分之五、百分之十不等，這就是人的價值是平等的。因為每一位人都是一個爸爸生出來的，除非是幾個爸爸生出來才可特別優厚。
- 我反對贅言，只贊同守德、守法，去做、去做、去做，做出

來、做出來、做出來最公道，不做什麼都沒用。這是政治人物起碼的認知。

- 人治代替法治、代替制憲，是最可怕的。人治是搞個人崇拜的、是造神的。

- 法令如牛毛，如令箭，但能做嗎？誰去做？如果強勢的人治在運作，對做的人無保障。因此為保護自己免得多做多錯，少做少錯，不如不做不錯，免得多做多罪，少做少罪，不如不做無罪來得安全。

- 人治太重，行政效率自然無法提升，因對工作人員無保障，只好以自己保護自己對抗之。一天過一天，薪水照領，免得雞婆惹得滿身腥。

- 以法治掩護人治更可怕。亞洲的所謂民主國家執政者大都口口聲聲說法治（也有法律），但暗地裡大搞人治。

- 台灣的教育是有知識而無人格的教育，只要有豐富的知識，不需要有人格，才造成今日人不人、獸不獸的社會。

- 切記！讓則得，爭則失。

- 權力與垃圾可對話，權力與智慧則不能對話。

8/9

- 媒體成為製造業和汙染業，是社會的悲哀！人民的不幸！

- 讓是美德，「無辭讓之心，非人也」（《孟子》）。兩個孩子打架，家長打自己孩子給對方家長看，對方家長一定很難堪又不好意思，甚至會過來維護被打孩子。倘若家長不管自己孩子，甚至替其子罵打對方孩子，俗語說「挺囝仔邊」，則將使兩方家長親自參戰，致使兩家成仇，沒完沒了。

- 情治首長調動，談起台灣的可怕和國家未來的黑暗。人治（私心私利）加上合法的土匪有槍炮、有情治人員，如此選擇性執法，台灣將成為無公義誘因的社會，生命無保障、尊嚴無保障，活在這裡不只危險，且會不像人。

- 無健全的民主比獨裁更可怕。獨裁是開宗明義的宣示，人民可面對，心理有準備。明的是民主，暗的是人治，最可怕，防不

勝防，暗箭難防，要割要宰隨時會來。

・元首無定見，加上個人利害因素（財團利益掛勾、酬庸、仇怨、政敵、非支持者、反對者），國家機器交其主宰是非常危險的。台灣政治是個人利害高於人權，高於國家利益的社會，在這種環境、這種制度下，人身安全很難保障。

・是「用人做人」，不是「用錢做人」，更不是「用官做人」。可惜這個社會幾乎是「用錢做人」（財團），「用官做人」（大官）。

・不是十六兩是一斤的頭腦，到處都大談十兩也是一斤、十二兩也是一斤、八兩也是一斤的話，無法說十六兩才是一斤的話。

8/10 ・掛羊頭賣狗肉是台灣政治人物的專利，言行不一致，不誠信。說的一套，做的又一套，明的一套，暗的又一套，前面一套，後面又一套，正式一套，非正式又一套。

8/13 ・不實在的人，喜人怕馬屁，拍了會爽。實在的人，不喜人拍馬屁，拍了會不爽，反而不自然。因為拍馬屁是假的、是肉麻的、是有企圖的、是給你灌迷湯的，是給你裝笑爲的、是大不敬。可惜台灣的大官（高層）大都喜歡被人拍馬屁，拍了就爽，就給他升官。

・歌頌權力、靠攏權力，在權力光圈裡享受榮華，取得利益，這種人太多，也是聰明人的爲人處事，但這種人無是非、無情感，是可怕的人。

8/15 ・在功利社會公義不能生存，公義只是政客和心術不正者欺人道具而已。

・長官只有「嚴辦」的辭令是好聽話，其實他的嚴辦無法適用於特權、有錢人、利害關係人。法律之前是不會平等的，只有靠運氣了。

・「種樹易養樹難」，功利社會自私自利，自身都顧不完了還去照顧樹？尤其養樹是長期的，是人看不到地默默灌溉不受損，保護才能長大。台灣的社會已變得非植樹的環境，尤其炒短線

時代，認養的團體或個人也許比樹還短命，如何認養？作秀式的植樹和認養，我會相信。真正植樹和養樹，在炒短線的時代，很難達成。

- 國安基金護盤虧損四百一十七億，九十一年度總預算編列補足。如此以國民稅金拿去為少數股票族護盤，虧損又要編列預算彌補，太不公義了。四大基金虧損更驚人，誰彌補？誰負責？

- 靠公義而不是靠權力。權力是短暫的，公義是永久的。權力如果是慈悲的，對人類才有用，惜掌權的心腸硬、狠、傲慢。

- 台灣社會價值觀是權力高於人格，金錢高於人格，權格高於人格，錢格高於人格。這種錯誤的功利觀，是台灣向下沉淪，人心腐化的主因。

- 縱有卓越創見，但無從善如流之人，優質共識難生，功利社會之因。

- 功利化的社會，有幾人能接納真理？連學者、教授也只看權力、金錢，拒絕公義、拒絕真理，拒絕道德，這是人類的沒落。

- 讀中外古今歷史，不少哲學家、思想家、教育家，甚至藝術家、政治家均很嚴謹地為道德的典範，人類以此為傲，也是人人追求的目標。

  很可惜二次大戰結束後功利化，雖然創造了不少人類的財富，豐盛的物質生活，科技發達代替人類的本能，地球自然的破壞、人類生存場所迭遭腐蝕和重創……人類迄仍不自覺、不自省，令人悲嘆！

  早知政治是無是非、無道德、無良知、無公義，只有利害，何必參與？至誤入歧途、悔恨不已。雖從政期間重倫理道德、重人性、重公義、是非分明、大公無私、鞠躬盡瘁於社會、國家，不受塵染，保持純潔，無權力的傲慢，只有謙卑，唯對國家社會的惡化無濟於事。大勢已去，一人勢單力薄，我又奈

何！

8/17 ・無是非善惡之分是色盲，當今社會，大多是色盲。

8/18 ・很多年輕人或未得權力時有很多理想、原則，一旦取得權力，理想和原則就崩盤。還有些人追求理想，追求不到中途而廢。我的理想和原則並不因有無權力或追求多久而異，永堅持理想和原則，至死不渝。

・阿扁巡視廣達集團旗下的廣輝電子公司時，下跪要求環保人員放手——

一、作秀。

二、人治才用跪解決。

三、法治如用跪解決，將無視法律存在。

四、依法行政。如總統下跪環保人員，環保人員就可不依法依制度執行，則成無法無天的國家。

五、總統說傲慢話、說爽話，也是討好財團。

・權力足以使人腐化（靜態），權力也足以使人發瘋（動態）。

・領導人有責任提供民眾正確訊息、知識和行為風範。

8/19 ・比爛對象滿滿是，比好的人實難找。

8/20 ・有權力的人用權力說話是為官話，有錢的人用錢說話為錢話，是人才用人說話為人話。故話有三種，人話、官話、錢話。其實有錢的也是人，做官的也是人，本來都應該說人話，很可惜有官話和錢話。官話和錢話既不是人話，自然不必聽之。

長期來功利化的結果，官話和錢話成為社會主流，人話成弱勢，官話、錢話強姦人話的結果，人話幾乎要消失。無人話的社會，人類的價值在那裡？官話和錢話比鬼話更可怕。

・難道天下無「有人格的有錢人」嗎？無「有人格的大官」嗎？

・王、吳前日在電視機前公開轉告李登輝，將為部分國民黨立委候選人站台，並說李對國民黨有很深的感情。今日李在台聯黨講習班公開否認，不知王、吳如何感受？台聯還批王、吳假傳聖旨。下台元首還有聖旨嗎？有頭有臉的人公然說謊，該當何

罪。

・相對性才有彈性，絕對性就無彈性。

8/21 ・信上帝的人如果只有教派而無公義，上帝也不知公義，上帝將無存在價值。上帝應是代表公義、維護公義，如教徒破壞公義，等於背叛上帝，無資格當教徒。

8/23 ・國民品質高，國家社會建設自然好，政府效率、績效、競爭力、決策透明度、清廉度，甚至治安自然好。倘國民品質差，老說些枝葉的，想要提升行政效能，公共建設好、治安好、文化素養會好……是絕不可能的。

要提高國民品質必須從教育起，而教育應重人本教育，重視道德、人格教育。如果每個國民缺令人本精神，缺乏健全人格素養，大家自私，自私只有功利價值無人本價值，則無論如何提高效能、投入大的建設還有治安……均無效，是騙人的。

・政治家只有是非無利害，政客只有利害無是非，台灣的政界有是非無利害的人有幾人？台灣政治人物大多只有利害無是非之分，這是台灣社會不會有公義的原因。

・掌握公器的人一定要具道德和無私的條件，否則社會、國家必腐爛。

・公私分明，公中絕不能有私，這是公職人員基本條件（常識）。

8/24 ・看他的內涵，而不是看他的權力。沒內涵的權力豬狗不如。

・台灣的無救在於任何人取得權力都把它當爲自己的、自己家的，他要怎麼樣就怎麼樣，你也無可奈何。很少人把權力當爲公的、國家的、全民的。如果大家都把權力當爲公的、國家的、全民的，相信私心重的人就不會去爭權力，因爲他們把權力當爲私有的、自己家的，自然有好處、有誘因，大家才去搶權力、爭權力。權力既當爲私有的、自己家的，台灣還有何希望，有救嗎？

政治家是對國家、社會、人類的整體問題，非對個人利害的誘

惑，和對個人對價的交換買賣，否則民主已失意義。

8/26　・無眞實意識的嘴巴，害人、騙人、欺人最甚。

　　　・嘴巴是萬害之源。人性的弱點是無眞實感，喜聽那張含血噴人的空洞利嘴。俗語說「言之有物」，即「眞實意識」也。

8/27　・只認權力不分是非，非人也。

　　　・是非高於權力，無是非的權力成爲亂政，人民將失去信心，無是非的權力，國家和人民將遭殃。

8/29　・立委席次減半，如果靠立委本身推動，如同緣木求魚，如何才能成功？如果我是民間，我會成立立委減半推動委員會，趁年底立委選舉，促使每位立委參選人簽署，支持立委減半，不支持者公布其姓名，如此相信參選者會簽署，當選後推動立委減半將水到渠成。

　　　・官員如無私心（包括利益和居功），施政順利的不得了。不居功，把功勞讓給別人，工作才會順利。不居功，就是積德。

8/31　・台灣近十幾年來的選舉破壞了純樸、誠實的農村、社會，國民黨老實地用錢買票，以錢和騙結構的選舉算民主嗎？是錢主政治也是騙主政治。如此的結果造成人性消失、倫理道德淪落，社會無是非、無公義，成爲只有錢和騙（罵），才能存在的社會。錢與嘴結構的台灣，有何希望！

　　　・主權在民與主權在我：未取得權力前是說「主權在民」，取得權力後是說「主權在我」。這是台灣政治人物的心態。

　　　・人逢利害必墮落。

9/2　・台灣已是不重眞實、不分是非、不明眞理的國家，如此公義難存，政府功能何在？領導者帶頭不誠信、混淆是非、模糊眞理、迴避眞實，國家之悲、民之不幸！

　　　・無眞實意識、無是非觀念、無道德精神是亂源。

　　　・教育的基本是使人類有眞實意識、是非觀念和道德精神。教育如不能達到上述目的，則不需教育了。

9/3　・中共，槍桿子出政權；國民黨，黑金子出政權；民進黨，嘴巴

裡出政權。

- 錢和嘴結合起來的政權，也即錢和嘴是台灣政治的基因。如此基因的政府，怎能治好國家呢？

9/4 · 功利主義產生文明式的野蠻，比過去單純的野蠻更可怕。

- 知識分子受權力和金錢支配，枉然！很可惜現在的讀書人，竟看權力和金錢的臉色而生存。

9/8 · 無是非觀念的神是惡神，無公義精神的神是邪神，無道德觀念的神非神，助惡欺善之神也是惡神。

9/10 · 台灣的大官大多每日忙著被拍馬屁，拍得沖昏了頭，哪有心神做事呢！

9/11 · 失去靈性的人，縱有多大權力和財富，終將難享人類的本質和本性的生活。

- 無靈性的權力和財富是禍害人群之源。

- 「真」落平陽被「假」欺，這是現在台灣社會的寫實。「真」孤獨難鳴，四周全是假的，真的被假的團團圍住，真的還能生存嗎？這是台灣最可怕之處。
  況俗語說，「謊話說久了會變真的」。如此誠實、真實將被淘汰，「謊話」、「假的」成為台灣社會的主流。

- 台灣已是謊言代替「真實」的時代。自由的言論，導致媒體在新聞自由保護下，謊言成為媒體的主力，台灣才成為謊言的社會。

- 言論自由是人權重要的一部分。言論自由應是說「真實話」的自由，並非在保護說謊話、不實、侵害他人名譽的自由。台灣很可惜，所謂言論自由，成為說假話、說謊言、誹謗他人的護身符。

- 無是非只有利害的人是最無人格的，不管他權勢多大，財勢多粗，都是無人格的，與獸類無異。

9/12 · 活在真實、道德、公義的感受下才有做人的價值，也是我的價值觀。對不真實、不道德、不公義的權力和財勢，我已極度厭

惡、厭煩。

因此在功利社會，不眞實、不道德、不公義的權力結構下，我只有對抗、抵制，雖然孤獨寂寞，但才有像人的感覺，雖活得苦一點，但頗有意義。也即我已超越權力和金錢的人生境界。

- 我一路走來，強烈堅持在道德基礎上發展進步，反對無道德的任何成就。

9/14 ・由於無國格，領導人也無人格，官員也無官格，如此運作的社會自無格調可言。

- 全球化即美國化。以美國的規範和規格爲版本、爲核心的全球化，當然是美國化。

- 首長的裁示幾乎「形式重於實質」。形式若只是要做官，人人會，實質就必須實力、能力、成果。形式是空的，實質是有的、有內涵。

9/15 ・九一一美國大浩劫，兩黨團結一致對付暴力，民主黨柯林頓支持布希，是天經地義的事。台灣政黨各懷鬼胎、奸猾、一黨之私、看笑話，如此的合作團結豈非濟惡。

9/16 ・有權力者未具道德精神和公義觀念，對人類社會不只無好處，則連對自己也無意義可言。

- 歌仔戲不只彰顯忠孝節義，且最有親情和感情的流露，是完整人類價值的表現。

9/17 ・美國不可以武力對付異己，我反對美出兵攻打阿富汗。在人道上，我不願看到人類受傷亡和損害，更不願看到冤冤相報、沒完沒了。有一天美國會發生無數的雙子星貿易中心被毀、五角大廈又再被破壞。

有智慧的政治家、上帝，應不以報復解決問題，相反地謙卑、寬容解決問題才是上策。

9/19 ・首長災害出巡，是解決問題不是只有關心。如果不是解決問題，何必出巡呢？人家受災已夠煩了還來湊熱鬧，使災民更煩。人民已不是過去難得見到大官，更是看到很多作秀欺騙的

大官，看厭了、煩夠了。人民已不喜看到作秀的大官，因此無法解決問題的大官最好不要出現於災區，人民已不喜歡你了，不歡迎你了，大官們不要再厚臉了，好自爲之。

- 「做」是最簡單明瞭的事，「不做」、口舌之論爭是最複雜又紛繁之事，這是我的感受。

- 我一生「喜做」，說可以「做」的話，說「實在」的話，因此無負擔。

- 行政工作是「做」與「解決問題」，並非作文比賽，用口號或修辭、美麗詞句代替工作、轉移注意力、模糊焦點。

- 口號式或作文式的統治是不會有成果的。院長說「我們要化危機爲轉機」，重點應在如何「化」，如何成轉機，如果只有口號式的化危機爲轉機，大家都會講。

  又他說要有「智慧」和「勇氣」。但智慧如何產生，勇氣如何湧出？均非易事。只有「無私」的人才有智慧、才會有勇氣。功利社會「無私」的人已難存在了，智慧、勇氣如何來呢？

- 首長應說「可以做的話」，說「解決問題的話」，說「能做的話」，說「要做的話」，說「能做成的話」，而不是說「空話」，說「漂亮話」，說「好聽話」，說「指責的話」，說「作秀的話」，說「瘋話」，說「作文的話」。

- 新政府布局只把人事分贓好、酬庸好，並非功能性的任官，才造成學習期間的浪費和法案制度外行領導內行的反淘汰。

- 要有「責任的權力」並非「無責任的權力」。但現在取得權力的人大多屬於後者，才有權力的傲慢，和權力是他家的濫用。

- 「做」和「解決問題」是我的中心思維，至於「空話」、「不實話」、「好聽話」是多餘的。

9/20
- 民主無路線，專制才有路線。使命感也許人人都有，但不能以使命感爲由永占政壇，否則使命感也壓扁民主。

- 人活在世間，能處理事情、解決問題最重要。

9/21
- 與權貴交往是最傻的，除非當權貴的工具或馬屁精，權貴們是

不會瞧你一眼的，這是功利社會必然現象。

9/22 ・政治人物不可以權力來欺騙人民，不要以權力爲後盾來騙社
　　　會。

9/23 ・沒有度量的人不給他權力，也不應擁有權力。

9/24 ・恐怖組織和行動應受譴責和制裁，這是天經地義的。但我們應
　　　深深了解爲何有恐怖組織和行動。如果是以暴制暴的恐怖行
　　　動，那是沒完沒了。誰才是恐怖分子？我想兩者皆是。如兩人
　　　打架，不能說還架的人是恐怖，打人的不是恐怖，打人和回打
　　　者均爲恐怖行動。

　　　・能容忍欠帳者才能當領導者。如果是每筆帳現算的人只是普通
　　　人，無領導條件。所謂欠帳是人家對不起你，或人家占你便
　　　宜，你會包容，不會計較、不會算帳、對付、報復之意。

　　　・領導者應具「整合邏輯」的才能。

9/25 ・我的痛苦在於追求純眞。純眞是我生命的要素，不純眞什麼都
　　　無用。惜這個社會是以假亂眞，大多是騙人的、虛僞、顛倒是
　　　非、黑白的社會，我怎麼不痛苦呢？尤其要求百分之百純眞生
　　　活，在功利社會更難生存。

　　　・權貴的結合顯示物質生活的結合、榮華的結合、珠寶華麗的結
　　　合、無内涵的結合、無深度的結合、無靈性的結合。

9/26 ・如果只爲自己的生活和價值是輕而易舉的。我的存在，是爲人
　　　類社會永續優質的生存而想，而煩，而爲，而負責，才會感到
　　　活得很苦。

　　　・有關人類社會永續優質存在，係指人性的維護、靈性的存在，
　　　倫理道德和社會公義保護伸張，是我存在的重點。

　　　・「無私」的公眾人物多，國家才有希望。惜台灣在功利主義氾
　　　濫下，「無私」的人少之又少。縱有「無私」的人，唯缺乏經
　　　驗和了解，往往受有私心者的利用，也無法達到「無私」的功
　　　能。

　　　如李遠哲「無私」又「單純」是可肯定的，唯長期旅居美國，

不知國內變化甚大，由過去純樸有倫理道德的社會，變爲講利害的功利社會，是非善惡很難分，反而爲功利者所利用，最後覺醒已遲了。

- 無智慧的知識分子滿滿是，也即無是非觀念的知識分子太多，這些人對人類、社會、國家均是負面的。

9/28
- 政治人物很少爲公義和責任而爭而爲，爲理想和歷史而堅持，大多是爲自己的官位和卸任後的出路著想，整個政治謊話在此。

- 政治如果不是典範，無參與的價值。政治人物無典範是不值得尊敬，反而應受唾棄。政治既不是典範，政治人物也非有典範，則參與政治毫無意義，因此我對台灣的政治非常心灰意冷。

- 無典範的炫耀是破壞人性、創傷心靈、扭曲價值、汙染社會、禍害人群的主因。

9/29
- 國家興亡在於公義，公義強則國必興，公義弱則國必衰。當社會說公道話的人少，表示沒有希望。

9/30
- 不做事的人，最會找理由（藉口）。說理由比做事認真的人，是不會有成就的。

- 不斷反省、不斷檢討、不斷創新、不斷努力、不斷比較，才能提升自身的競爭力。

- 對公義無反應的人，非人也。殘害公義者，禽獸也。

10/1
- 以權力壟斷公義最可惡，尤其以權力代替公義更可惡。

- 「君子不與小人計」，但君子碰到小人是沒完沒了。

10/2
- 政治應該「貨比貨」，而不是「嘴比嘴」或是「騙比騙」。美國兩黨是以貨比貨，人民能分清真貨與假貨、好貨與壞貨，只要貨一出，人民看得很清楚，因此很少口水戰也很少爭執讓人民霧煞煞。

台灣政黨或政客無法貨比貨，只有抽象的鬥嘴、口水戰、模糊空洞，因此混亂、紛爭不斷，永無了時。

- 台灣話「吃便領便」、「吃好做輕可」，這種人不食人間煙火，最會說風涼話，也是最不負責任的人，因這些人不願做苦工，不知原因，只會享受成果，得了便宜又賣乖。現在社會這種人最多，尤其公職人員，專靠那張嘴說空話，得便宜又罵人，這種人主導的社會，公義難存。

10/3 ・無私自清：無私心頭腦清，易生智慧，能客觀、超然的判斷是非，釐訂符合公義有系統的政策，並追蹤成果，達成無私決策的目標。

10/4 ・《聯合報》第十五版「說謊為政客之本」（何振忠）——
一、美國阿肯色州儲貸協會總裁查理・皮克考替柯林頓白水案辯護說：「我是政客，身為政客我有隨時說謊的特權。」
二、希特勒在《我的奮鬥》中言「你所接觸的群眾越多，你所需要的知識要愈淺」，「愈是大言不慚，愈是比扯一些小謊言更有宣傳效果」。
三、尼克森批赫魯雪夫說「在他的一生中，只要謊言奏效，他從不講實話」。
四、卡特批尼克森說「他的嘴巴兩邊能夠左右同時說謊，他一旦發覺在講實話，會立刻補上兩句謊言，以保持熟練。」
五、無論古今中外，不論集權或民主，說謊一直是統治者必修之術，當政治人物想不出謊言的時候，才講實話。

10/6 ・政治人物講錯的話才是「實話」，無講錯的話都是「謊話」。
・台灣的社會只有利害而無是非，自然不會有公義。
・關係好是非無，關係壞是非無，皆是無公義。
・當政治人物無法編造謊言時，才會說「實話」。

10/11 ・中選會主委任內兩件重要事蹟——
一、辦理第十任總統、副總統選舉，國民黨祕書長黃昆輝數度電話要求中選會獎勵投票率高的村里鄉鎮，我認為不妥。「不投票即投票」的理念、獎勵投票率有變相賄選，因而拒絕他的要求。

二、完成廢國代。

・政治人物若無公義感，猶如精神有問題。

・媒體是社會之癌。

・有些人公義的神經已抽掉了，怎會主持公道。

・陳文茜在《文茜小妹大》節目中，對江丙坤聯合政府三原則評論——

　　一、選後政黨協商。

　　二、政策的合作非利益交換、非好處交換。

　　三、由政策找人，而非找人後政策。

10/12 ・無真實就無公義，無公義的權力，民定遭殃。

10/13 ・起立表決能算民主嗎？起立表決是列寧式的表決。

10/14 ・好人有兩種，一種是有是非的好人，真好人；另一種是無是非的好人，與壞人差不多，是假好人。

10/16 ・台灣最悲哀的是讀豐富的書，仍願接受利害的控制，無法分明是非，為公義辯護。

・利害主控是非，永無真實和公義。唯有是非主控利害，才有公義。應以是非為準，而非以利害為準。

・我一生為公義辯護，用盡腦汁和生命，又討人厭。

10/17 ・政治人物、黨、團體，表面為國、為民，以欺騙人民，實際上無人敢也不願為國、為民、為公義做出決定，暗地裡在政治權力下營私舞弊，均為自身利益而設想。這種政治文化下，台灣無什麼前途可言。

・我不願也不能做某人工具的官，我只能做全民的官，我屬於全民的，而非屬於某人的。

・政務官講原則、政策、是非問題，事務官細則，零零碎碎的作業問題。這是政務官和事務官的條件界限。

・過去一棚戲，有忠的也有奸的，有好人也有壞人。現在整棚戲幾乎是奸的，很少看到忠臣，幾乎是壞人，很少有好人出現。

10/19 ・心胸寬，永無結，有結就煩，有結就不樂，人與人之間不要有

心結，有結就沒完沒了。

10/21 ·人受長期名利的薰陶和影響，久而久之，自然失去人性與人不一樣，至為可惜！

·在台灣政治只有會說謊話的人，才能生存。

·公義力應比公權力強。

10/22 ·愛則不見其所可惡，惡則不見其所可愛，這種人最多。以自己主觀的好惡斷是非，是不公道的。

10/23 ·我一碰問題，均以平衡點切入，不會有主觀好惡存在而有偏頗之想，因此平衡是我切入問題的焦點。

·民進黨政府參加上海APEC，只怕中共，在上海面對中國外長，不敢吭一聲，回來罵在野之嚴屬，可見一斑「只怕中國，欺侮在野」。

10/24 ·政治人物如無強烈的是非觀念，就無公義的社會。無是非之心不配談政治。公權力是執行是非的工具。

·十誡（摩西十誡）為一不可別有上帝，二不崇拜偶像，三不妄稱上帝之名，四守安息，五尊敬父母，六不殺人，七不姦淫，八不偷竊，九不做偽證，十不貪婪。

·參加APEC代表喪權辱國，民進黨政府對中國軟弱，對在野強悍。

·民進黨是口號政治、口水政治，台灣將被口水淹沒掉。

·過去追求真善美，現在真善美是口號，其實是「偽、惡、醜」。

·不說假話（謊），不做虛事，也即「說實話做實事」，不浪費時間、不浪費生命，有「正面功能」也「符合公義」、「簡單明瞭」，何樂不為！

·過去主持縣政，對一級主管要求「無做無資格說話」，這句話很公道。比照現在連領導人都「無做又要說大聲話」，可說天淵之別。

·擔任首長有媒體為舞台，因此應具典範、高度智慧、學識，才

能為人風範，啓發國人，國人氣質高。

10/27 ・人固然要活得健康長壽，最重要的是要活得有天理。所謂天理是：有道德、有良心、無私、智慧、分是非、主公義、不冤枉人、不害人、不吃人，順天應人也。

10/28 ・以虛偽和無知的權力和地位影響真實、是非，是社會不公義之因。以權力和地位否定真實、顛倒是非、製造是非，是天下之罪惡。

10/29 ・台灣豎仔何其多？尤其政治豎仔滿天下。

・無道德意識和修為的政客必是豎仔。二千年總統大選，李登輝罵阿扁為豎仔，是罵對的。而陳水扁在前年罵李老番顛。老番顛比豎仔好。

10/30 ・無制度的政府、無公義的政府、無是非的政府、無知識的政府、惡質又低能的政客。

・功利主義之下，人類公的資源被自私的個人消耗殆盡，人與人之間公的空隙均被搶盡，無呼吸餘地，這種無生存空間存在的社會，人類如何生活？人類公的資源被自私的人耗盡，連大自然資源也快被功利破壞，則人類還有什麼可活呢？

・選後應整合成為豎仔黨。

10/31 ・人生無法看到公義，也不想看到公義，非人也。

・豎仔黨一日不除，台灣永無希望之日。

・無私的人，才能看到公義。私心的人，無公義可言，無私是公義之本。

・無私的人，才能以身作則，為國家、為人民、為下一代、為歷史做改革、貢獻。任何有私心的人談改革都不可能，就是他發表很多手筆文章或說得天花亂墜、口沫橫飛，只是騙人而已。因此無私是典範的基本，是改革的動力。政治人物之好壞，端看其私心之有無。私心與無私在人的言行、在他的動作中立刻可發覺到，非常容易找到答案。

・政治上不能有「忘恩負義」出現。否則將政治當為私產，當為

215

「私相授受」，才有「忘恩負義」的論調。政治是公事，公事公辦，那有「私相授受」的私情呢？

公事是該不該、對不對、是與非，不能私相授受，也非任何人的私權、私產，怎有忘恩負義的說法呢？如果說你支持張三當選市長，市長當選後你要求人事、工程，市長無同意，你能說市長忘恩負義嗎？

- 阿扁在《世紀首航》一書批馬英九忘恩負義，是無知，帝王思想。

11/1
- 政治家必具條件：一無私，二道德，三是非分明、公私分清，四具有高度智慧，五有維護公義的能力，六具高度責任感，七對下一代和歷史負責，八採用典範領導，而非權力領導，九具公義之心，十有誠信。

11/2
- 有吃說有吃的話，無吃說無吃的話，這是台灣政治人物最現實的反應，如有些澄社學者過去國民黨統治時，因無吃，一直批罵國民黨，現在民進黨執政，因有吃，一直在袒護，為民進黨說好話。台灣不吃的人也很少說公道話。

11/3
- 首長除了無私、智慧、學識、道德、典範外，用人應用第一流人才，有眼光、有理想、有使命感、有整體觀、有公義心、有惻隱、羞惡之心、有能力、有高度責任感，才是第一流人才。

11/5
- 政治人物和政黨很少談論整體發展和理想，討論國家和人民的需要，大部是談黨的利益和如何延續政權或個人利益而已。

- 台灣人最奇怪，言行不一居然可大方地存在，更可無恥地大聲放言，而人民不覺地任其橫行霸道。「言行」本可立即對照，為何台灣人神經麻痺癱瘓，無法對照，任由言行不一的人領導主導，台灣還有何希望？

11/7
- 政治人物比不上商人——

一、商人不誠信，馬上Out，政治人物不誠信是正當的，因此不但不會Out，還有大In。

二、商人支票退票馬上倒閉、受淘汰，政治人物政見退票，不

只不受淘汰，反而是國家的經營者。

三、商人一但失去信用，馬上在商場上消失，但政治人物無誠信是其專利，不只不消失反而是社會國家的主導者。

四、台灣領導人以不誠信爲榮，而不爲恥。商人縱經營失敗，不敢囂張，很可惜在台灣不誠信的人最囂張，也是政治的主流。

總之，政治人物比不上信用掃地的商人。

- 無誠信、無公義是垃圾，無法判斷誠信和公義的也是垃圾，支持無誠信和不公義的，是垃圾的垃圾。

- 原國民黨員，只要是反國民黨的，均受新政府重用。這種用人方式是自私、對立、報仇式的。

- 談論問題應從精準的「角度」切入，才有立刻精準的「效應」。如李敖將郝柏村打入李登輝、蘇志誠法拉葉共同體，使本土化反外來政權（郝柏村）的人錯愕，將新黨主席郝龍斌加入民進黨政府任環保署長，使郝家破產。

- 能辨別是非、認知公義、維護誠信公義始能受人尊敬、尊重。倘如爲做官而失誠信、公義，將賠上人格，爲虎作倀，將被唾棄。台灣不少讀世界名校的學者是做官型的學人，寧爲暫時的「官位」，而 棄名校高學歷的原則，寧做大官而 棄知識分子維護公義的良知，實可惜。

11/9 - 參加扁與後埔國小反賄選簽約有感：國民黨執政，黨外有強有力的一股公義力量對付國民黨強權。現在民進黨執政，到處無公義的氣氛，更無公義力量，是無公義的國家社會。

- 執政者以權力消除公義，是歷史的罪惡，是人類的悲哀！

- 權力者無公義觀念，比土匪更惡。

- 執政者以權力當爲說謊的後盾，大官政要到處說謊，模糊是非、欺騙人民，比刑法上詐欺犯更兇惡。

- 無公義的社會，只有分裂人格的人才能適應。台灣已是人格分裂、國格分裂的國家。

- 這個社會只有「有吃說有吃的話」、「無吃說無吃的話」的結構，無公義的空間、無人格的空間。這是什麼社會，是什麼人類？
- 很悲哀，台灣只有「有吃」與「無吃」之分，每日均為「有吃」與「無吃」的人在口水戰、在鬥爭，實在太低級，吃相難看，太無廉恥。
- 政治如果分「有吃」與「無吃」兩派在鬥爭，而無公義存在，則不需要政府了。
- 不管誰有多大權勢，不管有多大利誘，我心裡永遠有一把堅強的公義鋼尺，以公義抗拒權勢和利誘，甚至推翻權勢和利誘。
- 台灣現在是野蠻加權力的時代，不是典範加權力的時代。
- 權力與典範：領導者如以典範領導，對人類、國家、下一代與歷史，均有正面價值和意義。領導者如以權力的傲慢領導，將是炒短線的，是腐化的開始和不良示範，對人類、國家均是負面的、有害的。因此領導者應具無私、智慧、學識、道德、人格和能力的典範條件。
- 未具典範條件的領導者，必定頭殼壞掉的。頭殼壞的定是神經分裂或精神有問題。台灣的領導者僅靠權力而無典範，是危險的。碰到精神分裂或精神病是倒楣的、運氣不好，只好自己貼膏藥。
- 西瓜偎大邊是西瓜，現在的人比西瓜更偎大邊。人不如瓜。
- 意識形態和利識形態，目前利識形態優於意識形態。無利可圖時是意識形態，做意識形態鬥爭，有利可圖時則棄意識就利識，這是台灣政治遊民的生活方式。
- 體育委員會單項委員會開會，開會時參與人員提案，主管人員應解決問題，而不是解答問題。如果是答覆就不必開會，因為只有答覆則愈開會愈複雜。
- 無知識的人才會「愛則不見其所可惡，惡則不見其所可愛」，可惜現在讀書人大多仍停滯於愛則不見其所可惡，惡則不見其

所可愛的不客觀而固執的地步，連知識分子都如此。

11/11 ・台灣人只有等到有一天大家都死得很難看，才會覺醒。

・如果是無是非、無公義、無道德、無典範的政治，這些掌權者
　與白曉燕案三兇手陳進興者何異？只不過是手段不同，殘惡之
　心無異。

・寬恕是能者的氣度，報復是弱者的氣度。

・機上看到富士山，想起了日本之強始於明治維新，明治之成始
　於「修身」。我想台灣之敗在於腐化、墮落、功利，解救之道
　也在於「修身」開始。

・無修身、典範，才有今日如土匪、強盜野蠻的政治。

・台灣領導階層殘惡的嘴臉和惡形惡狀，有過於白曉燕案的兇手
　陳進興。

・台灣只有野蠻的權力和財勢，整盤皆栽在野蠻、虛偽的權力和
　財勢之手。

・僅有權力而無典範內涵的歷史，下一代如何學，能像人嗎？是
　我最疑慮的問題。

・意識形態不應有鬥爭意識、排他意識、權力意識、報復意識、
　功利意識。應有典範意識、和諧意識、包容意識、寬恕意識、
　人本意識。

・絕大多數的人，只要對他有好處，不管好壞，不道德無公義
　均OK。而我只要不合公義、道德，不管如何對我好，我還是
　否定的。只要符合道德公義，不管怎麼對我不好，我還是OK
　的。

11/13 ・台灣的政治人物只有言之無物的空洞化口號，騙老百姓已成
　習，而老百姓也已被騙習慣了。

・太自私、現實、功利、虛偽、空洞，是無法提升的主因。

・私心重的人，可由其說話的嘴臉、聲色、言之無物、只言不
　行、恕己責人、無責任感、虛偽、不誠信、言行不一中看出
　來。

219

11/14 ・政黨與政黨間是競爭而不是鬥爭,鬥爭是「害」與「騙」對方,「害」與「騙」是小人的手段,是惡性的。競爭是比賽,是建設性的,是進步的,是君子之爭,不害人、不騙人。台灣的政黨是鬥爭,不是競爭。

・過去我對抗國民黨,是因國民黨橫行霸道。如今國民黨下台消失了,取而代之的民進黨亦與國民黨半斤八兩,很可惜,因此我對權力的傲慢深惡痛絕。民進黨比國民黨更傲慢,我是看不起的,也感到活在台灣無意義,走投無路。

・國民黨雖橫行霸道但自知理屈,較為收斂。民進黨橫行霸道,不知理屈還囂張異常,真是得了便宜又賣乖。

・任何政治領導階層無典範、無風範、不以身作則,這個國家是無希望的,這是我的基本看法。

11/15 ・民主社會討論過程可不管,但結論一定要合乎公義,這是原則。

・說謊話的人是最無恥。

・一位台獨分子當了台灣總統,集黨政軍大權於一身,無法宣布或達成台灣獨立,還有何資格談台獨。

11/17 ・全球化即美國化,美國化即功利化,功利化即價格化,人類品質降低是全球化的結果。

11/18 ・全球化的結果,只好讓人類史上的人文思想消失。無歷史文化的國家,消滅有歷史文化的國家。

歷史文化是買不到的,以歷史文化換取炒短線的所謂全球化,是無可補償的代價。

全球化是現實的。在經濟發展上固然可全球化,但全球化的生活,自然會破壞傳統價值的生活需求。在全球化壓制各國傳統自然生活下,也將使其傳統價值遭到破壞和消滅。

因此全球化對人類是一大挑戰,是嚴肅的課題,任何人均應加重視。

・知識高低與認知差異造成觀念差異和見解不一,這是無可奈何

之事。

- 二十一世紀可能是價格時代，價值時代可能被取代。

11/20 · 功利心重的人不會有人格的。

- 無公義的地方是不適合人住的。

11/21 · 執政黨施政一直強調「人權」，但不知人權的意義。人權最重要在維護人的尊嚴，有尊嚴始有人權，無尊嚴焉有人權？但很可惜我們的領導階層，享有權力的驕傲，一天到晚罵天罵地、罵大罵小，把權力當為私有，使人民尊嚴都沒有了，還談什麼人權。從事政治的人一開口談什麼人權，其實這些政治人物為私利，往往在侵害人權，根本無資格談人權。尤其在選舉期間從那些政治人物的嘴臉，可看出他們有談人權的資格嗎？

11/22 · 同一問題由不同角度，看法自有差距。

- 「天下為公」是政治人物的信念。取得政權是要實現理想，並非不做事而利用公的資源鞏固永恆的政權。台灣的國民黨及民進黨均在搶政權、鞏固政權而不做事，它們的理想是「天下為私」，再說什麼好聽的話都是騙人的。

- 記得我擔任八年縣長，只有「公」與「無私」的空間。

　　一、政府人員公事公辦，絕無用自己的人，一切從公。

　　二、不培養自己的勢力，縣府完全無自己的勢力，更不必要自己勢力。

　　三、公的資源從不私用，也不當為自己的資源來發展力量。

　　四、卸任後為讓新縣長有分量，很少回彰化，也即卸任後力量完全消失，無殘餘力量在彰化，這才是天下為公的實際作法。

　　五、下鄉單槍匹馬、無架勢、無大隊人馬陪同，無威風凜凜的官架，而是以平民的姿態為民做事和為民解決困難。

- 無公義的智慧是知識分子的悲哀。

11/23 · 以私害公是台灣政治人物的基本觀念，怎麼辯解還是自私，越辯越自私。如此自私的台灣，還談什麼民主。

- 民主與民奴：如果人民無做主人的條件，只有口號上的民主而已，人民在政客嘴臉和行為的愚弄下，可能落入「民奴」，表面上是民主，實質是民奴。

- 這個社會人說「敢死的拿去吃」，也即「敢活的拿去吃」，然「我不是不敢活」，而是怕「亂活」。

- 人生不管你如何成就、地位多高、如何倔強、如何傲慢，當你的生命要結束時，你會全面投降、全部放棄，而只求饒一分一秒的舒服和生命。

- 是解決問題而不是講理由。

- 無良知的，能算人嗎？

11/25
- 謙卑是修養的最高峰，謙卑的力量是無限的，謙卑是美德，謙卑是人道之源，謙卑是民主之始。

- 有智慧、有人格的人，才有力量和責任維護中立、超然、公義。

11/26
- 利用公的資源從事為某一人、為某一黨助選，公道嗎？拿選民的稅金和優遇為某人、某一黨拼命助選，不違法嗎？台灣這個糊塗國家永無公義，知識分子死亡、學界死了、公義死了，這個國家還有何希望呢？

11/28
- 看到政客的公然騙術，和強力主導無公義的政治社會，活得很痛苦。在台灣社會，只有利害結合，而無公義的結合、無公義原則的生活。除自私自利的人能適應外，很難生存，生存也不像人。

- 台灣政客幾乎無國家觀念，縱然有，也只是口號形式而已，無真誠的國家觀念。國家只是拿來欺騙他人，滿足自身利益的藉口而已。況領導者無治國的條件和典範，台灣只有向下沉淪，無藥可救。

- 台灣今後如有繁榮，是無品質的繁榮，真正品質高的繁榮是不可能的。由於人性消失、倫理道德無、社會無公義，只有功利、自私，人心墮落、腐化，尤其政治人物更甚。

11/29 ・不支持公義就是不道德，不支持眞實就是不道德，支持功利也是不道德，支持勢利眼也是不道德。現實的人也是不會有道德。

・眞實和公義將成非主流價值，是功利社會的結果。

11/30 ・我一生在社會工作，只知義務，不知權利，只知付出，不知享用，只知責任，忘了自身。經常在購物時很快付錢，但都忘了等別人找錢。付錢是義務也是責任，「等人找錢」是多餘的。我待人處事均以此觀念嚴以責己，寬以待人。

・眞實和公義是我處世的靠山，眞實和公義是我從政的力量，我不看人的頭臉也不需人爲靠山，任何與眞實和公義相違的人，不分地位、階級均非我之友，可能是我之敵。不同流合污、不狼狽爲奸，與不眞實和無公義的人劃清界線。

・人是萬物之靈，應有靈性、有智慧、有人格、有公義責任感，失去上述，與人有差距，不像人也。

12/1 ・施明德的落選，證明台灣良心的喪失、典範和公義的消失，是台灣人的悲哀！

・台灣人無是非，民進黨執政一年半，經濟景氣差、失業高，只靠嘴巴不看成果，此次立委選舉席次不減反而增加，很好運。

・這次台灣選舉結果，可看出台灣越遠離公義的社會，也是公義的結束。

12/2 ・人民不分政績好壞的選舉，這種選舉有何意義？

・只要會騙、搞分化，就可取得政權，可憐！

・選後政黨談合作，無論黨、學界、媒體均未道出具體國家方向、當前問題的解決，只談利害的結合、得失的結合。誰關心人民、誰關心未來的子子孫孫、誰能創造歷史？這些大家都沒責任，也無法說出來。這種心態只有幾家歡樂幾家愁的選舉而已，人民永遠是輸家。

12/3 ・台灣人民無是非心、無是非觀念，因此政客可橫行霸道。人民無法以是非的角度觀察和判斷價值觀，社會就永無正當性。

人民均以本身利害的角度觀察問題、判斷問題，台灣不會有公義和眞實，是人民的悲哀！

· 以利害的角度處理問題，永無公義，以是非的角度處問題，才有公義。可惜台灣的政客、學界、媒體，只有利害而無是非，而整個社會也是瀰漫著功利爲取向，主張公義的人難有機會。

· 有是非才有原則，利害的人定無原則。

· 無原則的人就無立場，就無主張，自然無人格。

· 說利害的人──自私，說是非的人──無私。

· 無實力就沒什麼可談，唯有實力才能解決問題。

· 無原則的人你敢跟他交往嗎？何時被他出賣或死得很難看，你都不知道。

· 無道德的人，心狠手辣、見利忘義、恩將仇報，自然是無原則的人。

· 公事不能有「恩」，否則不是瀆職，便是徇私。不得將公的資源拿去私相授受的做人情，因此「公」的如有「恩」，便是以公濟私。

私事才有「恩」。私人間互相幫忙，自然生「恩」。亦即公的關係應無私，當然不會有「恩」，即「公事公辦」，不應有私情、私的關係。人與人之間無公的關係介入，有恩是自然的事。

· 那些有權力的領導者翻來覆去，說話不算話，隨時可以改變，謊話一大篇，但最後還是以他的謊言爲準，太不公道。

12/4 · 濃縮果汁是百分之百的果汁，是最純度的果汁。過去的人如濃縮果汁具有百分之百以上之人性，現在的人如稀釋後果汁，純度已變，人性度漸失，因此現在的人已成爲稀釋的人，人性純度已失。

12/5 · 我只有典範感，而無權力感。

· 有權力的人如玩弄公義，將是罪惡。

· 攀附權勢的人，不會有道德和公義的。

12/6　・無私和自私是出於天性，如以人文改變他是有限的。也即無私的人，你要他自私是不可能的。私心重的人，你要他無私也是很難的。

・無私說起來容易，但大部分的人是做不到的。因此用「無私」來騙人，以達成私利、私益的目的。

・無私才有公義，無私才有力量維護公義。

・無私可由其言行中看出來。

・領導者如以典範領導，其屬下自不敢裝瘋賣傻。

・自私的人不會傾聽民意，也聽不進去。很多政治人物常以傾聽民意來騙選票、騙政權。

・權力比鴉片更毒，須防之。

・權位是執行典範的背景而已。

・有權勢、有財勢，無法維護公義，反而濟惡，擁護權勢進行利益輸送、互相利用，是首惡。

・那些權力者、那些財團，很可惜與公義無緣。權力者與財團寧願結合，聯合抵制公義。

・吃過國民黨奶水長大的人，反罵國民黨，天理難容。

・螺絲和接頭是解決問題的關鍵。

12/7　・連、宋會晤後決定不參與國家安定聯盟及不參加內閣，這是正當的。但謝長廷說應合作，蕭萬長說應協助民進黨重建經濟，殊不知政黨政治是責任政治，在野與在朝合作，責任難分，又失去政黨政治的意義。協助民進黨更荒謬，人家也不請你協助，你自送秋波，幼稚至極。
民主政治已實施數十年，連政黨政治的分野、分際都不清楚，可笑。

12/9　・政治力介入教育，使教育細胞受重創，要恢復教育元氣，非易也。

12/11　・做官是一時的，人格是永久的。符合人格的官，才做，出賣人格的官，不可爲。

- 有憲法、有法律，置之不用，專門搞體制外的組織，如所謂國安聯盟、經發會，是人治國家，而不是法治國家。

12/12
- 台灣教育失敗大部培養「豎仔」及「術仔」，無法培養無私、有強烈國家意識、有責任感的國民。政壇被「豎仔」及「術仔」占據，只有私人利害無國家利害，因此一旦抓住政權，則當為私有，大做酬庸、利益輸送、掛勾、勾搭，社會無公義，政治人物名利雙收，國家希望何在？
- 選舉機關是公平屬性，而非權力問題，如將公平問題置於權力範疇，必無公平。因此選委會應置於獨立、超然的位階，始能維護公正、公平、中立的立場。
- 執政團隊強調人權，但不了解人權的意義和價值。人有尊嚴始有人權，人與人之間互相尊重是尊嚴之始。有公義才有人權，無公義你的感受如何？一定是很難堪的。難堪時人權何在？精神上的人權比形式上的人權更重要。大部政治人物皆以人權為藉口，而所談的也僅是形式上的人權，對精神上人權不清楚。況且說人權的人本身並無人權觀念，反而在摧毀人權、侵害人權。
- 逢到權力必無是非。

12/13
- 作秀並非不可以，但應做真正的秀，如揮棒落空的秀不可做，而揮棒擊中甚至全壘打的秀是可以做。

12/15
- 公義應高於政黨利益。如果政黨的利益高於公義，就不要政黨了。政黨利益高於公義，和幫派無異。
- 人的西瓜化實不應該。西瓜化的結果，根本無公道可言。西瓜效應、西瓜黨皆不足取。

12/16
- 說真話、真做事，是活真的準則。

12/17
- 台灣人的教育是西瓜偎大邊，因此成為西瓜族、西瓜黨，甚為西瓜國。
- 如果是西瓜國，這個國家就沒有公義了。

12/18
- 一位成功的領導者能掌控整盤的客觀因素，才是關鍵。

12/19・無法說出道理的人只有用罵的，罵人的是無道理的人。

・無私才有互信，無互信就沒完沒了。各政黨無互信，起於一黨之私。有私，無理由要人信任，這是簡單道理。

・無私爲互信之本，互信爲解決問題之本。

・現在台灣的政治社會就如無法看到青天，不是雲霧便是風雨。

・選舉的獨立比司法獨立更重要，選舉的獨立是對社會群眾的利害問題，司法的獨立是對個人或少數人的利害問題。

・做官爲腐化之始，當官的人享盡榮華，嚐到權力的滋味開始墮落、腐化。

・行政工作貴在解決問題，主政者必具解決問題的智慧、經驗、學識和能力，否則只是「做官」而已。

・動態的思考才能解決問題，提升層次。靜態的思考只有保守，問題難解，更是保持現狀而已。

・腦筋生鏽的人是秀逗，無法也無心了解問題。

12/23・不聽其言，只觀其行。

12/24・民進黨執政最會運用體制外組織，混淆體制內的功能——

一、跨黨派兩岸小組。

二、經發會。

三、國安聯盟。

四、最可怕的是體制外的顧問，多者數百名、千名，少者達百名。如行政院只要支持民進黨之地方人士，均聘爲行政院顧問，還有選舉時支持民進黨執政之北縣，拿著顧問證書到處行銷，因此到處都是縣府顧問。此種公器不當使用，誰去監督？

・我最擔憂的是學界無學格，失去讀書人的風骨、風格，尤其向權力者投誠，寧爲權力者的浮虜、工具、劊子手，爲虎作倀，而失去讀書人的榮耀和知識分子的責任。

・什麼學問、什麼能力、什麼品德，都是騙人的。其實是關係而已。關係好，無學問、無能力、無品格，照樣是權力者最愛

227

的。

- 學者與學客：台灣的學者已不多了，大部是學客。學客是以利害爲取向，無學問，更無風骨，失去讀書人的氣質和知識分子的責任，是忠於權力，而非忠於真理。

  學者真正有學問、有骨氣，會唾棄功利，不爲權力者的附庸，有公義的責任、讀書人氣質。可惜學者將要絕種，應列爲保護。

- 私心的人，人生觀狹小，只活一小部分而已，無法活全部的人生。無私的人活所有的，活全部的人生。

- 答覆問題最好說清楚可做和不做、是或否，不要說明那麼大堆道理。

- 以權力（包括官位和金錢）的升降爲待人處事的態度，是最現實的人。大部分的人屬於此類，我最討厭這種人。

- 用權力做人的人，不是人。

- 部會首長是政務官，不得隨便發言，如果部會首長隨便發言，事後解說爲個人意見，而非代表部會。那部會首長與個人如何劃分？人家當然以其爲部會首長才會注意他、信任他，如果是個人意見，誰會重視呢？因此部會首長發言後，改以個人意見是不當又不負責的，更是卑鄙的。

- 心善、無私、純潔，易做事，易解決問題；心邪、自私、複雜，難做事，甚至製造事端。

- 權力與公義不能對話。

12/26 · 人與人之間，人與社會之間，如有心結，應設法化解，萬勿讓心結惡化、對立，至同歸於盡。

  心結生於誤會，認知不一程度差異或惡意，心結如生病、如癌症應消除，以融化方式治療之。雖有損面子，也應忍耐地解決。

- 台灣社會政治人物不只無道德意識，連做人的原則都沒有。

- 搶劫金財和搶劫權力同罪。很可惜台灣只有搶劫金財有罪，但

搶劫權力不只無罪，甚至享受權力的傲慢。最可怕的是搶劫權力的人和搶劫金財的財團合流共治。

- 民進黨政府取得政權後，全力拉攏財團，利益輸送共治。民進黨執政者只看財團，心裡無人民。

- 人性消失的兩大主力，一是權力，二是金錢。有人性的權力和金錢，對人類社會才有正面意義。

- 內閣閣員只有三人（占十六分之一）外省籍，即郝龍斌、伍世文及鍾琴，還不算本土化嗎？現在已是本土化的台灣，那些還說未本土化的政客，完全在模糊本身權力慾的焦點，才提出本土化為鬥爭的理由。

12/28 · 正常狀態，好人看到壞人一定討厭，壞人看到好人也然。好人見到好人一定高興，同樣壞人見到壞人也然。好人看到壞人不討厭，此人好不到哪裡。

12/29 · 行政官員是「做事」不是「答問題」。答問題的是教授、老師，不是行政官員。

- 我是活在價值觀的人，我不是活在價格觀的人。

- 價值觀應是一致性的，是單元的。價格觀應是不一致性的，是多元的。

12/31 · 台灣也仿新加坡制定「父母奉養法」，我不做正面看法。
父母是至親，應表現於內心的孝敬，精神上親情的自然流露，並非僅物質的供養，如果僅物質的供養那就簡單了，僅物質的供養無法達到孝心、孝道的境界，唯有濃厚親情的真正孝心，始能達到精神和物質的倫理。因此父子之間數千年來為人類的天性，如此人為的法律，強化於物質孝道，將破壞人的天性，也不易達到孝道的社會。
如果有孝心，縱然生活困苦也會先讓父母先吃，而自己可不吃飯、挨餓，因此應從教育做起。

2002年

・公權力只有是非而無利害，公權力如無是非而只有利害，就不算爲公權力，而是私權力。

・政治人物最會使用名詞，但不知其精神、內涵，也不知要行、能行和說話的責任，只會用美麗的語言說爽話、騙人、騙選票、騙當官、騙政權而已。

・民主重制度。台灣式的民主是人重於制度，與層峰關係強的首長不只可凌駕於制度，甚至破壞制度、自創體制、不尊重制度、不遵守制度，以人治爲出發點的強人政治，可置法治於不顧，是人治，名爲民主實爲專制。

・享用權力傲慢的人很快就會消失，唯有權力謙卑的人，才有如長青樹般的生存。

・無私是一切之本，教育無私的國民，國家才有希望。功利教育將毀滅未來。

・用騙的政權是空殼的、是落空的，結果只有官員得利，人民遭殃。空殼的政權是無力氣的，無法改革，更難解決問題。

・權力者如未具清淨無私之心，一切均難處理、解決，如僅具混沌的私心，一切均沒完沒了。

・無私不是濫用嘴說的，而是由行爲、過程一直到結果看出無私。即「聽其言，觀其行」也。

・阿扁競選連任有兩種方法——

　一、無私：內閣改組用人唯才。起用無私，有專業又能制定政策、執行政策的能人。屆時政績斐然，爲全民肯定，連任水到渠成，輕而易舉。

　二、私心：起用親信。財團推薦爲選舉考量的人，這是有私心的工作團隊，政績有限，人民無法認同，屆時落選在所難免。

・正己才能正人。自己公正無私才能要求他人公正，也才能贏得尊敬。

　台灣政府官員、警察、稅務人員辦事困難，主要是執法不公、

有私心，人民不尊敬、不信任、無信心、看不起官員，瞧不起公務人員，因此辦起事來無力感，無法引起人民共鳴、共識。

・我的四活：活真、活實、活善、活美。

・無私、善良為處世之本。

・以非法取得之政權，與非法取得之金錢何異？非法包括賄選、欺騙、搶劫、竊盜、侵占、以公濟私。

・政府機關中有掌握人民利害關係的單位首長，大家搶著去擔任，但又無能力解決問題，讓利害對立、製造問題，使社會更紛亂。

　唯掌控利害關係的單位，首長較有權勢、較風光、較有人拍馬屁，也較有利頭，是熱門單位。

・謊話滿天下的台灣——

　一、立委（民代）說話無事實和證據，靠保護傘亂說話、亂罵人、亂栽贓，民代話不能聽。

　二、政府首長聽到民代指責，立即報以抹黑，不提出說明，直指抹黑，用抹黑來掩蓋他們的罪惡，也屬謊話。

I/4 ・「吃水果拜樹頭」是人類恩情重義的天性，唯限於私人關係之報恩，不能將公的關係當為私人的報恩。因公的關係並非他家裡的資源，如果將公的資源、關係當為私人的恩惠，那是專制封建的報恩，非民主時代應有的現象。很可惜，很多政治人物把他所用或所謂提拔的人物，當成要吃水果拜樹頭地應向其報恩，一生受其控制，否則就成忘恩負義之大罪名。

・一個國家無法使國民說真話，這個國家還有何希望？是國家之恥。

I/5 ・權力應建立在真善美的基礎之上，對人民和國家才有意義。權力如非在真善美之上，是人民和國家的不幸。

・追求價值而非價格。

・忘了壞人，你就會快樂。把壞人記在心，你一定痛苦的。

I/7 ・你付出多少，才能享受多少。無付出的享受，是不公道的。

- 只尊重名利而不尊重人格，反淘汰。
- 我曾說民主是維護尊嚴，所謂尊嚴是尊重，有尊重才有尊嚴，因此要互相尊重，才有民主。

  很可惜，現在的人不只不尊重人，更不尊重自己，不少趨名附勢之徒，為巴結權貴，做賤自己，連非人的行為也做得出來，也即牛馬不如的動作也做出來，怎麼肉麻、怎麼無恥都敢做，如此連自己都不像人了，怎會尊重別人呢？

1/8
- 心中有私，沒完沒了。心中無私，萬事OK。
- 政黨角力，如為公的角力是正面的，如為私的角力是無意義。
- 私是人、社會、政黨、國之亂源、罪源和煩惱之源。
- 生命的抵銷在於私，人為自私浪費寶貴時光、生命，為了私，價值崩解，為了私，庸人自擾，為了私，生活髒亂，為了私，心不清淨、不平靜……做人還有何意義呢？
- 私對人負面的爆發力強，公對人正面的爆發力強。
- 「公」只有一個圈子，「私」有兩個以上的圈子，一個圈是歸零才會準、一個圈子無爭奪的機會，兩個圈子以上，沒完沒了

1/9
- 是尊重（敬）他的貢獻和政績，並非尊重其官位。可惜台灣在功利主義的影響下，大家只注重其官位而忽略其人格、政績和貢獻，因此人不在其位時，不管其貢獻和政績，隨著其官位的消失而消失，這是不應該的。可不認其官位，但不可不認其政績和貢獻，尤其是人格風範更值得效法。有功勞、有貢獻的無官位者，更應對其尊敬。
- 忍受不公道比忍受貧窮還痛苦。

1/11
- 權力是破壞獨立性和中立性的元兇。能抵制權力、抗衡權力的人，才能維護獨立、中立、超然、公正。因此抗壓力強的人，才能維護中立和獨立、超然。
- 過橋拆橋是功利社會的普遍現象，人間已無道理可言。
- 公私合流的社會，自無是非可言。

1/12
- 不可以權力說話，不可說權力的話，要說人話，要說有學問的

話，要說有道德的話，要說真實話。很可惜台灣滿天都在說權力的話，有救嗎？

· 是典範說話而不是權力說話，是說人話而不是說權力話。

1/13 · 無公義的名利不足取。

· 無公義的地位和名利如同垃圾。

1/14 · 政治人物無價值觀只有價格觀，怎能治國呢？

· 無價值意識者不配談政治。

· 台灣的社會領導階層是以價格觀來治國，台灣人有一天會死得很難看。

· 會向權力靠攏的，非知識分子也。

· 真正的知識分子是向權力、權威挑戰的。

· 無道德的意識形態，對人類有何意義？

1/15 · 善用權力、權威的人較無公義，因此真正的知識分子應有向權力、權威挑戰和討伐責任。

1/16 · 國民黨勢必消失——

一、國民黨黨員是吃黨、吃政府而加入而存在，如今無政府可吃，黨又成為在野，因此也無黨可吃。吃慣政府及黨的黨員，如今無可吃了，必定出走，西瓜效應，參加他黨。

二、李登輝全力分化、全心摧毀國民黨，利用過去黨主席及總統的人脈關係，拉走檯面上黨員加入台聯，國民黨不亡才怪。

三、國民黨缺領導人才，連戰等迄今不知死活，還以當官的太平時代過日子，無危機感也無辦法面對民進黨和台聯聯合攻勢和親民黨的搶票。連戰等均無法招架，在等死等亡。

四、黨產的清算加速國民黨的消失。

五、人民對國民黨無新鮮感，而有厭惡感。

六、國民黨內部李系人馬，是國民黨致命源。

· 廉恥在台灣社會已消失了，政治人物的無恥更甚。

· 無恥即禽獸也。

- 國民黨之敗，在於做官心態大於做事，也即享受權力的傲慢，而失去謙卑的做事心態。

- 過去我堅持不加入國民黨理由——

  一、一黨專政，不加入永無民主政治的黨，我反對一黨專政，更反對西瓜偎大邊的原理

  二、不利用國民黨、不吃國民黨、不吃政府，因此不加入國民黨。也即加入國民黨的人是要利用國民黨、吃國民黨、吃政府才加入。

- 無公義意識只有政治意識和功利意識，這是崩盤之因。

1/17 ・人生最無價值的是周邊無智慧和公義的朋友、同事、鄰居、村人。

- 一位領導者身邊只有馬屁精、豎仔、小人、騙子，不要說是國事，就連自己都活得厭煩。

1/18 ・如果官員沒有謙卑和慈悲心，看了比鬼還可怕。這是我的感受，因此我最怕與大官見面。

1/19 ・政治商業化的結果，使政治亂七八糟，因此政治失去其嚴肅性和神聖性。

- 賊仔政府、豎仔政府、土匪政府。

1/20 ・有實質靈感的人才能做事（永恆），重形式靈感的人只能做官（短線）。

- 掮客有兩種，一是金錢掮客，二是權力掮客。
  權力掮客最厲害，豎仔兩者都兼。權力掮客很少，厲害的人才會做。

- 台灣式的民主只有死人是贏家，活人是輸家。為了選票，大官顯要、民代，競扮孝男，時刻在死人家穿梭、膜拜。

- 心靈的哀痛大於物質的貧乏和身體的創傷。

- 領導者無智慧和道德倫理的典範，是人類的不幸和災禍。

- 面對權力和金錢，很少有愛和謙卑。

- 在權力和金錢掛帥的社會，愛和慈悲無生存的空間，因此講

愛、仁慈、道德只是很美麗的口號而已。

- 權力和金錢是人們最搶貨的標的，功利社會的悲哀。

1/21 · 內閣改組有感：典範是永恆的，權力是短暫的，典範是絕對的，權力是相對的。唯有典範中的權力才有意義，才會受尊敬的。

1/22 · 典範永在，權力易失（但有「典範永在」告別式場上，無「權力永在」）。

1/23 · 司法如無法獨立，尤其司法人員的獨立（為國家整體利益的獨立，為公義的獨立），司法將成為統治者整肅異己的工具，那是何等可怕和不幸的事。

- 很可惜，在價格體系下，很多無格調的政治人物只見有權力者，眼中無國家、人民的存在，而權力者喜這種只有他而不要有國家的人。

- 以「人」為中心的權力關係，而非以「法」、「事」為中心的權力關係，永無民主可言。

1/24 · 從未經選舉，也非學者，也無行政經驗，只有國民黨黨工，竟然能成為民進黨的政務官。可見國民黨任內，內神通外鬼的均綠朝的紅人。

1/25 · 二十世紀最偉大經濟學家熊彼得觀察英、法選舉政治後，失望的表示，選舉政治下的執政者為了連任，一切施政都是「在票數上做買賣」，一切的作為只有短期的選舉考量，而缺乏遠見。

1/27 · 國民黨敗在「吃飯一大堆，做事無半人」，且吃定國民黨，但不付出，加入國民黨是利用國民黨榮華富貴，享受權力的傲慢，不是真心為黨、為國。因此一無達到希望和好處，立即宣布退黨為要挾。這個黨是全世界最可憐的黨。

- 金錢固應用於刀口上，時間更應用於刀口上，尤其從事公職工作更應有此觀念。

1/29 · 台灣的民主是無法治和無是非的民主，無法治也無是非本質的

民主，人民災殃之源。權力者只知權力的至高無上，只知權力的傲慢，法治和是非是不存在的。

· 真實與公義是判定對與錯的基因

1/30 · 民主、自由、人權已成為政客統治人民的口號、藉口。

· 民主、自由、人權是嚴肅、智慧、人道的問題。

· 有系統、有組織、有整合腦筋和能力的人，主持開會或做事才有效率

1/31 · 年輕時與人爭，年老時與鬼爭。年輕時爭名利，年老時爭生命。

2/1 · 價值觀應是是非觀、公義觀、人格觀。

· 價格觀是利害觀、功利觀、金權觀。

· 游錫堃在就職典禮上強調「轉型」。其實要轉什麼型、如何轉、是轉好還是轉壞、由公轉私都不清楚，隨便說說而已。

2/4 · 我心通四海，無人可阻斷我的路，縱被阻斷，我會讓路另覓新路，照樣通四海。我不需與人爭路，也不會阻斷人路，更不怕人阻路。人生最怕的是自己懶著走路，如果要走路，將給你走不完，海闊天空，有什麼可爭？「讓」是美德，也是服務之源，但「公義」不能讓，道德不能讓，價值不能讓，國事、公事不能讓。

2/6 · 治本是有智慧的人才能做，治標是聰明人才能做。

· 有智慧的人才能治本，聰明人只能治標而已。

· 行政院團隊是「治標」內閣，而不是「治本內閣」。

· 我處事觀念一貫是「治本」，「治標」是沒完沒了的應付性工作，是最無效率、無效能的工作。

· 只談「價格」，不談「價值」的內閣，等於只談「治標」，而不談「治本」的內閣。

· 歌仔戲班式的內閣。

· 無「真實」的誇張和成就（包括地位和金錢）均是假的、騙人的，是師公嚇死鬼的，不值得一瞧。

- 改革應是治本的，如不能治本，只是改變、改善、改進而已，不能恰談「改革」。改革應有改革的智慧、決心、經驗和能力，否則只是改變、改進和改善而已，無資格說「改革」。

2/7
- 不談價值哪有人文。

2/12
- 在我的心目中，權位只不過是「責任」而已，並非「榮華」、「風光」、「作秀」。
- 權力即責任，責任即權力。
- 領導者如無風範，這個國家或團體是領導不起來的，也即無風範的領導者絕對無法治國，也無法經營好公司。

2/15
- 無私自有風範，自私永無風範。
- 政治談風範，生意談利害。
- 無風範的政治是黑幫，而非政治也。

2/18
- 自然科學單純、真實，人文科學複雜、虛偽，不能同日而語。人文科學應以倫理道德為基礎，才能與自然科學的單純、真實比美。
- 我較欣賞古代的成就、內涵、真實人格、貢獻。不喜現代虛偽、無人格、吃天、吃地、吃政府、吃人民的成就。

2/19
- 台灣價值：心中只有官沒有人。
- 台灣缺政治家，政治人物連政客都不如，勉強說是「政治垃圾」。
- 現在是價格主導的社會，價值已名存實亡，人類已非萬物之靈了。
- 美國是典型又強勢價格觀的國家，以全球化價格觀來消滅各國價值觀，使世界各國社會大亂。
- 人類價格化後，人的尊嚴盡失，所謂維護民主與自由的人類尊嚴，是騙人的。
- 民主與自由如屬於價格觀的問題，則人類尊嚴蕩然無存。依民主與自由的精神，應屬於價值問題。惜人類經價格化、物化後，已失去價值觀念。

- 權力固可達成目的，但以典範照樣可達成目的。用典範達成的成果，可能比權力更完美。

2/20
- 權力挺邪惡而非維護公義，是現在社會反淘汰的現象，過去權力即公義，現在權力即邪惡，人類何去何從？價格觀的社會。

- 台灣的政治明的方面都是好聽話，其實關鍵在暗的方面，暗的是太可怕、太恐怖、太陰險，因此我看到政治人物很寒心，「驚」而遠之，比看到罪犯更怕。愈高層的政治人物越陰險、越殘忍、越狠毒。

- 領導階級做官慾強又無經驗，如何帶領常務官和公務人員？高官不是只有「管」的權力，管人家的人應比人家更具嚴格的條件（如智慧、品格、經驗、能力），才能帶領他人上進，領導者更應以典範領導。自己未具領導條件又無典範，如何帶領人、訓練人呢？說不定自己要被帶領、被訓練。

2/21
- 台灣社會無清流，學界、政界均然，無清流的社會只有一片黑暗，只有在漆黑中過日子。

2/23
- 領導者、權力者，無道德、無公義、無真實、無責任，人民只有墮落、腐化，社會只有黑暗、腐敗。

2/24
- 無慈悲的權力是最恐怖的。

- 我一生尊重倫理道德、公義、真實、慈悲、人格，唾棄無風範、風格、風骨的權力和財勢。

- 在權力和利誘下的言行，很少是真的。

2/25
- 宗教是靜態的，雖然教義真理，但做起來的人不多，連神職人員都無法做到。因此靜態的教義，而無法感受教義的內涵，對教義無法產生強烈感應，也無法產生人生價值的需求，自無法照教義去行動。如佛義固然知道，但幾人能做到！

2/26
- 游錫堃在施政報中引用甘迺迪總統的話「我們的問題都是人造成的，因此也能由人來解決」。我不贊同後由人來解決，應是由法治和道德來解決，由人來解決就成人治了。

- 台灣的政黨政治功能是政黨分贓，其次是黨員瓜分其政黨，或

利用其政黨瓜分政府資源而已。

- 無原則的人，不管他的官位多大、金錢多少，令人看不起。許多人利用黨當大官，用盡即丟，跑到他黨，然後出賣他原來的黨。這種人台灣政界太多了，從無人批判，遂將這些無原則的成為正常化，太可惜！

- 無原則的人是最無恥，無恥的人能做事嗎？領導階層自己無恥，用人也是用無恥的人。

2/27
- 公職人員在任時如當兵，在各崗位就位，負責崗位上的工作、任務而已，不要把個人官氣帶到崗位上。「官位」只不過是「職務」和「責任」而已。

- 不要把官位當為生命的一部分，而享受官位的傲慢。

- 「官位」是人格風範和專業貢獻的場所。

- 有人投資於官位（買官），待取得官位後再收回本錢，並賺得投資報酬。台灣的首長如此，民意代表先投資買票，當選後收回並得投資報酬。台灣政府結構是如此，唯表面説得很好聽、很乾淨，其實很爛。

- 官氣大，做事難。

- 搶來的官和橫來的官有何意義？

- 權力不只要謙卑，更要慈悲。

2/28
- 人本價值教育的失敗，造成人性消失、亂倫的混亂社會。

- 以「騙」為中心的社會，騙金錢、騙權力（官）、騙學問、騙感情、騙榮譽（一切罪惡之源）到處騙，上下騙，社會失去公義。

- 六十七歲的我，在滿天虛偽、滿天騙的社會，不知如何突破。勢單力薄，個人有限，面對功利、小人、虛偽……無可奈何。

3/1
- 古代大臣是賢人，現在大臣是大壞人，台灣也然。現在的大臣明的是賢人，暗的是惡人，前面是好人，後面是壞人，如同「日子」，有白天（扮白臉）夜晚（扮惡鬼）。

3/2
- 領導者頭腦不是打結，便是生鏽，如何治國？

- 全球化是美國化，名爲WTO經濟全球化，其實連人也全球化，即美國化。人類美國化的結果，對人類生存價值將面臨挑戰，我對人類的未來至爲憂心，尤其「人類美國化」更擔心。

3/3
- 有形的美國化，無形的不可美國化。因美國只有兩百多年歷史，無文化、無倫理道德的背景和基礎，只有功利科技的有形物質優勢。也許爲提高人類物質生活，解決物慾的問題，可美國化。至於倫理道德、文化、心靈建設，不可美國化，因美國無倫理道德的條件，不能「亂化」。

3/4
- 無公義，任何人對我都沒有市場，縱利誘或威脅都無動於衷。

3/5
- 塑膠製品固然對人民日常生活方便，但消失了很多自然植物，如過去的黃麻瓊麻瀕臨絕種，還有很多面臨消失。

- 無公義爲中心的思考方式，是最看不起的。可惜大部分的人是以利害爲中心的思考。

- 權力最無情，金錢也然，與權力者不能爲友，與金錢者也不能爲友。權力與金錢均是殘酷得來的，只有利害而無公義、無慈悲，自無情義。一個單純的人，一染上權力很快變成不是人，這是很普遍的。

3/6
- 民進黨用人不負責。功利社會，政府用人並非以「賢能」爲前提，而是以利害爲前提，即「只有利害而無賢能」，以自私的利害封殺「賢能」出頭。賢能在現在社會已無存在的空間，可憐！

  因此，新政府似應開「利害學系」，而將賢能課程取消，才能名符其實，不要再以「賢能」欺世騙人，掛羊頭賣狗肉了。

- 騙人至少有一段興旺期，騙本也能存在一段時間，騙人的活躍期是騙者的大豐收。待騙術被識破，騙本騙光，騙者名利已滿載，社會國家他人已受重傷而死。

  這種社會矛盾公然存在，很少人去思考、去揭穿。因騙者普遍存在，尤其政客爲騙者之首。

- 院會中，游要求治安報表。無治本的能力，要求治標的報表永

無法解決問題。其實報表是應付的、隨便湊湊，問題永沒完沒了。

- 詐欺罪不應只是騙取財物，其實騙取權位比財物更甚，因此應將騙取權位列為詐欺罪的客體。

- 游以新加坡用電腦管理樹木。人都無法照顧了，還顧到樹木？在新加坡，人照顧到很好了，自然花木也管理很好。台灣憑什麼與新加坡比，憑什麼學新加坡？

- 抵銷性的政績只是浪費資源、欺騙人民而已——治標型的政績。

- 台灣要好除非從人本教育開始，培養人民的品質、無私、公義、公德、良知，消除功利、自私才有救，否則功利掛帥的抵銷性政績是騙人的。

- 意識形態加扣帽子，是阻礙進步和墮落、腐化的主因。

- 自然是最幸福，因不會有爭執。人為的爭執、紛爭層出不窮，就是你如何能幹、如何榮耀、如何勝利，你都付出相當代價，是不幸福的。因此會活的人，應欣賞自然的價值觀。

- 競爭力是實質問題，形式上的只是好看的、空轉而已，不只無競爭力，甚至消失競爭力。台灣是意識和形式掛帥的國家，談什麼競爭力呢？

- 有意識形態的人，如腦筋生鏽卡住，定無客觀、開放、公道的思維，對這種人只能當壞銅爛錫處理。

- 台灣數十年來大部分是靠爭權奪利起家，「爭權」、「盜權」終坐享權力的傲慢，奪利則財團也形成，造成官商勾結、利益輸送、官商結合、吃人民、吃政府、吃國家之局。因此，以爭權奪利為主導的文化，想談公義、人權、繁榮、發展，完全是騙人的。

- 「權力和財力分立」是德川幕府三百年的安定和繁榮。「權力與財力分立」，如同黑道與白道分立。
  「權財合一」與「黑白合一」是國不國、民不民的下場。

- 權財分立加專業權威，政治才有希望。
- 權力易失，公義永存。很奇怪，台灣的政界，寧放棄公義、抱緊權力，而竊竊自喜。有了權力就是榮華富貴了嗎？我是否定的。權力易失，榮華何在？靠權力維命的人，易消失，不只消失且惡名昭彰。
- 權力的嘴臉是最難看的，公義的嘴臉是最光彩的。
- 看到立法院列席的不少部會首長，均在享受權力的傲氣，無領導者的風範、責任和沉著的心。
- 專門阿諛奉承插針的人就能當官，心中無公義、無是非，只有阿諛奉承和利害而已。
- 絕大數的人接觸權力就向下沉淪（腐化），而我接觸權力才開始提升（淨化）。
- 立法院總質詢的對答，確是亂問亂答，個個無廉恥。只要有權力，什麼事都做得出來，無廉恥心。
- 政府之無救在於人人無廉恥心，尤其政務官的無恥、學界的無恥。
- 無恥是硬拗之本。

3/9
- 人如無公義則與無生命無異，有公義才算生命。
- 公義力比權力還重要，公義力應比權力強大，權力如比公義力強大，就是土匪政府。

3/12
- 行政院長和各部會首長答詢結果都以和稀泥、不明確的答詢，則台灣政治如何改革？總質詢毫無意義，形式的作秀騙騙人民的稅金，太可惡了。
  政務官應以無私、客觀、超然，針對事實，明確答覆並提出方案、解決問題，如果均以模稜兩可、不明確、不擔當地應付，將給人民做最不良的示範。閣揆首長如此不負責，這個政府還有什麼指望呢？
- 什麼戰鬥內閣，是小人內閣。
- 說理由的人，是不會做事的。

- 矛盾是做官的本領，無矛盾的官不易找到，這種政治有何希望。

- 領導者有私心、無智慧、無格局、無深度、無人類觀、無高度責任感和歷史觀，看不出這個國家有何願景。
- 體委會主委由宜蘭縣文化局長接任，副主委由宜蘭縣體育會理事長接任，成為宜蘭縣的體委會。況縣級主管能跳上內閣閣員，則內閣的閣員沒有什麼稀奇，隨便就可請來當閣員。顯示用人者有私心，用私人。
- 只要有權力，他就是主導者。因有權力的人如不是最優秀、條件最好者，將造成反淘汰的結果。劣貨、品質差的人拿到權力，則那些優秀專業者反而要接受劣質者的領導、指示，目前內閣就有此現象。因此在功利社會，優秀的不一定優秀，劣質者也不一定是劣質，劣質者反而可領導優秀者，這是台灣社會抵銷力強的原因。
- 優不優、劣不劣，是台灣領導者的用人觀。
- 台灣無競爭力，只有抵銷力。
- 民進黨也然，個人利益高於黨，黨的利益高於國家。
- 明的是君子，暗的是小人，明暗一致才是君子，明暗不一致，是小人。明暗不一致就矛盾，台灣的決策者大部屬於矛盾型的人。
- 台灣社會很不公平：一、強的吃弱的，二、野蠻吃斯文，三、惡的吃善的，四、小人吃君子，五、官吃民、錢吃官，六、無理的吃有理的，七、劣的吃優的，八、有權的吃無權的，九、「說」的吃「做」的，十、大吃小的。
- 滿朝奸臣，精神、言與行、一舉一動，均在算計他人，成全自己。
- 枉費不是啞巴，卻比啞巴更慘。不是啞吧的卻信口開河，說的自己不知其意，言行可不一。
- 部長可學習三個月、六個月才上軌道，台灣政界、社會大眾仍

認為合理，這個國家還有什麼希望？非她不可？台灣都沒有人了嗎？

部會首長未就任前應已具部會首長條件，始可派任（接任），如智慧、經驗、專業、能力，並非派來學習的。

照游錫堃的說法，部會首長可學習數月，則國家競爭力何在？學習三個月、六個月是合理，那人人均可來學習了，為何只宗才怡呢？黑幕重重，阿扁政府的悲哀！

- 內閣閣員要學習一段時間而成合理化，是世界奇聞。閣員是分秒必爭，怎有時間、時程開始學習，如此國家焉有競爭力？

3/15
- 閣揆答詢全程不明確，表示不負責或不知，如此模稜兩可、太極拳、不明確、不擔當、不負責的答法，何必開會呢？浪費時間。

- 有智慧、有經驗、有能力、有實力，最重要是無私心，自然會答覆很清楚，有私心，什麼都支支吾吾，無法清楚交代，自然模稜兩可。怕負責，自我防衛太多，不明確答，自有不明的責任。

- 政務官的生命應與國家、社會息息相連，言行均應以國家、社會為重，無私人利害的空間，無個人的存在，如此才有政務官的「格」。可惜現在的政務官只有奉承、拍馬屁，無內涵、無精神，連做人做事的道理都不懂。

- 權力是殘酷、無情、冷漠的，是最不能相處、接近，最可怕的，這是我的感受。

- 在政府中看到院會的決策和效率及立法院開會，我有浪費生命、浪費資源的感覺。日本過去神風特攻隊的精神，是為國家而犧牲，現在是為金權的神風特攻隊，日本的墮落在此。

3/17
- 很多人喜聽爽話，不聽實話。

- 有權力時不做，待下台（無權力）後，滿口風涼話。

- 民主只有法治而無特權，特權是我一生最痛恨的。

- 領導者應有無私、公義、嚴肅、正經，而非愚民、空轉、五四

三、鴉片、春藥的起笑的話，台灣的政界大多屬後者居多。

· 只要無私，什麼問題都可解決，如有私心，萬事沒完沒了。

· 政客如魔術家變來變去也騙來騙去，最會變把戲，人民只有眼花撩亂、霧煞煞。

· 政治是最無是非的，只有利害。因此政治人物無資格談價值，只能談價格。

3/19 · 台灣人已變成愛爽話，不愛實話的族群。

· 無私為解決問題之本。

· 無是非是不公義之源，無是非是反淘汰之源，無是非是社會亂源之因，無是非是人類墮落之源，無是非是政治腐敗之源。

· 人道主義就無族群意識形態，主張人權的人就無族群對立。因此意識形態及族群對立者，均非人道主義，更無資格主張人權。

· 社會安全並不遜於國家安全，社會安全較具體，一生與人民息息相關，國家安全較抽象，易被統治者拿來壓制反對者及人民的藉口。

· 台灣很可惜，懂的、能做事的，無工作場所；不懂又無法做事的，占據工作場所。

· 人生無公義、真理和智慧的磁場，活得無意義，可惜大部分的人無此磁場也懶得追求、接近，潦潦草草地應付一生。

· 在台灣社會，對政治人物不可仁慈，對政治人物仁慈，等於姑息壞人。

· 為何「真實」被模糊？為何「焦點」被轉移？都是那些「要吃不做的人」的詭計。因為「真實」和「焦點」是他們的致命。怕「真實」和「焦點」的人領導這個國家，不敢面對「真實」和「焦點」的人領導這個國家，還有什麼前途？

3/20 · 無智慧辨別是非、好壞，或洞察對錯、好人壞人、公與私，一味裝好人，對非、壞、錯與壞人一視同仁，這種人與壞人何異？這種人是假好人，實質上，比壞人更壞。

- 玩文字遊戲：政府只會文字報告和無數資料，但解決辦法和解決問題等於零。這種政府只有原地踏步，做官、消耗資源而已。
- 目前最會說謊、騙人臉不紅的無恥之徒，是新政府的最愛。
- 陳定南白領中選會公費近兩年，從未參加委員會開會，令人費解。
- 學客兼政客，不少學者是這款人。
- 說「利害」的人無資格談「人權」。功利主義的人往往提人權、民主，來掩蓋他的無人權、無民主觀念。只要藉「人權民主」四個字就可當大官，賺吃一世人。其實這些只有「利害」，對人權民主是無心的，只是騙騙百姓，騙來當官而已。
- 說歸說、說的很動聽，但如何做？如何解決問題？無人懂。
- 學問固然要好，善心更重要。學問好，心不好，爲害並不遜於政客。
- 惡人一大串，惜有些好人因無知也被串在一起，助長壞人的聲勢，致好壞不分而害了大局。
- 說作法比說主題重要。如果無作法，再多的主題均是空的。可惜首長只會說動聽的主題，作法一竅不通，連主題的內涵都不明。
- 人生最痛苦的是被人利用。我被人利用最徹底。
- 取得權力的人，以權力來恥笑下台的政府或人員，是最不道德的（新政府的心態）。
- 台灣只會空殼的歌頌，而無實質的歌頌。
- 現在是人格越多越吃香的社會，雙重人格、三重人格……多重人格最吃香。其實雙重人格或多重人格等於無人格。
- 人會老，公義不會老，人如能堅抱公義，自然不會老，也不會死。
- 政治人物如要澄清，應以眞實澄清，不可以權力澄清。台灣的執政者均以權力強勢澄清問題，無法以事實澄清問題。

3/21 ・監察院是奉承院，也是鬥爭院，監委哪一個有風骨？已是御用，是為皇帝做事，聽命於皇帝，因監委是皇帝派任的，皇帝要鬥爭誰、清算誰，監委照辦。監察院應廢掉，否則台灣是恐怖的地方。

3/22 ・台灣政黨之私，在執政黨時不管如何違法、如何無能、國家受害，執政黨員一定全力維護，保護其黨的違法亂紀，一切以黨的利益，抗拒違法調查、抗拒國家的利益，是黨的利益高於國家利益的高績效表現。

但學者、學界均死了，學界也與非法的執政黨掛勾，共同起舞，學者無人出來主持公義，這是何等不幸呀！

國安文件曝光，反對黨主張調查弊案，但執政黨立委均反對，這是什麼國家？如此法院也不需要了，違法舞弊，只要多數黨反對就可不辦了！如果無違法，多數黨要栽贓，也可冤枉地成案，這種還像一個國家嗎？台灣確實無救，甚至更墮落、腐敗。

・年紀越大，感到公義生活越消失，也感到公義的重要，把握公義生活越來越需要。

・只有「黨」無「國家」的政黨在治國。「有黨無國」的「政黨政治」，「有黨無國」的民主政治。

・只有「黨」而無「公義」的執政黨和反對黨，鬥爭層出不窮，沒完沒了，活在台灣的人只有倒楣。

・權力被「無公義」的政黨掠持，人民如戰利品，任憑宰割、擺佈。

・立委、監委、部會首長，只是「政治小杯」，是「權力的工具」，「無人格」、「無骨頭」、「無公義」、「無責任」，只有向權力看齊的一大堆垃圾。

・「公義已死」、「蚊蟲叢生」的台灣，垃圾洋溢，蚊蟲天下。

・蚊蟲政治與垃圾政治是台灣的政治生態。

・看到國會總質詢，議員與院長、部會首長的對答很失望。執政

者拿權力為令箭答覆議員，無法解決問題和針對事來答覆，僅是意識形態或既得利益的答詢，而不是大公無私、對事不對人的答覆。

- 民進黨執政完全學國民黨那一套，過去民進黨罵國民黨的，現在通通搬上銀幕，比國民黨更徹底地執行。這種無原則、無廉恥的作法，依然大聲地誇張，非失望而是痛心也。

- 國安機密經費，貪汙無罪，外界也無法查。主政者利用國安祕密帳戶隨便花錢，以國家安全為理由不能查，查的人洩露國安機密，可逮補。如此國家，不要也罷。

- 私心的人不可談政治，也無資格談政治。

3/23
- 台灣是黨主政治而不是民主政治，是錢主政治而非民主政治。

3/24
- 長年來選黑與金的結果，黑金是台灣社會的主流，也是以黑與金結構的社會，因此整個社會瀰漫功利，連學校教育亦然，年輕、年幼均在黑金政治、黑金社會薰陶下而長大，他們看不到倫理道德，只看到黑金、看到爭權奪利、看到非人的一面，下一代很難像人，這是我一生最擔憂的事。

- 在彰化很難找到真正關心社會國家的人，找不到有理想、有智識、有使命感的對象，更找不到有倫理道德、捍衛人性，公義的聲音，悲哀！

- 無法「活人文」只好「活自然」。

- 人文受破壞，自然亦然，功利之罪。

- 台灣戴著民主、法治、自由、人權的高帽而行相反的政治。

- 要做一個受尊敬和受懷念的人。

- 幼時經常聽到地方「有志者」、「人格者」或「士紳」，現在已成絕跡。哪裡去找士紳、人格者、有志者呢？連有志者、人格者、地方士紳的名詞都很難聽到，現在只是黑金、垃圾、蚊蟲而已。

3/25
- 真正知識分子對「公義」，有精確判斷和全力維護的責任。

- 是非、對錯是價值問題，不允許「價格」加以「顛倒」。

- 台灣社會已演成「有吃說有吃的話」、「無吃說無吃的話」，很少人「說公道話」的局面。一個沒有公道的社會，哪有公理、正義、天理呢？沒有公理、正義、天理還談什麼「人」呢？
- 我欽佩施明德的兩點理由——
    一、為反抗國民黨坐牢二十五年，出獄繼續從事反對運動，當選民進黨主席。待民進黨取得政權後，因感民進黨高層在享受權力的傲慢，黯然離開民進黨，不享榮華富貴。世上有幾人如施明德呢？
    二、坐牢二十五年拒領賠償金，認坐牢是反抗國民黨專制，是事實，怎能領賠償金？台灣坐過牢的政治人物，不只大力促成補償條例立法，並趁早領取補償金。
    綜上可看出施明德的為人。
3/26
- 有吃的說有吃的話，連違法也說無違法，無吃的說無吃的話，即「合法」的也說成「不法」的。這個社會永遠是功利，無公義的空間，更無良心和公義的社會，有何指望！
- 陳定南部長一再強調，查扣媒體是維護國家安全。媒體是揭弊並非洩密，陳身為法務部長竟捨揭弊，而千方百計迴護不法，不惜以國家安全為由，打擊揭弊的媒體和人員，令人費解。
- 陳定南是深層高明人，表面上做得很漂亮，被人認為清廉正派，其實非高明人難悟出（識破）。
- 無公義的智慧，自然無公義感。
- 無是非的多元化才可怕。如果人民有是非之心，才能控制、主宰多元化，否則將沒完沒了。
3/27
- 無錢走無路：前朝設立違法私密基金三十五億，做為買收各國官員。東窗事發，不知違法竟誇稱，無此密款台灣外交怎能出去？表示功勞大過天。所以說「無錢走無路」，我們的外交是靠錢堆起來的，真是名符其實的「金錢外交」。二十幾個邦交國可能用錢養起來的，無錢將斷光了。

- 政治如果無是非，只有利害，則社會自無「公義」。「無公義」自無民主、自由、人權可言。
- 無是非的民主，是台灣式的民主，無法治的民主，也是台灣式的民主。台灣式的民主不是民主，是人民受災殃的民主。
- 新政府以人治為軸心的團隊精神，並非法治為主軸的團隊精神，因此成一言堂。
- 團隊就是一言堂。如果是我，我會主張「絕對的法治」、「認法不認人」為軸心的內閣，而非以人為主軸的團隊內閣。
- 政治運作的表決以是非、公義的表決，而不是「利益」的表決。可惜台灣政府的表決是以利益表決。如有私心的領導者，立法院各黨派的表決，均以私人利益或政黨利益所做的表決，很少以是非、對錯、國家利益、全民利益、公義為考量的表決，因此爭論不休，無法共識。
- 無私的共識才能解決一切問題。
- 政府裡的問題有有形垃圾與無形垃圾，如垃圾山的無從清理，甚至愈積愈大堆，永難清理。
- 領悟政治人物只有利害，無是非、公義、人性、人道、感情，其惡性比殺人犯陳進興有過。
- 權力加利害，國民必死。

3/28
- 有智慧的活是活活，無智慧的活是死活。
- 無私、智慧、是非、價值、治本，這十個字給我活就夠了、就滿足了、就豐富了。
- 多與有智慧的人接近，你的人生才會亮麗。
- 政黨輪替是利益輪替，更是黑金輪替。
- 台灣是炒短線的政治。
- 公義的人是無色的，無色的人已是稀有動物，能堅持永久無色的人太少了，大多變節的人到中途便成「有色人」。

3/29
- 弊案是不能以表決解決，如果弊案可以表決，定有罪與無罪，就不需設法院了。國安弊案，竟形成朝野對決，顯然無法治常

251

識。法治國家對弊案必須以「除之而後快」的心態，全民一致應有此觀念，否則誰要守法。

- 台灣的政治幾乎是集中於權力鬥爭和政治分贓，政治人物無理想、無常識，不用心、不用功如無賴。

  無賴、無恥、無知的人只會鬥爭和分贓，然後享受權力的傲慢和利益的分贓，看到新政府的用人原則是酬庸和分贓而已。

- 要權力不要公義：看過很多人，未取得權力前忿忿不平地仗義執言，主張公道正義。一旦取得權力，公義忘了，沒有聽到他們為公義發聲，甚至反而摧毀公義，這是我的感受。一旦取得權力，不只公義遭殃，連友情也失。

- 在無倫理道德的社會，政治人物是最可怕的，無情無義、心狠手辣，不能為伍。

- 執政後「有權可搶為何不搶」，這是民進黨執政後有些黨員的心態。

- 政治人物「有黨無國」，無道德風範、自私自利、無賴、無恥、無知，搶劫權力、搶劫利益、分贓、無公義，這種人如蚊蟲、如垃圾，是社會毒蟲，人民最痛恨的應是政治人物。

- 「有政治無品格」，政黨輪替唯一意義。

- 無智慧的人，能量有限，無從發揮。

- 幼稚內閣而不是戰鬥內閣，連國安局的密帳都不敢說是公款，還要戰鬥什麼。

- 不夠格擔任政務官的而以做賊心虛的慌恐、坐立不安的心情勉強擔任政務官，是很苦的。

- 閣揆和稀泥的答覆立委詢問，這個國家還談什麼競爭力呢？一個閣揆對國會的答覆應明確、乾脆利落，清楚、有責任的答覆，並非什麼都含糊地應付，拖泥帶水、不清不楚地做無答案的答覆或強辯詭辯，這種內閣能給國家做什麼事呢？國安局弊案因牽涉有關人士，扁政府下動員令全力衛護，連法務部長陳青天也變陳黑天了，悲哀！永不見青天。

- 心與行不一，如何活？我是活不起來的。矛盾的生活，對健康有害。
- 能在矛盾中生活的人，必奸，必是多重人格的人。

3/30
- 用錢買的朋友能做朋友嗎？答：否。政府用錢買邦交國，這些邦交國能做朋友嗎？不能做。如南非一千一百萬美金，科索沃三億美金，還有其他非洲國均斷交。
- 衣服哲學：提衣服應從領提起，而非從袖子或衫仔枝提。做事也然，應有規劃系統原則、根本，然後才枝節樹葉。

  另外做一件衣服並非只做衫仔枝、袖子、扣子，是要從領、袖開始做，並非做衫仔枝。當權者只是做衫仔枝的貨色，無法做全領衫（整件衣服），如此怎能治國？

3/31
- 人爲是短暫的，自然是永恆的，「人在做天在看」，其道理在此。現在政壇人士過去未當官前，我和他們均很熟，但現在他們當起官了，感覺他們與人有點不一樣，好像吃錯藥。
- 功利社會可將一個歹徒，以權力和金錢塑造成英雄、聖人。
- 以權力與金錢堆砌起來的榮耀是庸俗的，唯有以道德和人格堆砌起來的榮耀才是真榮耀。
- 有人陶醉於酒色，有人陶醉於權力。
- 淡泊明志：淡泊名利的人，才生志氣。重視名利之人，不會有志氣。

4/1
- 要說人話，不要說官話，也不要說鬼話。官說官話，鬼說鬼話，只有人才說人話。因官和鬼不是人，所以才不說人話。其實官也應說人話，才能像人。

4/2
- 我永遠是「無黨有國」的人，與那些「有黨無國」的政客，永不妥協。
- 有權力無公義是土匪。
- 如果你不喜公義，但最好不要有公然違反公義的言行，如果你不維護公義，但至少不要傷害公義。

4/3
- 永不會本位主義處事，永站在國家利益、整體利益、公義的立

253

場做事，這是我的個性、我的風格。我不是本位的角色，而是整體的角色，是「格局大」而非「格局小」的人。

- 無濃厚、強烈國家意識和觀念的人領導國家，永遠只有個人的傲慢、情緒和收獲，國家只是他們達到私人目的的藉口和工具。

4/4
- 權力是展示典範而不是展示傲慢，權力如果是傲慢應唾棄權力。

- 有關施明德——

　　一、美麗島軍法大審時，在庭上「始終面帶微笑，侃侃而談，合法顛覆政府論，更坦然承認自己就是『台獨分子』，急得辯護律師要他少說兩句，施反而轉頭與律師吵了起來。法官大喊別吵，施明德甩甩手，依然故我」。

　　二、坐牢二十五年半，施明德說自己永遠是台獨份子，「不能說因不向當權勢力傾靠，就說我不愛台灣，就說我背叛台獨」。

　　三、施明德說：「我沒有反中國情結，但如果對岸不放棄武力解決台灣問題，不會踏上中國領土。」九七年後他出國，從不由港澳轉機，寧願到東京轉機。

　　四、律師世代對權力掌握的野心，遠比美麗島理想世代多得太多太多。

　　五、「我是職業革命家，那些業餘革命家竟想要領導我。」

- 拉法葉購艦及國安局密帳是法的問題，不是人的問題。是否違法、是否弊案，是法的問題。涉及人的問題，不能因人而異，古代有「王子犯法與民同罪」，何況現在是民主社會。

4/5
- 有對人類責任感和責任力的人，才有資格領導全人類，有對國家責任感和責任力的人，才能當國家的領導人。

- 無風範的大官，不值得一瞄。

- 政務官應說有責任的話，很可惜我們的政務官只會打太極拳，唯唯諾諾、拖泥帶水、推來推去，不乾脆、不俐落，悲哀！無

責任感，無法説有責任的話者，不配當政務官。

- 無風範的官，不值得尊重，甚至可唾棄他。
- 明明是功利社會，我偏偏不認同，甚至與之對抗。
- （續接四月四日的主題）很可惜民進黨、台聯均以人的問題處理，只要是他們的人，不管滔天大罪，也極盡呵護，不能調查。倘是郝柏村或宋楚瑜無罪，也一定抹黑，欲強入他倆有罪始罷休，而不以法為主。
- 私心重的人，對自己可能有益，但活得不瀟灑，也使他人不瀟灑，這種人如被他搶到權力，人民就該死。只想自己的人，是不會想他人，怎能治國呢？很不幸，台灣出了幾位自私的人治國，使台灣人性消失、無法無天、道德公義不存，使社會人不人、獸不獸，真是活不下去了。

4/6
- 實在最美（陳徹），說實在話的感受。
- 時間最公平，每人每日二十四小時，不分貴賤、貧富、男女、階級、老幼均二十四小時。這是上蒼賜給每一個人類最公平的禮物，只是自己如何運用、支配，做得加分或減分，做好、做壞，自己負責。二十四小時好像給每一人本錢，也即二十四小時本錢，你要如何活是自己的事。你要很快活完，或活得沒有價值和意義，都是自己的事。

4/7
- 時間即本錢，出生後每日給你公平時間二十四小時，做你的活本，如何活，自己負責處理。

4/8
- 核四停工損失無人追求責任，國安密帳無人追求責任。政府我行我素，一點責任感都沒有。如此無責任的政府，任何人均可當之。

4/9
- 無法治的民主是暴民政治，無法治的政黨是匪黨。台灣現在是無法治的民主、無法治的政府、無法治的政黨，是最恐怖的地方。
- 日本的法治相當好，總理大臣、國會議員犯法，照樣逮捕，而犯法的官員也有主動的共識，不會動員政黨或有利害關係的

人，百般維護其犯法。

　　台灣呢？政府公然犯法，有其政黨保護。高層犯法，有政黨為其保護。如此，只要有政黨，其黨員的官員犯罪也免負責任，這就是無法治的民主，無法治的政府。

- 無公義心的任何角色，只能當他為動物園的一分子而已。
- 有黨派就無公義。民主只有黨派，因此民主就無公義，只有黨派而已。說黨派的話，不說公義的話，這就是民主嗎？
- 公義是無私的與自私的一面鏡子。無公義必自私，有公義必無私。
- 當權力落入群魔之手，只有無奈！
- 利名均要，吃賭吵賭，是現政府官員的嘴臉。
- 陳定南就任中選會委員近兩年，到民國九十一年四月份才出席一次會。一年十個月無參加開會，但津貼每月七千元均照領無誤。
- 說要把國家建設好這都是騙人，拿到權力只是把自己建設好、把自己的黨建設好而已，哪有國家的存在？
- 真小人贏過偽君子。
- 多元化遂成為多元人格。人格只能單元，如果是多元人格就等於無人格。
- 所謂「多元化」就是「多元人格」，這是台灣多元化之害。其實人格只能單元化，也即單元人格。單元人格才是人格，才有原則、有立場，才是單面人而不是雙面人，更非三面人。雙面人、三面人是恐怖的。
- 客觀的問題才能多元化，主觀的問題只能單元化，否則就沒信譽了。
- 無私是修為最高的境界，不少宗教人士藉神的名譽達到私念的目的，真神才能保護公義，邪神則保佑功利。
- 無人性就無公義，對公義有認知而違背公義是萬惡。對公義沒有認知的人是不正常的人，也可能是病人，對此種人沒話說。

但我逢公義定投降，不只不違抗，甚至維護它、支持它，眞實也然。

- 爲何黨派不支持公義？是因黨派利益高於公義。面對公義不投降，是爲私利。其實「公義」、「眞理」只有一個，爲何有二心，當然是邪念而起。面對公義不低頭、不服從，是垃圾。

4/10
- 官員如有「責任的傲慢」，不要有「權力的傲慢」，政府效率和績效才能提升。如果有「責任的傲慢」，自有「權力的謙卑」。

- 取得權力後往往忘了「公」、「國家」、「人民」，更不喜「道德」、「公義」、「人格」，將權力當成他家自己的，因此以他的好惡、情緒、爽與不爽來解決一切。

- 游錫堃在院會講話，頭頭是道很動聽，但未評估客觀條件和可行性，結果是無法做到。民進黨政府的人，大多能言善道，如布道師（家），但做起來極有限。

- 功利社會只有「人治」，無「法治」可言。西瓜偎大邊、人偎權勢，國家機器偎權勢、執法人員也偎權勢，因他們要確保飯碗，甚至升官發財第一，顧不了法令、公義，永脫不了人治。所謂民主、法治是假的，騙騙國人和國際社會而已。

- 西瓜偎大邊的國家，是零道德、零法治的。

4/12
- 權力傲慢的人，絕不會做好事的，只有破壞無建設，放雞屎不生蛋而已。

- 我的吃虧在於固執1＋1＝2。唯現在的人，尤其檯面上的人，大部是1＋1≠2，他們甚至說是3、5、10、20、30……這種人均是鋒頭人物。

- 我每日感受「眞」、「善」、「美」的生活意境。

4/13
- 以德（行）立言。

- 能量不足（智慧、品德、學識、經驗、能力）就亂放出、亂釋出、傷人傷己、傷國傷家（政治人物的語無倫次）。

- 過去是有志者和士紳，現在是豎仔和惡霸。

4/15　‧倫敦政經學院院長紀登斯（Giddens）說：「贏得選舉，施政成功。」在台灣不擇手段贏得選舉，執政後還是不擇手段地想永久勝選，如此政府，施政怎能成功？

‧英國的國情條件內涵與台灣不一樣，紀登斯的現代市民社會政府效能，在台灣是很難適用的。

‧紀登斯說第三條路是排除左與右，是新中間偏左。

‧真實、公義、效能是解決「左與右」的關鍵。新中間路線如果不是真實、公義、有效能也是無意義的。

‧有智慧的人類，如不重視真實、公義、效能，任憑兩極的左右，而採不真實、不公義、不效能的中間路線，能解決什麼？

‧中間路線，中國歷史上有「中庸」、「中道」等思維，何勞紀登斯呢？

4/16　‧郝柏村「朝令錯夕令改又何妨」，是我與馬英九對話中的裁示。當時馬英九為行政院研考會主委，他堅持台北市彩券繼續發行，時我為政務委員，堅持反對，最後郝裁示停止發行。當場馬英九說「這樣外界批評政府朝令夕改」。郝說「朝令錯夕改又何妨」。

‧秀才遇到兵，有理說不清：今日台灣的社會最普遍正當的學者、讀書人、知識分子、學問家、人格者，已成為弱勢人。強勢無知的政治流氓、政治土匪，橫行霸道，占領政治舞台，吃盡上列弱勢人。這些弱勢人為了尊嚴，不與那些小人鬥，其實也鬥不過他們，只好退讓，讓那些野蠻人主導這個悲哀的國家。

4/17　‧無絕對的司法獨立絕無民主，無公義的市民也絕不會有民主。獨立的司法和公平正義是民主的絕對要素，可惜台灣的司法落入有權者和財團手裡，執政黨和財團均可左右司法，而司法人員無骨氣，看權勢和財團眼色吃飯。

至於公平正義，在功利社會，權力者和財團是公義。人民屈服於權力者和財勢，無法認清公義，無能力維護公義，甚至出賣

公義的求榮，公義只成為點綴的裝飾品和權力者欺騙人民的口號而已。

在這無獨立的司法和無公義的社會，民主只不過是統治者的工具而已，為害之大莫此為甚。

- 政府對非營業基金之控管，在野要將行政命令提升為條例，執政黨委員全面封殺。執政黨為何反對？此地無銀三百兩，預留舞弊的空間，社會公義何在？
- 無公義觀念的政客，是政治上的白痴。以白痴來治國，變成「白痴國」。
- 台灣所說國家機密，其實是利益輸送的機密和貪瀆腐化的機密，什麼國家機密是騙人的。
- 不知法治和公義的社會，是「白痴社會」。
- 利益輸送和貪瀆腐化的機密，高於國家機密，這是台灣腐敗的主因。
- 守法、公義、為國，好人才；違法、無公義、為私，壞人才。台灣權力者善用違法、無公義、為私的人。守法、公義、為國是檯面上的「話」，違法、無公義、為私是檯面下的「做」。
- 民進黨常引用國民黨過去的作法，做為其不法合理化的論證，是不應該的。如此何必政黨輪替呢？
- 在台灣「守法的」和「誠實的」都是最吃虧的。政府官員與各種勢力互相掛勾，不只無法保護「守法者及誠實者」，反而看「守法者和誠實者」為無路用的人，加以修理和欺侮。在這種情形下，台灣哪有「守法和誠實」的市場。
- 「話」與「做」應嚴格分明。大部分是美麗的話、漂亮的話、迷人的話、好聽的話、爽快的話。談到做，掛零。這是台灣社會的現象
- 「民營化」就是利益輸送化、財團化。政府不守法又無社會公義，只好被財團牽著鼻子走，拱手讓與利害關係人。
- 說「鬼話」是無法做到和騙人的話，好聽話是錢用在刀口上，

其實是錢花在黨口上或官口上。

4/18　・為違法貪贓護航的政黨政治感到憂心。如此政黨政治，國家競爭力一定完蛋，只有政黨之私的競爭力提升，這種政黨政治是幫派式的政黨。

民進黨執政，該黨有些立委公然為政府違法護航掩蓋，厚臉不知恥的行徑，令人痛心。威權的國民黨還不敢如此囂張。

4/19　・心中那把尺是什麼尺？是道德、是公義。沒有「道德尺」和「公義尺」，還像人類社會嗎？

很可惜，道德尺和公義尺，被功利尺取代後，人類秩序大亂，人類已失萬物之靈的地位，人類也開始墮落迷失了。

・國民黨統治下雖不清明且腐敗，無公義、無倫理道德，奈政黨輪替後，更變本加厲、更不清明、更腐化、更無倫理道德。原以為政黨輪替後台灣有清明、公義、道德、法治的一片天，如今大失所望，換來的竟更不公義、更黑暗、更無是非、吃相難看的無恥政客，安享榮華富貴，享受權力的傲慢。

台灣人永遠的悲哀。過去荷蘭時代的統治經大清帝國、日本帝國、國民黨政權……如今台灣人當家做主，自己統治自己，竟大大不如前。台灣人自甘墮落、沒出息，自己毀滅自己。陳水扁能走田莊囝仔，當上皇帝的自己的路，好好為台灣人、為下一代的子子孫孫想一想，開創有公義、有道德、有真正法治、有教養的國民的境界，才不失人民期待政黨輪替，台灣人出頭天的實惠。

・自由民主的修為，比自由民主的堅持更重要，無民主素養談什麼民主？無法治的素養談什麼自由？

・遭受功利主義的瘟疫，公義和道德快要消失了。

4/21　・切勿以尊嚴換取權力和金錢，尊嚴高於權力和金錢。

・不要為取得權力和金錢而出賣人格。

4/22　・人格是人的真生命，是生活中的信念、信心，也是人的地位、人的價值的標示。無人格的人如禽獸、畜生、垃圾、毒物。

- 我的缺點是不與不公義和無道德的人妥協，才會得罪一大遍的人。

- 官員辭職，竟動員群眾抗爭（高雄市工務局長吳孟德），此現象全世界所無。

4/23
- 權力影響司法是罪惡，權力影響文官制度也是罪惡，權力影響公義更是罪惡。金錢影響司法是罪惡，金錢影響文官也是罪惡，金錢影響公義更是罪惡。

- 民主的要素為獨立的司法，健全的文官，社會有公義。

  台灣司法受權力和金錢的影響嚴重，加以司法人員無天生的正義感、責任感，不爭氣地向權力和財團（金錢）看齊，犧牲法官獨立的榮譽，甘為虎作倀。如此，雖口口聲聲司法獨立，其實是權力和金錢下的司法。

  文官制度未建立，文官受權力的影響，成為誰主政，誰就跟過去，看執政者的臉左右搖擺，無為國為民獨立做事的安全感，造成文官的紛亂，權力影響文官生態。文官既無保障，只好投機取巧，只看權力不看國家和人民，這種文官環境，政府不亂才怪。

  台灣社會只有功利而無公義，無公義的社會，豎仔、騙子的天下。有權力的豎仔和騙子更可怕，因有權力的豎仔及騙子是掛牌的、是合理化的、是公然的，官員無公義無良知，人民又無公義的觀念，民主遂成豎仔和騙子的天下。

4/24
- 公義的基因受權力和金錢的毒害，公義已死，知公義者少，真心談公義的人更少。

- 這個社會只有「利害的共識」，而無「公義的共識」。因此要說公義的對口甚少，甚至會被出賣，因此說公義要小心。

- 政務官要說「政策的話」，政務官如說雞毛蒜皮或零零碎碎、枝枝節節的事，將失去政務官的意義。政務官不只注重「政策」，要具高度智慧、公義心、經驗、能力，有歷史使命感，計較國事、社會事，不計個人或人與人之間之事，尤其政務官

的風範、風骨、風格。

- 功利掛帥的社會，無是非、無公義、無人格、無倫理道德、無情義，只有利害、無恥、無知、無懶、無能、厚臉皮、虛偽、言行不一。

- 為選票取向而改造的新行政院組織法，毫無意義。只有改換名詞，功能和內容並無差異，甚至增加人員。

- 台灣的政治最好玩，權力遊戲最痛快，權力者最過癮，比鴉片更爽。

- 政務官應有如推土機一樣的智慧能力，將阻礙物、垃圾全面推掉，並將推掉後的環境，如何建設、如何美化、綠化，如有此雄心、規劃達成目標，才算有效能的政府。

- 全球化的意思是你的是我的，我的是我的。人力人才並無全球化，好的人力、科技人才既設限外流，怎能算為全球化？

- 有吃的說有吃的話，無吃的說無吃的話，不只是媒體Call in，做官的更甚。現在社會很少有吃的也說公道話，無吃的也說公道話。這是社會無是非、無公義的主因。

- 面對權力和金錢，必動搖動念（功利主義）。

- 無黨籍最高潮的是能說公平正義的話，能批判黨派之私，能堅持公道，明辨是非，其餘都是被邊緣化。只有擁有公義才是強勢，其餘均為弱勢。在被邊緣化、弱勢化下的生活，雖有失落感，但能永直豎大拇指卻是成就感。

4/25
- 權力影響學界、學術是最惡質的。學界、學術甘為虎作倀，受權力的支使，是無骨氣、無良知，失去知識分子的價值，破壞讀書人的風範。

- 學問高於權力和金錢。如果學問受制於權力和金錢，等於無學問，也是出賣學問。

- 奸巧的政治領導者，不誠實，以心機、陰謀、製造、設計、策略算計對方，挑撥離間、抹黑、設圈套，趕盡殺絕對方，這是政治人物的猙獰面目。

4/26 ・功利世界，人格價值漸消失，尤其政治人物，不重視人格，不談人格。

・功利世界只有學客，而無學格（學問家），只有政客而無政格（政治家）。

・韓國足球——

一、外國教練一位年薪一百萬美金，比體委會預算多。

二、訓練中心土地買賣預算一千兩百萬美金。

三、十個國際水準的競賽場，還有二十多個練習場。

日本訓練中心比五星級飯店還好（高級）。

4/28 ・無法辨別「真實」又不會活在「真實」，又不喜「真實」的人在主導這個社會，我們還有什麼希望？很多學界知識分子只認權力和金錢，不愛真實，而愛虛偽、作秀、騙人，這個社會還有什麼希望？

4/29 ・學者介入政治，甘為政客的工具，使學術地位和尊嚴盡失，是國家的悲哀！

・學術界是社會清流，倘學術界成為政客的應聲蟲，為惡勢力背書，是社會大不幸。台灣學術在中研院部分教授公然領導介入政治後，已被政客玩掉。

・學術領導政治，不是政治領導學術。

4/30 ・學界、知識分子，應保護「真實」和公義。可惜台灣的學界、知識分子，對「真實」、「公義」不感興趣，反而與權力、惡勢力、財勢掛勾，出賣真實公義求榮。

・對吳東野、盛治仁說有權力的人沒有資格罵無權力的人，無權力的人，才有資格罵有權力的人。

5/1 ・教師無真實意識和無公義境界，自然現在的學生也然。連學生都只有功利，而無讀書人之風。

・教育的失敗，在於領導者和教師心中只有功利而無清高的典範，讀書人與菜市場的生意人無異。

・是解決而不是解釋。很多人不做事又無法解決問題，只學來解

釋無做的大理由。

5/2 ・人生每日分配最公平的二十四小時，二十四小時除了生活、工作及休息、睡眠外，剩餘不多。剩餘的時間應用於有意義、有價值、有公義方面，不可浪費在垃圾、廢物身上，應活得乾淨俐落、標緻美麗。

・謙卑是祥和之本，也是禮儀之本，也是美德。

・最豐富的收入是真實感和公義感。

5/4 ・有權的人不可罵無權的人，因無權的人已怪可憐了！

5/5 ・年逾六十的人應更加認真活，雖生理結構退化，唯應堅持，勿任其退化，仍應以年輕的幹勁好好地活。

5/6 ・現在只要說本土化、愛台灣，就可做大官，可賺大錢，可貪汙腐敗，可做萬惡不赦的事。「本土化，愛台灣」成為罪惡的外表，掛羊頭賣狗肉的招牌，幼稚無知的台灣人還不自覺，悲哀！
這些人其實已無資格說台灣化、本土化，因為他們是騙子，是機會主義者，是投機分子，是功利主義者。如李所說的，是自私、自利、無恥。

・我一生只被利用（不管有權力或人民），但我不利用人。

・無是非的社會，而「非」的力量大於「是」。縱然「是」、「對」、「好」、「高品質」、「真實」，往往被非的強大力量沖毀、打倒、消滅。如此社會，「是」的力量無存在空間，是反淘汰的主因。

・癌是絕症，有食道癌、胃癌、大腸癌、乳癌……但人癌是最可怕的。很多癌來自人癌的壓力而致病。不順天應人的惡人是人癌。

・滿天皆騙，在台灣騙是生活，不稀罕，騙慣了成自然。

5/7 ・有色彩的人不會有是非之心，有黨派的人更不會有是非之心。有是非就無色彩，有是非就無黨派。

・文化人（學人）貼上政治標籤，就如好花插在牛屎上，一文不

值。

- 以智慧處理問題、解決問題，而不是以聰明處理問題、解決問題。

- 台灣現在是豎仔與小人的天下，是豎仔治國，也是小人治國。

5/8
- 好與壞、是與非，如果決定於自己的利害、黨派的利害，而非決定於國家的利害、全民的利害、公義的利害之上，則永遠無是非、無好壞。

- 真實和公義那把尺，從不離身。

- 無國家意識和全民意識細胞的人，當為領導者或決定者，哪有國家和全民的存在。他們只有「個人的利害」和「個人的好惡」。

  以個人的利害和好惡治國是最危險、最可怕的。

  由其言行可看出有無國家細胞、全民細胞。國家與全民只不過是「個人利害細胞」的領導者，用來騙世人的美麗言語而已。

- 理念和認知層次相差甚遠的場合，很難發揮作用，發言也是徒然的。

5/9
- 聰明是短線的，是利害的，是治標的。

5/10
- 不要看有色彩的報紙、雜誌、廣電，因為有色彩的，既已有標籤，是不會有公道、正義的。

- 看不公義的媒體、文章，頭腦會壞掉。

- 是否真實可由其談話過程中句句體會出來。口若懸河、口沫橫飛的話，大多是假的不實在。

- 要聽實在話，否則浪費耳朵，甚至被誤導。

- 有權罵無權的是最無人權觀念的人。

5/11
- 搞政治後臉孔變奸，搞政治的人如能堅持真實和公義才不會變奸臣面，否則必奸。

- 泛政治化是不可以的。泛道德化我同意，因這個社會已無人說道德、主張道德、堅持道德、實行道德，怎會有泛道德呢？如果有泛道德化，我更支持。

人性本來人人皆有，但倫理道德已失，人性隨著消失，但強調人性，你不能說是泛人性化。

- 無道德、不守道德的人，才怕道德，不喜道德，進而批評強調道德的人爲泛道德化。同樣不守法的人，才怕法，進而批評強調守法的人是爲泛法治化。
- 泛政治化我不喜歡，但如能泛道德化、泛人性化、泛法治化更好。
- 台灣之亂在政治，政治之亂在黑金，黑金之亂在功利，功利之亂在價格，價值之亂在人本，人本之亂在教育。教育失敗，是全部亂源。

5/13
- 生命一天一天地消失，然還沒有活的內涵，地球上人事物自然環境……太多太多未活，現在緊張萬分，六十七歲覺得活得一點點而已，剩下無多，還有那麼多未活，不知從何活起。總之，一個月一日活掉，或一年一日活掉，要快馬加鞭地活，要快彌補人生的全部。

5/14
- 對李蕙說人生最悲哀的是爲壞人服務，人生最可憐的是在壞人的身旁。所謂壞人即「不尊重眞實和公義」的人。
- 好人都容納不了，還去容納壞人。
- 對李蕙說對政治人物不可把他當人，如果你把他當人，很可能你會變成不是人（台灣政治人物的可怕）。
- 碰到政治人物要當他爲屬鬼地提防，否則你會被害死、被吃掉。
- 權力如不尊重「眞實和公義」，權力者就如同幾個父親生的。
- 要用「眞實和公義」決定一切，而非以權力決定一切。用權力決定一切就是獨裁專制。
- 權力應基於「眞實」和「公義」，否則就變爲惡勢力。

5/15
- 台灣掌權者很少基於眞實和公義，因此權力者是惡勢力。
- 惡勢力只有權力惡鬥，無國家人民的存在。台灣現在是惡勢力的天下，心黑的人，均被網羅爲惡勢力的權貴。

- 美國教育改革四個重點（核心價值）為誠實，仁慈，尊重和責任。
- 領導人如「私心無責」，這個團體或國家一定無生機和活力，更談不上發展和繁榮。
  - 一、濫用人員：酬庸、利害掛勾，非真正為國舉才，真正賢能難出頭，用那些垃圾有何意義。
  - 二、受用者縱為真正賢能之士，也時刻看領導的臉色而工作，無法以其真正才華為國為民工作。

  如此社會國家怎會有生機和活力？無生機和活力的政府是死政府。
- 我只有真實的性格而不包裝也不喜包裝，更無時間包裝。我性格赤裸裸地表達無遺，真實地公然於世，毋須以虛偽的包裝來掩飾、誤導、欺世騙人。
- 無是非就無效能，因「是」會被「非」抵銷，自不會有效能可言。
- 吸鴉片是人生最舒服、最爽的，但生命很快結束。做官如果當吸鴉片地享受榮華，爽也很快結束。
- 天下無難事，只怕有私心。
- 有私心就沒完沒了，害人又害己。
- 現在的處境可引「補破網」歌詞中的「孤不利終罔珍重」，而我現在是「孤不利終罔活」。
- 5/16 我一生從不西瓜偎大邊，也不有吃說有吃的話，無吃說無吃的話，也不靠黨派起家，更不依權勢而生存。我只認真實和公義，只要違背真實和公義，我均絕不接受、不妥協，甚至討伐之。
- 以記者身分揩油財物或揩吃喝，或以記者的利害揩官位，前者很普遍，後者手段最高。當記者寫權力者的好壞，然後博得權力者的喜愛而當大官。
- 台灣權力的基因是「私心」，用錢買票得權力，用罵騙取權

力，這是台灣權力的兩條來源。這兩種來源均基於私心私利而騙來，他們權力基因非來自真實、公義、國家、人民、歷史責任。因此台灣取得權力的人，幾乎把權力當成他家的，說話、做事、用人，幾乎基於他私人或他家的心態而為。

- 無公義和真實基因的記者，是台灣今日的亂源。

- 過去的公職人員是「大公無私」的精神，現在是「大私無公」。

- 功利社會是「錢」與「權」的社會，不是「人格」的時代，真是「人不如錢」、「人不如官」。

5/18　·功利家庭：人為的、利害的、炒短線、有給的（對價的）。
　　　倫理家庭：自然的、真愛的、長期性、無給的（不對價）。

5/20　·靠上帝執政，而不可靠群魔執政。

- 政黨輪替不是利益輪替。兩年來可看出是利益輪替，看不出政黨輪替的意義。

- 何炎輝老師說：「觀其人必先觀其友。」主政者身邊或所用之人，如非有公義者，主政者自非公義之人。

5/21　·在無公義，非以國家利益高於一切的幫派或政黨政權下，當官是幫兇，人民不會尊敬，況將被貼上標籤，而成為有吃說有吃的話的打手工具。有些讀書人，本來相當清高受尊敬，一加入無公義、以政黨或領導者個人高於一切的政府為官，他的清高立即跌停板，成為政客的幫兇。自殘自己，斷送一位清高的讀書人。

- 在有公義、有智慧，以國家利益高於一切的無私政府，才能真正為國為民奉獻。這種環境下，當國家的官非當私人的官，才有意義。

- 現在當官須看人的臉色而當官，是最無尊嚴的，是傀儡、是工具，是打手而已。

- 當官是看國家的臉色，是看公義的臉色，而非看領導人的臉色，否則與專制皇帝時代何異？

- 做事是中性的、真實的，是利國利民的，是正面的；口水是意識的、虛偽的，是害國害民的，是負面的。為政不在多言，其意在此。

- 要說自己的話而不是替人說話，不是看人臉色說話，更非為利害說話，否則就不是「人話」了。

- 台灣雖說是民主，其實是人治。因執政者私心重，權力當為他家的，喜用看他臉色的人，只要對他有利、對國家全民不利也無妨，喜搞利益輸送，喜拍馬屁，只要對他有利，道德、法律、制度都可不管，這款假民主的人治體制，國家永無希望。

- 如不以國家利益、全民利益高於一切的任何政治，都是一樣，也即民主和專制並無兩樣，只是名詞有異而已。

- 政務官不是看人的臉色而活的，政務官應無私，有高度智慧、理想、能力，有風骨，形成國家長遠決策，而不是看人的臉色做有利於主官的決策。台灣的政務官幾乎看人的臉色而存在的，令人失望。

- 國民無國家意識，政治人物是騙子，這個國家如何發展？

5/22
- 權、錢、人皆高於國家、皆高於全民的台灣，政府不像政府，怎能建設好的國家？

- 搞政治不搞建設的國家只有惡的典範，無內涵而空洞化。

- 台灣如果是世界強國，我認為口水最強，名列世界第一。

- 政黨應為公義的競爭，如為利益的競爭，則屬於惡性競爭，沒有政黨的必要。台灣的政黨幾乎是利益的政黨，沒有參與的必要。

- 學術參與政治就不成為學術，學界應嚴加批判和監督政府。

- 用權力競選比貪汙更可怕。台灣的政治人物大部分如此，取得權力後就無法做事、不做事，利用公權力和公資源從事連任的競選。

5/23
- 公義是我唯一靠山，唯公義目前是功利社會的眼中釘，是弱勢，因此我目前處境最差。無橫蠻的黨派、財團，只靠單薄

269

的公義，勢單力薄。雖如此，但仍堅持堅守，絕不與人同流合污。

5/24 ・無欲則剛，無私更剛。

5/27 ・過去物質生活貧乏、富人性、有道德、有人情味。現在物質生活豐富，人性消失，倫理道德失落，無人情味。

5/28 ・是非愈分明，愈有價值觀。無是非或是非模糊者，只有價格觀。說是與非、對或錯的人，才有價值觀。

5/29 ・台灣的政治人物，尤其各級行政首長，均無主動的愛國智慧、無主動的愛民精神。無主動的結果，自無真正為國家設想，無歷史責任感，無為下一代創造美景。不主動找事做，不主動解決問題，不主動拜託他人，或感謝志工社團為國為社會工作的辛勞。

因此行政首長只有當官高高在上的心態和官僚氣習，感受做官的偉大驕傲，把官位當他家的、他自己的，以自己的情緒和好惡做他爽快的決定。凡事應付、打發、保護官位，眼中無國無民存在。

如此的台灣官，你能寄望他們嗎？不能的，只有沈淪無法再起，除非人民覺醒，從根救起！

・有智慧的人，才會主動設想、處理、解決問題。聰明的人是被動地、選擇性地應付應付而已。

・不要說「沒有的」話，說空的、不存在的、無真實的話、無公義的話。

6/1 ・我物質生活的慾望是以日據時代、光復初期，吃甘薯籤配菜脯，赤足、穿補衫為標準，比它好一點就很滿意了。
精神生活以重感情、親情、重倫理道德和公義、重真實，並熱愛藝文生活為準。

・無私更剛，「剛」才有力量。無私才有無限力量處理一切、解決一切、創造一切。因此，「無私則國治」。

・臉色（頭臉）政治與專制政治無異

6/2　· 道德的自然主義，而非「非道德的自由主義」。人類之亂在於「非道德的自由主義」。

· 無私只靠道德來保護，無道德的社會無私自然消失，只有自私的人的天下。

· 二十、二十一世紀，是科技最昌盛、人類物質生活最豐富的時代，也是人性消失，人本不存，人不像人的時代，是哲學家鬥不過功利而哲學漸失的結果。

· 無公義的專制，人民可討伐而推翻之。然無公義的民主比專制更壞，誰能討伐推翻它呢？
人民的品質不好，怎能達到公義集中制的理想民主呢？無道德和公義的人民，只有選舉的民主，比專制的災禍更甚。

· 有道德的經濟才是真經濟，無道德的經濟是投機式、小偷式、搶劫式、殺人式的經濟。

· 施政的民主程序比選舉的程序更重要。大部分當選後或就任後無民主程序，而民眾只注意選舉而已，一旦選後人民就不注意，不追蹤選出的人有無民主程序。

6/5　· 台灣政治人物一搞幾十年，真正立德、立功、立言的人有幾人，很難算出。這些霸占政壇數十年，只有口水、榮華、權力的驕傲，私人富貴，交不出什麼成績單，這是國家的不幸。

· 有三不朽人生的死人，與睡夢中的活人無異。也即有三不朽的人是永恆的活人，他的典範、言行，永久影響後人（世），永為後人敬重和懷念。

· 臉色政治和口水政治，是人治獨裁和最不公義的。

· 透明化的政治，政府才能乾淨、衛生。

· 無私的人，永久學習無限地吸收他人的長處、智慧、精華，欣賞他人的好處。

6/6　· 政府雖有獨立機構，如監察院、中選會、考試院、中央銀行、公平會、法院、檢察署，但成員均執政黨的總統任命成員，受制於政治力，始能擔任職務，不敢獨立行使職權，表面為獨

271

立，實際上比非獨立機關更不敢獨立，原因為一受制於政治力，二為喜歡做官的人，三缺乏有骨氣、大公無私的人才，縱有也無機會擔任。

6/8　・當選後就無民主觀念和程序。所謂民主，「你是民我是主」，這是台灣式的民主。

　　・心中只有權力的人是不會有是非之分。

　　・公義的基因是「非」、「是」分明，權力的基因應是公義。

　　・權力如無公義，權力則變為劊子手。

　　・選舉時是民主，當選後是主民。

6/9　・功利社會，眼中只有權力，無良知。尤其御用學者，只為權力爭辯，而不為良知辯護。

　　・學者不維護公義良心，而甘願為野蠻的權力用心迴護，是自私、無知、無恥、幼稚，表示無讀好書（書沒有讀好）。

　　・功利社會「誠實善良」很難生存。

6/10　・台灣社會應注入主流的活水聲音，不可永在麻痺、陳腐死水的聲音中混。

　　・意識形態高於公義，一切問題均難解決。

　　・公義意識很難形成，公義成為弱勢。

　　・台灣政治流氓搶占政壇，奪取政權、掌控人權，造成反淘汰的勢面，無天理。

6/12　・政治應有是非，如果政治無是非，就不能算是政治了。

　　・政治是是非分明的界限，屬於價值問題。

　　・政治如無是非只有利害，就屬於價格問題，失去政治的意義。

　　・說（有）是非的，才是政治家；說利害的，是政客。

　　・內閣閣員應具國家觀念、歷史使命感和強烈企圖的責任感。可惜現在閣員是機會到了，來當官享受權力的驕傲和做官的風光而已，這些人怎能建設國家呢？

　　・政務官是說基本政策，根本性、原則性、重點性的話，如果政務官均在說枝枝節節、零零碎碎、五四三的話，這個國家還有

什麼希望？

- 政務官應重視時間的珍貴，主持開會應分秒必爭、分分必省。

- 頭臉政治是將人才當奴才用。

- 是非是千秋的，利害是一時的。

6/13
- 活原則，少活枝節。

- 設定說話的角度和立場，均以公義無私為角度，不可設定在利益自私或為奉承他人，為利害的他人辯護，否則人格就有瑕疵，甚至破產。

6/14
- 台灣社會是利害高於是非。

6/17
- 活根少活枝葉，即講原則少說枝節。

- 所謂「價值觀」，即「是非觀」。

- 人權即人的尊嚴。現在的人為爭名爭利無廉恥、無人格、自殘尊嚴，為名為利失去人的條件，無人性，這種社會還講什麼人權？無人性的社會還套上崇高的美麗人權，實在可笑。

- 我不感受不公義的榮耀。不公義如詐欺、搶劫、殺人、欺侮人……不公平無正義者，如果上列行為有所得，你會感受榮耀嗎？如你有榮耀的感受，可能你已非人也。

  惜功利社會爭權奪利者、學人，均不感不公義的榮耀為可恥，反而以其學識、權力力爭而沾沾自喜，甚至而狂歡，自認不公義的榮耀才是有本領的榮耀。

- 不公義的榮耀，竟為台灣政界、學界之最愛，是台灣墮落、腐化之因。

- 無良知的榮耀與不公義的榮耀，均無意義、無價值的，惜台灣學界與政客均搶著無良知和無公義的榮耀，而沾沾自喜，真是無恥又悲哀！

6/18
- 二十世紀是功利世紀，人性消失。願二十一世紀是人本世紀，否則人類將喪失「人為萬物之靈」的地位。

- 司法政治化加功利化。司法無法獨立，國家永無希望。

- 謙卑的典範，是權勢者應具備條件。

6/19 ・無私與自私對同一問題、看法的立場和角度自然迥異。

・無私就無爭執，自私就沒完沒了。

・大私大貪，小私小貪，無私不貪。公私不分，混水摸魚。

・與小人相處，是人生最不幸也是最苦難的事。

・政府雖在法律上設有獨立機構，如法院、監察院、考試委員、中選會、中央銀行、公平會等機構。但在行使職權時，能獨立無私行使職權者極有限，大部分成員因受任命長官的知遇或須看上級頭臉，實質上無法獨立行使職權。除非有鐵面無私而有骨氣的人，始足當之。

6/20 ・無是非的活就是活得不明不白。

・讀書人的風骨就是公義，無公義的人就是書讀了很多，也是枉然的。

6/21 ・看到無價值觀的社會成為反淘汰的社會，至為憂心和無望。現在是好人要看壞人的臉色才能生存的時代，好人要拍壞人的馬屁、好人要討好壞人、好人要向壞人說對不起、好人要請求壞人原諒……。

・張博雅落選有感——

一、十九位考試委員大多是酬庸，唯獨較夠格的張博雅落選，是非不分、善惡不明的反淘汰。

二、政治人物只有爭利害，沒格爭是非。

・台灣是只有爭利害，無人爭是非的國家，如此台灣還有什麼希望。

6/22 ・政治雖無是非，但有因果。

・做一個人，每日只有利害的生存空間，每日談利害，分秒爭利害，一定活得辛苦，活得不明不白，活得不像人的。唯有「有」是非分明的人，才能活得清清楚楚，活得乾脆俐落，活得瀟灑快活，活得像人。

6/24 ・不可以私心斷其公事的好壞。人與事必須分開談，才能客觀、公正。

- 以客觀事實爲立論基礎，勝於主觀抽象爲立論基礎。台灣的政治人物大多缺客觀事實的意識，一取得權力，則以主觀、抽象的言詞壓制他人，使人眼花撩亂。

6/25
- 金錢和做官易得，智慧就很難得到，因此求智慧不容易。因有智慧的人不多，除非你福氣，有機會遇到智者。
- 功利社會只有「物化」，而無「文化」。連「文化價值」漸被「物化價值」代替，也即「文化物化化」。

6/26
- 無私——
  一、不自我設限，包容一切，心胸才會寬宏大量。
  二、海闊天空，包容一切，做大事之才。
  三、不爲自己計較，而爲「是非千秋」計較。
  四、有價值觀不會有價格觀。
  五、強烈的公義責任感。
  六、關心下一代和國家未來發展的使命感。
  七、無私就無障礙，東西南北任君行，順利暢通。
- 政黨或政治力介入軍中的升遷，軍中必亂，也可能成爲獨裁政治（看阿扁升遷十二位中將和數十位少將有感）。
- 台灣的政治亂象有時不是政黨惡鬥，而是執政者無執政能力，無好的政策、無大公無私的作爲，使在野黨口服心服。在野黨抵制、反對，這是政黨競爭的常態，而非惡鬥。執政黨如無私，在野黨無戲可做。如考試院長及考試委員提名，垃圾難道在野要照單全收嗎？如果提名不好的人在野要同意，那就不必給立法院同意權了。台灣把這些說爲政黨惡鬥，無知至極。
- 無私＋智慧＋能力＝實質成果，不空轉。
  台灣現在空轉原因爲私心重＋聰明＋無能。
- 無私就無心障，就不會造業。

6/27
- 台灣人內鬥內行，外鬥外行。
- 台灣人有慾則剛，自私更剛，不知恥也。
- 金權是下流，智慧是上流。

6/30 ・觀巴西與德國冠亞軍有感：足球是體力、速度、技巧三結合才能成為優秀球隊。

7/1 ・潛力的成就比作秀的成就有意義。這幾年來我在潛能的發展甚為滿意。

7/2 ・要說人話不說鬼話，也不要說官話，更不能說錢話。

・老天雖給你準備生活的老本，即「總時間」，但千萬不可賣時間過日子。

・讀書人無骨氣，甘淪為權勢的奴隸（工具），悲哀（權勢包括權力和財團）！

・財團名利雙收。功利社會是錢吃定官，官吃定民。

7/3 ・以個人利害或政黨利害而用人，比貪汙的為害更大，由此可看出用人者的私心。因利害關係被晉用的人是卑鄙的、無好貨的。

・政務官只談政策不談枝節，枝節是事務官的權責。

・我不是貼標籤而入閣，大部分是貼標籤入閣。貼標籤入閣的人看黨派，不會看國家或他人的。

・政客說民主與人權，其實是最不民主與無人權。民主與人權是統治者的美麗語言。

7/4 ・讀書人的風骨在於不與權威妥協，即反對權威。現在的讀書人寧為權威的奴隸（工具）。

7/6 ・有錢就有權說謊，錢可使謊言成真話，錢喊水會結凍。

・財團是生意人，是投機起家，是唯利是圖，但首長竟視錢如命向財團五體投地叩敬。

・鄉下過去常說「倒賴人」（賴債之意）與「灌水」。當今政壇權貴，有權無責，權是他家的，責任推給他人，就是「倒賴人」，且說話做事均灌水不實在。傳統倒賴人與灌水，連不識字的人也知道最壞的事。

7/8 ・「組國安聯盟」政治就能安定嗎？政黨政治的功能是在野須嚴加監督執政者。台灣把「嚴加監督」解讀為「政局亂源」，那

何需政黨政治呢？乾脆一黨專政，自然無人監督，一切就順利安定了。

政治人物一方說民主政治，另一方消滅民主功能，矛盾至極。其實執政者應端出最佳政策。無私的政策自然無人反對，在野黨也會欣喜地支持好的國策。如果執政黨端出的政策，是為選舉、為少數利害（財團）的利益，是垃圾政策，要在野支持是不應該的，不能罵反對黨不配合。

- 說謊是免本錢的，是「無本萬利」的，可騙官、騙錢、騙色……尤其政治人物，可騙「名」騙「利」，名利雙收。

- 無志節的官位是最卑鄙下賤的，惜現在政治人物大都屬此類型的，如西瓜效應。

- 留智慧給歷史和下一代才是真成就，萬古留芳。留名而無典範對歷史和下一代毫無意義。

7/9
- 取得權力的人，大多享受權力的傲慢，因此說權力話而不說人話，變來變去、騙來騙去，都是他對，被騙的人都不對。以權力的情緒說話，是最壞的示範。

- 台灣人無真實意識，只有功利意識、炒短線意識、虛構意識，有效力的說謊意識。

- 學術無法獨立，學界向權力、財團傾斜，甘為權威的應聲蟲，是學術的悲哀，也是子孫的罪人！

- 學界無血氣向權威和權力挑戰，表示學術已死。

- 學術是清流和活水，學術既死只有濁流和死水，還有何生機呢？

7/10
- 「無是非之心非人也」（《孟子》）。台灣人最沒有是非觀念，照孟子說，是非人也，也即非人的社會。在非人的社會只有權力、金錢、黑道為「是」，道德、智慧、公義為「非」，以權力將「非」強奪為「是」，將「是」強改為「非」，以金錢將「非」收買成為「是」，將「是」收買改為「非」，黑道也然。

權力、金錢、黑道綁在一起，顛倒是非、愚弄是非、模糊是非、主宰是非，使社會公義不存，以「非」鬥「是」，「非」成主流的強烈反淘汰。

- 現在當官的人大多不值得尊敬——

  一、最無恥的人在當官：無原則、變來變去、西瓜偎大邊、投機政客，出賣他人有功者、陷害忠良有功者。

  二、無理想、無理念、無歷史使命感，無為下一代著想，大多為炒短線之徒，占領國家權位。

  三、非以有實力、有智慧、有道德、人格、有典範的人執政、為官。

  四、酬庸性與選舉考量的用人政策而產生的官員。

  五、對執政者有貢獻的財團和黑道之徒均可當大官，大做利益輸送，掌握公器，好人被壞人管，被壞人欺侮的局面。

  未具上述條件者，要為國為民做事，很難有機會。上述這些人是政府經營團隊，人民不死才怪。因此上述之人縱當大官，與垃圾何異！不只不值得尊重，應唾棄之。

- 社會無是非、無公義、無真實意識，原因是「有黨無國」、「有官無國」。台灣國民很少有國家觀念，只有政黨的利害觀念。公職人員無國家意識的責任感，只有看執政者的政黨的臉色而生存，不看國家的臉色而生存，如此這個國家只好任其墮落、腐化、消失、無望，只有黨及少數個人有發跡的機會。

- 無優質政策和優秀人員執政，只靠挖角對方、裂解對方而保持政權的黨，與幫派何異？

- 唯有道德典範、完美人格、謙卑的權力，才有權威。很可惜，現在的權威均不屬於上述的人。

- 「官話」能比「人話」爽嗎？我是反對「官話」的，我是永遠說「人話」較爽，不過大部分喜當官的人認說「官話」是當官的目的，如不說官話，何必當官呢？他們認為當官的目的是能說官話，能說官話才會不同於「人」，才有價值、才會爽。因

爲他們是「官」，不是「人」，不必説「人話」，殊不知官話會害死人。

- 無私、單純化、簡化的思考和整合，是政務推動的動力。
- 「官話」和「官架」是我最討厭的。
- 任何好事、好人一經政治化，就變成壞事、壞人，可知政治之可怕！
- 喜説「官話」的人是最不負責的人。
- 單純型人物：無私、大局、智慧、經驗、能力，才能使問題單純化，進而解決問題。
  複雜型人物：自私、無智慧、無經驗，將使問題複雜化，製造問題。
- 利誘是一時的，是短暫的、是現實的，是得不償失的。古代讀書人有風骨、風範，不易被利誘左右，更不會被收買的。
  惜現在讀書人比無讀書的更易被利誘左右，他們讀書的目的是要錢、要權、要勢，不是要受人尊敬的。古代讀書人是受尊敬的，有道德文章。

- 無人道還談人權，無人性還談人權。執政者以人權騙政權、騙世人，以自圓其執政的正當理由。台灣是無人道、無人性的人權。
- 人權等於政權，欺人騙世。
- 誠信是人權的基本，不誠信的人無資格談人權。因不誠信的人已侵害人權了，還談人權，不是無知便是無恥。
- 人的尊嚴是人權重要部分。待人不誠不信，就無將人當人，侵害人的尊嚴，自然無人權存在。
- 說話要誠實務實，以真誠、事實烙印在聽眾心中，使每位聽眾均有深刻印象，進而發生回應，說話才有目的、才算成功。現在政治人物說假話、騙來騙去、漫天空話、雖聲音宏亮，強加進入耳朵，但結果均是空的，說得如大碗公，但碗公內沒有東西，結果才知道被騙。

・過去做官是受人民自然尊敬的，現在的官是強迫人民尊敬他、奉承他、拍他馬屁。現在的官有公權力（軍警、司法）加上野蠻土匪（白色）掠取財物、抹殺公義、壓制人民，最後還要強迫人民尊敬他。

因此現在的官，名利雙收，吃賭也吵賭，好像幾位父親生的，占了便宜又賣乖，是垃圾，最髒的。

我對台灣的公職人員早已生厭煩、看不起、不看、不接近，才能活久。

7/12 ・現在政府的頭銜如資政、國策顧問、顧問……只是「師公嚇死鬼」的作用而已，也即嚇死愚民而已。是政治人物酬庸聘請「師公」做樁腳，以嚇人民而得選票而已。

・無社區意識也無社區條件，選舉各扶其主，每選一次裂解一次，鄰右族親已無限次的分裂，非仇恨，則疏離，很難凝聚社區意識。況選後各有其背景，老闆後台，誰怕誰、誰信誰、誰服誰，繼續社區的裂解，沒完沒了，還談什麼社區營造？

・台灣只有「堂皇名詞」的空殼功勞，無內涵、無實質、無完成的績效，只聽到斷斷續續的附和聲而已。社區營造是藉李遠哲的名來喊。

・台灣有社區的口號，無社區意識的條件和生態，社區不易生存。

・有學問與無學問之別，端看他有無公義意識，與有無維護公義的勇氣。

7/14 ・政治人物應注意現在，更應重視未來的構想和發展，如不講未來，就無資格充當政治人物。

現在政治人物的毛病在於爭議過去，重視現在利益，無未來的責任。應該檢討過去、貢獻現在、構想未來。

・台灣「利害」為「是非」之本，完蛋！

7/15 ・台灣有紅頂商人行利益輸送，有紅頂學人行利害輸送。利害輸送比利益輸送更可怕

- 只要「利」，自無「非」，只要「害」，自無「是」。利害主宰是非，社會永無公道可言，無公道自無正義。
- 如果非要利害不可，應先是非，後利害。
- 讀法律的人應比一般人更應有公義心，惜台灣讀法的人不只無公義意識，且利用法律優勢、漏洞來吃人、欺人、騙人，尤其位居要津的政治人物更甚。

7/16
- 台灣要真正步入一流國家，領導者必具絕對無私心，而以國家與未來子孫為職志。黨的定位是國家和全民之下，為此，如軍人、警察、司法、監察、外交人員最好不參加黨派，參加黨派者不錄用。如此大公無私，台灣才有出路。如果國家領導人仍滯留於黨的利益高於一切，為維護執政權，利用公的資源，建立有利於己的制度，這個國家將永遠爛下去。如說過去國民黨不好，現在也好不到那裡。國家領導人應放眼於國家全民，而非只有黨而無國。
- 政治人物的話比一般商人的話更不可信。如果要相信政治人物的話，要從逆向思考才能猜對。
- 政治人物的話如能聽信，狗屎也可吃。因政治人物水準差、無風範、無誠信，人格早已破產，他們是高級江湖術士。
- 社會誠信破產，互信崩盤，只有打爛戰、爛活，無是非系統機制，爛貨與好貨混在一起，同質性地流動，只有在不清楚、不明確、霧煞煞地浪費生命。
- 「貪」的人才會西瓜效應，貪的人才會向權勢傾斜。

7/17
- 朱高正說「政治是高明的騙術。」我想，政治是卑鄙的騙術。
- 政治人物如無典範、無風骨、無風格，也不是為國家、為人類、為歷史，只為私益私利、為黨派的執政權，則政治人物比垃圾都不如。
- 現在的政治人物只有私心，為己為黨而已，此可由其言行看出來。
- 政治人物和學人的無恥，是社會腐化、人民墮落的主因。

281

- 有黨無國：台灣的政黨只有黨的利益、黨的存在，無國家利益、無國家存在。事實上台灣也是無國，因中華民國是暫時的、是借牌的，而台灣共和國又不敢宣布，因此目前可說是無國，況國際地位也沒有。因此「有黨無國」之論似無不合理。
- 最專制的國民黨政權，對縣市長都相當敬重、客氣。現在不然，連院轄市長都被罵了，還遑論縣市長。
- 學人可參政，是以專業、以學術奉獻國家的參政，而不是以意識形態的參政。如此才有正當性，不會淪為紅頂學人，才會受尊敬。
- 學人以意識形態參政是背棄學術專業，是最不值得的。
- 意識形態參政只有為反對而反對，為贊成而贊成，是極端的對立。非理性、非為國為民、為公義、為真實、為是非而參政。
- 面對權力眼必濁，面對金錢心必橫。
- 具公義骨的人不會接受也不會享受不公義的榮華。
- 連國宴也在競選，利用國宴場面，邀請綠色陣營企業家、樁腳、藍色「失意政客」，藉機統戰，真是高明。

7/19
- 民進黨用每一個棋子均發揮利害爆發力。國民黨的棋子死板板地等吃、等喝、等死，不亡才怪，現在仍然如此。
- 資政、國策顧問的效能是擔任治喪委員會主任委員、委員，在悼祭時名列前茅，點名先行悼祭而已。
- 台灣的領導人士只有矛盾的典範，如言論的先後矛盾，行為也矛盾，言行又不一致。有矛盾的風範，無邏輯的典範，因此空虛不值得人學習、受人尊敬。

7/21
- 政黨高峰會或國安聯盟均為執政黨的統戰策略。

7/22
- 現在當官的只有官感而無使命感和責任感。

7/23
- 只有「利害」無「是非」的台灣，永無公義可言。
- 無公義就如無太陽是黑暗的。黑暗如何度日，亦即無公義如何度日。
- 學人讀書人無學到「真理」，只學到「利害」，是學界的悲

哀，也是國家的不幸！

· 無是非真理的學人比猛獸更惡，因他們藉讀書人的名器來抹殺真理、顛倒是非、殘害公義。

· 在台灣，權力即公義，是可怕的。

· 權力＋無是非的讀書人＝黑暗的年代。

· 過去我一再說國民黨的黨員，是要吃國民黨、利用國民黨的人，才加入國民黨。因我不吃國民黨，也不利用國民黨，因此我不加入國民黨。如今印證是事實，國民黨的敗選，如兵敗山倒，兩年來政府黑金掛勾更甚，無盡到誰收錢誰負責的公義，施政不好反咬在野一口，把責任合理地推給在野，然看不到在野正當性的反駁，眼睜睜地在光天化日下看到公義被強暴，天下人無可奈何，然以吃國民黨利用國民黨的國民黨更無可奈何。這些人要重整國民黨是不可能的。國民黨氣數已盡，台灣只好讓公義繼續遭強暴，已無人可反抗。公義既死，人生的味道在哪裡？國民黨那盞無氣無力的殘燈，趕快熄滅，讓公義重新生根、發芽、茁壯、強大，來捍衛公義吧！

· 是非為利害之本，而不是利害為是非之本。是「是非」控制「利害」，而不是「利害」控制「是非」。
台灣現在社會是「利害」控制「是非」，「是非」是以「利害」為準，而非「利害」以「是非」為準，是非常可怕的社會。

· 智慧是好的膽固醇，聰明是壞的膽固醇。

· 甘地七誡之其一要有是非觀念的學問。可惜現在是「有利害觀念的學識」。其實利害與學問是不能並存的，有利害就無學問，有學問就無利害。以學問來化解利害，這是學問價值的意義。

· 學界、政治家、宗教家、公眾人物只有「是非」，不能有「利害」。如果上列人物有利害無是非，將是違背良知，與生意人無異。上列人物如與商人掛勾、利益輸送，就是罪惡。

唯有有是非而無利害觀念的學人、政界、宗教界，公眾人物始有資格受尊敬、受效法、受懷念，否則是垃圾、是蟑螂。

- 無是非、不愛是非、不辨別是非的人，就是「複製人」。複製人可能有生命，但將缺靈性、缺智慧、缺人性，也可能是人的形態，其他動物的心態。

- 複製人未出世，台灣的政界已一大堆了。

  不是做生意才設帳簿，人生也應設帳簿。生意人帳不清，將是無信用，同時表示不健全易破產。人生也然，活得不清不楚，糊塗帳一大筆，將會信用掃地人格破產。

- 複製人未出，雖爭議大，但事實上非複製人但與複製人無異者在台灣已不少人，尤其政界人士。

7/24
- 為了公義與真實，我永遠是權力權威的討伐者。國民黨時代的挑戰和反抗，民進黨時代也然。不像那些紅頂學人如澄社成員過去嚴批國民黨，現隨著政黨輪替而靠攏有權勢的黨，不只去當官，也當護航的打手。

- 政黨對決應是比品格不是比野蠻。如果是比野蠻，當然是席次多者勝利，如果是比品格，是全民的勝利。

7/30
- 二十世紀功利主義雖物質科技有斬獲，但對人類和地球造成兩大害——

  一、人害：人性消失、倫理道德墮落、社會無是非無公義，人的品質低劣。

  二、公害：溫室效應、自然生態破害汙染（水汙染、空氣汙染），地球被掏空。

  人類對公害已注意挽救改善，但人害還是繼續惡化，這是人類存亡之秋，值得正視的嚴重問題。

7/31
- 「真實」是最清楚的。

- 大部分的人是「有頭無尾」。「有頭有尾」的人太少了。如接待客人，剛接時很誠懇、熱情，但慢慢降低誠意、熱情，最後甚至厭煩，這是我的感受。但無論對任何均應有始有終、有頭

有尾，除人背離我，我一生是有頭有尾的追求者。

- 台灣人的品質「無廉恥」，自己錯誤不檢討，反而要責怪他人、檢討他人，這是野蠻行徑。

- 台灣的無「是非」，是因「利害」而說話，也是以利害而斷是非，而非以「是非」而論斷「人」。

- 反常的台灣社會「無恥也剛」。

- 人性消失中以「無恥」最嚴重。

- 無恥爲野蠻之本。

- 無恥的人與禽獸何異！

- 不知見笑的，能算人嗎？

8/4
- 學人也以利害作爲公義的標準，司法也然，宗教也是，這個世上還有什麼希望！

8/5
- 看頭臉不是看公義，是人治。頭臉政治是封建專制式的政治，非民主政治。

- 統治者有無私心，端看其所用之人。如其所用之人是基於利害或私利，一定是私心。

- 有權者就有被巴結的本錢，低劣的人只有看權力不看公義，才有頭臉政治。

- 頭臉政治的形成，始作俑者爲權力者。如果權力者無私心，不喜被巴結或唾棄頭臉，自然無人敢看頭臉吃飯，頭臉政治自然消失。

- 台灣瀰漫頭臉政治的社會，民主的公義性很難生存。只有假藉「民主」之名，公然行人治和私利的政治，欺騙天下人，而學人竟成幫兇，悲哀！

- 權力者無誠信地公然言行不一，說謊是權力者的專利，則不需教育了，價值觀如放在「不誠信」，而知識分子又向其靠攏不討伐，則天下大亂，人的定義就要重新詮釋了。如果「可不誠信」，人與人的關係就難存在了。

- 頭臉政治是投機者美麗的園地。

- 政治家如能斬斷頭臉政治的臍帶，公義的政治才能出現。
- 推翻頭臉政治，才有真正的民主政治。
- 現在是必須揭穿假民主的頭臉政治的時候了，頭臉政治存在的一日，民主永難實現。
- 政治家的培養在一個國家來講，是非常需要的。政治不好，人不像人，萬業將墮落腐化。
- 政治家的培養應該從價值觀開始，必須要有：一、絕對無私，二、道德典範，三、高度智慧、理想和責任感、使命感，四、完整的人格，五、必須有立德、立功、立言的本事，六、尊重、尊敬、懷念的意義
- 台灣需要典範政治和能力政治，必須徹底消滅頭臉政治。
- 民主造成頭臉政治，是台灣的不幸。
- 公義的人生才有意義。只要無私，公義自然到來。有私就無公義
- 雙重人格就是無人格。台灣大多為雙重人格和多重人格，尤其政治人物、上流社會人士，多為雙重人格以上的人格。以雙重人格和多重人格來騙人，見人說人話，見鬼說鬼話，人鬼統吃。

8/6
- 完整人格、單一人格要對付雙重人格、多重人格，是很不容易的。況雙重、多重人格與人不一樣，是野蠻的。
- 台灣的意識形態是有吃的意識形態和無吃的意識形態的對立，均非真正國家意識、公義意識的對立。它們並無國家意識、公義意識。
- 紅頂學人甘願以一輩子辛苦得來的博士帽，去換一頂短暫無價值的紅帽，實在可憐！

8/7
- 原則性問題不能有彈性，枝節性問題可有彈性，這是處理問題的基本觀念。
- 不只不與「垃圾」相處，也應遠離「塵埃」。如此才不會受到「人害」，也才有清純的空間，為公義和真實努力。

- 做官而無能力把國事社會事做好的是罪惡，無法把職務事做最好，也是罪惡。如果有這種觀念，做官的功能才能發揮，無能力的人，基於罪惡感，也不敢占官位。
- 在無公義和眞實、無倫理道德的政治社會，人生將活得「不正經」，白白地賠上珍貴的人生。
- 只有意識形態的首長，無「有能力」的首長，是敗腎政府的結構。
- 只要能爲權力者歌頌，爲權力者辯解，你就可做官了。民進黨、國民黨均然。
- 不是自由就可說「不是人的話」。台灣高唱自由，結果說「不是人的話」太多。
- 政治家應有理想性，並非爲當官或利害而爲。
- 不向權勢傾斜，只向公義和眞實傾斜，這是我的價值觀。

8/9
- 現代的人不需要「志氣」了。古早不識字的老大人（長輩）常說「人要有志氣」，現在的人只有利害，不會有志氣。見利忘義，只要有利於己，出賣人格、出賣靈性都做得出來，無恥、厚臉皮，只求名利，談不上志氣。

8/10
- 無是非的社會其不公平、不公道的結構，主動的效率是不可能的，只有利害嚴控下才有效率，如此的效率是短暫有限的，整體發展是不容易的。
- 公私不分、是非不清、善惡不明，這個國家有希望嗎？只有混。混是主流價值，因此大家混、大家亂、大家都滿足，如此而已。
- 打球時的紫外線不可怕，那些無公義、無責任的話比強烈太陽下的紫外線更毒。每日聽得含血噴人、橫柴入灶的話，比致癌更害。如此的主流，日子過得很苦、很累。

8/11
- 姿態高做小事，姿態低做大事。

8/15
- 有特權就無公信力，無公信力就不應有公權力。
- 有私心就無資格說民主，有私心更無資格談人權。

8/16
- 古代的「名氣」有其價值，現在的「名氣」已貶值到快要下市了，不值得追求了。
- 台灣與大陸，也許在部分主權的互讓或交換下，求取平衡點而解決。
- 古代的「名氣」有立德、立功、立言的成分，現在的名氣是有特權、自私、自利、惡勢力、爭權奪利，故無價值可言。
- 評估一件事如一份考卷，有五題目，每題二十分，五題加起來如超六十分就及格。不能以其中一題答錯無分數，而將考卷評為零分。許多人犯此習性評估事情是錯誤的。
- 私心就無寬容、無包容，民主無生存空間。私心只重自己的利害，吃人占便宜、不尊重他人，人權難容。
- 政治家無為而治，為之於未有，治之於未亂。第三流政治人物是為之於已有，治之於已亂。

8/19
- 團結固然重要，但要有團結的環境和條件。如天天在製造族群對立，而獲政治利益，怎能團結？如領導者無公信力，如何團結？如無公義的社會，誰會跟你團結？唯有「無私」，才有團結的氣氛。自私誰會跟你團結？連合作都不可能，還談什麼團結。（殷允芃在總統府的演講強調「團結」有感）
- 台灣只有利害的團結，無公義的團結、無是非的團結。利害的團結是一時的，短暫的、騙人的、表面的。
- 如為個人利益、特權的利益而團結，我當然拒絕。如為國家利益、全民利益、為公義、為真實，當然絕對團結。
- 利害一致自然團結，利害不一致如何團結？利與害是對立的，如何團結？
- 有吃的與無吃的如何團結？除非是傻瓜。
- 團結的條件：一、主事者無私心，二、公平正義的社會，三、誠信。
- 有信用的人與無信用的人能相處嗎？連相處都不可能了，還談什麼團結。

- 有誠信才有互信，有互信才能共鳴（共識），有共鳴（共識）才能團結。
- 我一生的努力，最後的成功，在於我有資格說「無私」這兩個字。「無私」就是我的「名利」，與他人追求的「名利」有別。所指「無私」，係參與公職公事無私心。
- 濫用與自己有利害 係的人，或不當用人，是最明顯的有私心。

8/20
- 政府改造——
  一、資政、國策顧問應廢掉。
  二、無編制內的顧問，不得聘任。
  這些都是酬庸和選舉的椿腳，是公器私用、假公濟私與貪汙無異。
- 政績好的專制：我的縣政和新加坡之例，因政績佳，反對勢力不成氣候。新加坡反對黨席位少，原因在此。
- 要團結之途很簡單，民進黨吃稀飯，國親吃清米飯（白米飯），自然團結。倘執政黨吃清米飯，在野黨吃稀飯，誰會跟你團結？至少大家都吃清飯或吃稀飯才能團結。
- 無私心永久讓人三分，人生最樂。
- 天下為公自然團結，天下為私團結無理。

8/21
- 有兩種人：「＋」的人智慧、能力，是建設性的，有利於人類；「－」的人聰明、能力，是破壞性的，不利於人類。
- 以權力做人非人也。很多人取得權力後以權力做人，不以原來的人做人。失去人性、無人性的權力，足以使人腐化的主因。
- 以權力做人，是官不是人。
- 招搖撞騙的人，騙進總統府，為國安會諮詢委員，天下奇事。
- 首長對下屬經常以「肯定」的公關名詞出現，這是「利害肯定」，而非「是非肯定」、「對錯肯定」。

8/23
- 政治人物只會在台上說得天會掉下來。如果不做、無法做，與歌仔戲台上的演員何異？

8/24・天不佑善，善難存。

・先著球再說，無著球說的都無用。打高爾夫球時，先著球身才動，否則說什麼都無濟於事。

8/26・現代所謂讀書人（學人），敵不過一窩魚翅。可憐！財團或權勢只要一窩魚翅就使讀書人就範，足見現代的讀書人，無風骨、風格。這是失去人本教育所致的學人。

・無公義心的人與禽獸無異？政治人物享受無公義的名利，太可惡！

8/27・民進黨專搞財團掛勾，與國民黨無異，尤其貸款財團，造成鉅額呆帳，政府又編一點五兆彌補銀行呆帳，此種五鬼搬運法，是神人共憤，真是腐敗透徹，人民還不覺醒，悲哀！

・功利社會，私人利害分清，但是非不分、善惡不明，只有「生死」分最明。

・由於無廉恥、無能力、無資格之徒，大家爭相搶位，因社會既無是非，黑道財團庸庸之徒紛紛搶位，位居要津。這種不分是非、好惡的名位，是反淘汰！

・無廉恥、無人格的大官與土匪頭目何異？現代的大官大多屬於無廉恥、無人格之徒。事實上這種人比土匪更惡劣，因名也要利也要。土匪只是為「利」而已。

・擁有權勢不主持公義即惡徒。

・現在的所謂「包青天」，是藉包青天的清譽來維護一黨之私，以假象保護他的黨和他的權位。

・在院會雖討論總預算或預算相當認真，唯隱藏和挪用預算作為政黨選舉或政黨利益的活動，可能比國家預算重要。

・幼稚內閣。

・名詞口號第一流，做事落實無半步。

・政府的運作明的是應付、騙人，暗的才是真心、屬害。明的是紙上文章，公式化的交代，暗的是利害、真心的。這是明暗不一、言行不一，兩套帳（明帳、暗帳）的文化，獨台灣有，世

界無一個國家如此，騙台灣人一輩子。

- 台灣只可看結論，從不聽名詞、口號、高調、標語。
- 人權非僅指政府侵害人權而已，個人也不得侵害人權，如欺騙他人、不尊重他人、占他人便宜、吃人家、欺侮他人，均係個人侵害人權之例，這些人無資格談人權。

8/29
- 政客無資格談人權。
- 做賊喊賊是台灣政治人物的專利。不民主的人喊民主，父權的人喊反父權，不人權的人喊人權。
- 台灣的政客有利於他才是民主，不利於他就不民主。此觀念在推動台灣的民主，這種民主比專制更可怕。
- 不知公義，不愛公義，不護公義，是人嗎？是讀書人嗎？是知識分子嗎？
- 世上兩種理念一是是價值觀、是非觀，二是價格觀、是利害觀。後者占絕多數，尤其功利社會，價值觀不易生存，是價格觀的天下，只有利害無是非，是野蠻社會。

8/30
- 政府應永遠扮中立的角色，公職人員更應中立。

台灣就不然，只要染到權勢，就把權力當成自己的財富，隨心所欲與財團、黑道掛勾、利益輸送，為了選票公私不分，出賣公權力，寧為財團、黑道的工具，犧牲公權力，以達到私利的目的。

這種無中立的核心價值是台灣政府和公職人員的靈魂、基因。
這個政府已成為私人功利的機構，與一般國家的政府有異。

9/1
- 劫官位如劫錢財同罪。

9/2
- 法國大文豪思想家盧梭（J. J. Rousseau）說教育的目的是要把「人」教育成為「人」。甘地說「沒有人性的科技將毀滅自己、社會及國家。」其實無人性的科技，將毀滅人類、地球、太空。
- 利害式的民主不是民主，以金錢買票與財團利益輸送或利害關係的選票，均出於人治的思考方式而得的政權，非民主政治

也。

- 真正民主是「是非式」的民主，「是非」非以私利為出發點，而以是非為取向，公義為依歸的選票。

9/4
- 公義和真實無可反對的，有智慧的領導者執政，自然會設計一套符合公義和真實的施政計劃和政策，反對黨不會向公義和真實挑戰，也不會反抗公義和真實。因此，只要有公義和真實，無人敢挑戰和反抗，是很簡單的道理。執政者的政策無公義又無真實，反對黨抵制和反抗是應該的。然執政黨為維護其私心，制定不公義又不真實的政策，為恐反對黨反對，而以裂解反對黨或另組所謂國安聯盟，以達到其分裂反對黨，維護執政黨政治利益的卑劣手段，令人不齒。

- 裂解反對黨是不道德的行為。執政黨想盡辦法以利誘或打擊手段達其裂解反對黨，而維護其不公義、不真實的政權，應負歷史罪責。

- 在野黨比執政黨重要。在野黨是監督執政黨的施政、金錢、預算……人民應重視反對黨、鼓勵反對黨，不可以在野黨嚴監執政黨而責備在野黨。

- 在野黨可聯合監督執政黨，自然可聯合推薦候選人。

- 無公信力和私心重的政府，很難與人、黨溝通，更難獲得在野勢力的信任。既無法溝通又不獲信任，如何施政？

- 「真的都活不夠了，那有時間去活假的」。這是我一貫的信念，因此「說真話做真實事」才是活真的。

- 無「公義」，原因在於「私鏽」和「利鏽」卡住。利與鏽一卡住，公義無法運作。

- 「公義」中風，在於「私利鏽」塞住管道之故。

- 當官員和民代私心重時，政府和國會將沒完沒了。

- 以民主、自由、人權的名詞來掩蓋一切罪惡。

- 民主與專制的模糊不清、矛盾衝突，如果無法釐清利弊，建立清楚制度，永在魚與熊掌均兼之的思考方式，將無真正民主的

一天。

- 政黨如果是幫派，執政黨也許可瓦解在野黨、裂解在野黨，如同甲幫瓦解乙幫。我曾說台灣的政黨是黨的利益高於國家和人民，因此其屬性為幫派。現在要裂解對方黨則是幫派之例。

9/5
- 學客比政客惡劣，政客比奸商更惡，讀書人不如政治人，政治人不如生意人。政治人、學人既無立德、立功、立言的條件，藉讀書人的假學問、權勢謀取名利雙收的好處，不值得尊敬。

- 只有美麗的謊言，沒有漂亮的真本事。

- 只要甘為走狗，只要願充工具，你就可得到「權貴」。有原則、有立場、有主張、有公義的人漸漸消失。

- 雷震案是歷史的悲劇。但現在的人無資格以雷案清算悲劇時代的事。如果無共產黨的赤化台灣，如果無反共抗俄的國家，台灣也許早已落入中共之手，這些靠威權政制的暴發財團得了便宜又賣乖，有什麼資格批評他人？這些權貴在中共統治下能存在嗎？不要說「截稻仔尾」（不勞而獲，占人家便宜之意）的風涼話，應慎思犁田、播種、除草、灌溉、噴藥，最後才有稻穗的勞苦心血的過程。

- 現在的人大多是「截稻仔尾」的，不會想到犁田、播種、成長，流血流汗的苦命人。

9/6
- 日本經營之神船井幸雄，昨天在統一企業發表演講，認為資本主義正在崩潰。他提出「本物經營」，重點回歸人類的良心和自然法則，和我一生處事待人完全一致。

- 物化的人生與價格化的人生，是「非人」的人生也。

- 財團一生過著豐富的物化生活，是經濟動物與人有點距離。

- 目前在Call in節目出現的人，大多是無恥之徒，有硬拗的本領，比馬戲團上動物的表演更精彩。

- 如果說話可免負責，算人話嗎？

- 阿扁前日在軍人節說話，「要消滅中華民國的人，是我們的敵人」。這句話社會上很多人有質疑，認阿扁是見人說人話，見

293

鬼説鬼話。如果元首説話不是真的，如何領導全民呢？以後他的話誰會相信呢？

如果人民不相信元首的話，這個國家就完了，如果消滅中華民國的人是敵人，那些台獨、本土化、台灣共和國的人，可能是阿扁的敵人。

· 台灣現在，好的僵化，壞的靈活，反淘汰。

· 執政黨要裂解在野黨，是破壞民主機制的禍首。民主國家各政黨只要無私心，朝野政黨應該為公義和真實合作，在野比在朝重要，在野黨弱或無功能，就成花瓶黨，非民主國家也。

9/8 · 辛樂克颱風對台灣未構成傷害，大家都怪氣象報導不準、官員誇大其詞，加上電視台的誇張，反而造成人民無端恐慌和財物的損失。

其實氣象台和官員誇大害於先，可免事後被追責。然人民因聽信氣象台和官員的恐嚇，為防災害只好投入防災的損失，只好承受倒楣。

其實不準確就是騙人的，受騙的人多少會受害的。

9/10 · 無道德就無尊嚴，無尊嚴就無人權。無道德與禽獸無異，也最被人看不起，自然無尊嚴可言。

· 功利社會只有利害的團結，無是非的社會不會有公義的團結，無公義的團結不是「真團結」。

· 過去的人比較有良心，現在的人只有橫心而缺良心。

· 以暴發戶的心態治國，可怕！

9/11 · 私心重的政客，無資格談民主、自由和人權。

· 功利社會的民主，是無公義的，是穿民主的外衣，本質上是私利、特權。

· 新政府一直強調台灣民主的成就，顯然在肯定國民黨統治下民主的成功。

· 用民主、自由、人權來掩蓋執政能力、私心、腐化，並可欺騙世人，是一舉數得的手腕和絕對性的騙術。

- 因傾斜而得的權力，永遠是傾斜的，如同因拍馬屁而得的權力，永遠是馬屁的。統治者如給予因傾斜和拍馬屁的人賦予權力，這些權力將是腐化的，是出賣公權力換取私權力。
- 「永續發展」只有在公義和真實的尊重下，始能存在。像台灣政治性那麼重，執政者吃清米飯的優勢自私下，談永續發展是如同緣木求魚的。在這種情形下，永續發展與民主、自由、人權，成為騙人的漂亮口號，美麗語言而已。
- 歷史肯定你的「公義」，不是肯定你的「官位」。人們是讚美你的「人格」，不是讚美你的「官格」。無公義的官位，無人格的官格，比垃圾還不值得。
- 讀書人甘願充當權勢的僕人，不知書讀到哪裡去！

9/12
- 只要向權威挑戰的，我定站在他那邊。
- 昨院會許志雄將憲法規定的法官與軍人均超出黨派，混為一談，而主張軍人應如同法官在下班時可參加政黨活動，極為幼稚。

　一、軍人的靈魂是紀律，如果軍人可自由參加政黨活動，軍紀蕩然無存，各人效忠其政黨，豈不成兵刃相向、暴發內戰，至於法官完全不一樣。

　二、軍人數十萬人，法官至多千人。

- 已無時間與惡人玩（混）了（很難找到好人）。
- 檯面上的大官、民代、財團均有名利雙收的榮華，絕對不公平。名利雙收的人，得了便宜又賣乖，以其勢力欺騙社會、欺騙善良、陷害忠良，這是我最不齒的（至彰化車上）。

9/14
- 一生不願垃圾「吃」，垃圾「肥」（也即不同流合污）。
- 意識形態卡住很難溝通。
- 意識形態與道理不能對話。
- 名要利也要，如同幾位爸爸生的，不公平。要「名」就不能有「利」，要「利」就不能有「名」。名要利也要，太鴨霸了。
- 權力當為「私有」是傲慢，權力當為「公有」是責任。

9/16　· 賓州大學華頓商學院MBA課程：今後重視，誠實、道德、正直。

· 道德的崩潰在於功利與多元。

· 多元化將否定原則和主流價值。多元化的結果：無是非之分。是＋非＝多元化。

9/17　· 民進黨執政經濟差，卸責理由：一、大環境的問題，二、在野黨扯後腿，三、自己一點責任都沒有。如此，要政府幹什麼？

· 黨派與道理不能對話。

· 公義打不進意識形態和黨派，如果黨派有公義，意識形態有公義，就沒有黨派和意識形態了。

9/18　· 要為公義而做事，而非為利害而做官，這是我的頑固態度。現在的官無公義的血液，只有利害的血液，因此只有官位的傲慢，而無格調，更無典範。失去格調、典範的官，將誤國誤民，更不值得懷念、尊敬。

· 為利害而尊敬是小人，為典範而尊敬是君子。

· 有利害就無是非、無善惡、無好人壞人之分。現在社會瀰漫「利害」的腦力，一片利害天，這是台灣的黑暗期，是台灣人的苦難日。

· 宇宙與個人，權力與自由，自然與文明，短暫與文明。這是第八屆威尼斯建築二十二年展，瑞士第六屆瑞士博覽會主題。

· 在看官不看人、看錢不看人的年代，人類的沒落是必然的。民國四十七年當我在鳳山步校第七期預官受訓研討會上，我曾提出「過去人是萬物之靈，現在錢是萬人之靈」。如今證之，果然被言中，這是人類的悲劇。

· 有利害就不會有真實，即利害決定真實。執政者為了權力而說謊，為了權力偽造報表，一切均以利害為考量，真實由利害來決定，完全是虛偽的年代。

· 有利害就無尊嚴。尊嚴由利害來決定，等於無尊嚴。有利害自然無人權，因無尊嚴，自然不會有人權。

- 有利害就無法治。因有利害將產生選擇性執法,選擇性辦案,如此等於無法治。無法治的民主,對人類是有害無益的。
- 忠臣只有「公義」,奸臣只有「利害」。現在官是「因」利害才能做官,也「為」利害而做官,這種全是「利害的官」,是奸臣。滿朝奸臣,只有腐化、墮落一途。
- 只有黨派的鐵面無私,只為黨派利益的青天,是以鐵面無私青天的假象,魚肉人民,太可惡!
- 院會各部會的報告,如治安等,均非真實,而是為保護官位,甚至升官為目的而偽造的報喜報表。在「利害」考量下的報表,不會是「真實」的。
- 新政府成立後,過去國民黨要員只要立即向扁靠攏,馬上有大官可做,只要向民進黨表達善意,既往不究。還是利害問題,公平正義何在?
- 只要願做「應聲蟲」,不怕無官做。
- 自由貿易港區設置管理條例,本案因謝長廷有意見,為配合謝年底選舉,今日未通過,責成政務委員接納謝的意見,下次會再提出,這是政黨之私的例。
- 小人執政團隊固然很認真發揮團隊力量,縱有成就也是小格局的成就而已。
- 政府對社會交代不是說謊,便是偽造報表。我是主張以真實透明交代,而非以謊言、假報表欺騙世人。
- 9/19 · 政治需負嚴格的責任,責任是政治人物的靈魂。唯有嚴明的責任,政治人物自不會有私利私益,更不會為黨派謀利益?
- 政治人物決策時應先決定責任後才能決策。現在政界無責任意識,只有權力意識,任何決策都免負責、不負責,因此,做官就好當了。
- 責任意識比權力意識重要。
- 一逢金錢無藍綠也無朝野,這是金權民主也是金光黨,天下烏鴉一片黑(新瑞都台肥案扯出的藍綠政要大合作)。

9/20 ・吳淑珍赴美訪問，去則炫耀長榮機上的山珍海味，繼而下褟紐約華道夫飯店，日支四千美金的總統套房，完全罔顧失業無法生活，日日瓦斯自殺、跳樓輕生的人民苦難生活，這種享受權力傲慢的治國心態，給執政團隊帶來困擾和麻煩。

・權力掌握在功利政客手上，社會必無公義。

・權力與金權結合，只有特權，無公義可言。

・官主、錢主，而不是民主。

・民主貴在公義。無公義就不會有民主，只有官主和錢主。

・台灣最喜說民主，掛民主的頭，賣「官主」、「錢主」的肉。

・台灣是十足的官主政治和錢主政治的國家，「民主」只不過是欺騙世人而已。

・越說民主，就是越官主、錢主。以民主的手，掩蓋官主和錢主的罪惡。

・官主結合錢主是最髒的政治，典型的特權政治。

・聲聲句句說民主其實是官主和錢主。在台灣民主只是口號，真正精神是官主和錢主。

・為何過去我不加入國民黨？我不吃國民黨，也不利用國民黨，所以我不加入國民黨。大部分國民黨黨員是要吃國民黨、利用國民黨才加入國民黨。因此國民黨今日會崩潰，原因在此。
當黨沒有給他吃，給他利用、給他好處時，他即威脅黨、破壞黨、退出黨、反抗黨、抵制黨，這種成員結合的黨，並非政治學上或其他民主國家所謂的政黨，是幫派而已。
如國民黨垮台後，黨高層官員馬上向民進黨靠攏，甚至時時刻刻要裂解國民黨，非置國民黨於死地不罷休。這種無原則、無公義、無道德的心態所形成的政黨結構，永遠與政治學上的政黨迥異。

9/23 ・年輕時賺「賣命錢」，年老時花「買命錢」。前者以生命換金錢，後者以金錢換生命。

・民進黨的政府是為選舉而布局的政府，而不是為國家人民謀福

298

的政府，更非爲民主人權的政府。如以范光群任省主席，范很優秀，但從未任行政首長的經驗或民代，則任爲省主席，完全考慮客家票源。另體委會主委林德福也然，一個小縣的文化局長，立即三級跳成爲內閣閣員，還有……比比皆是。

9/24
- 不是有官可做就滿意。須知道這個政府有無公義，是否真正爲國家、爲民、爲子孫著想的政府。如果這個政府只爲自己、少數人利益，不擇手段地把持政權，在這種政府當官是可恥的，是不快樂的，是在受罪的。因此我當官是想要挽救這個國家，但心已碎了，無望了，撒尿的換拉屎的，石頭壓在心底越來越大，心情永遠悶悶不樂。這是自當縣長、行政院政務委員、中選會主委的感受。沒有機會看過「無私」的領導者來領導這個悲哀的國家，真是台灣人的不幸和悲哀！
- 政務官心中無公義，只有官位。
- 一個無公義感的人像人嗎？尤其公職人員如無公義感，只有做官感，這個國家還有希望嗎？
- 學界介入政治而喪失理想，成爲紅頂學人，將得不償失。
- 無公義的人當官是最可惡的，比殺人放火更可惡。

9/25
- 無誠信的政府，無資格談民主、自由、人權。如果無誠信的人也談民主、自由、人權，民主、自由、人權就無價值了。
- 權力傲慢的人也無資格談民主、自由、人權。
- 不互相尊重的人，也無資格談民主、自由、人權。
- 拉皮條式的外交而已。
- 是氣質的感受而非傲慢的感受，大部分的人求成功的目的是展示勢力的傲慢，真正的成功在氣質。
  看到得到權力的人的口氣，真是充分享受權力的傲慢，幼稚也。

9/27
- 多元社會文化與多元人格絕對不同，如果是多元人格就可同流合污的。
- 權力的傲慢是封建社會的產物，也是專制政治的心態。取得權

力後將權力當爲私有，才會有傲慢（炫耀）的反應。

9/28・政黨輪替兩年多來，唯一成就是製造另一波暴發户而已，如結婚禮上幾乎是大財團。

・只有私心的台灣人，尤其政治人物更私。明帳好動聽，暗帳才屬害。這種畸形、殘破的結構，組成的政權，社會人民只有苦與罪，國家和下一代子孫已無指望。

・當執政者口口聲聲民主、自由、人權，但他的口形、口氣、口態、口意、口沫中有民主嗎？有自由嗎？有人權嗎？只是藉民主、自由、人權來炫耀他是救世主，欺騙世人，以達其私心、私利、私慾的快感而已。

・得意與姿態（低頭）成正比例，得意一分須低頭一分、姿態低一分，依此原理累積累推。

・無我（私）、清淨、慈悲。

・美國人口兩億多，台灣的十倍，大學只有兩百多所。台灣兩千三百萬人口，大學有一百多所，足見台灣的大學素質粗糙，破壞大學教育的體制。大學生的品質低劣、專業不夠，品德更有問題，如此教育台灣不亂才怪。

9/29・權力和金錢是人生的泥沼，不幸陷入權力與金錢的泥沼中，往往只好在泥沼中打滾，無法自拔，而真正踏入人生腐化墮落之途，能不警惕嗎？

・孟子言：「民爲貴，社稷次之，君爲輕……以力服人者霸，以德服人者王。」因此功利社會均以權力和金錢服人，霸也。不以德服人，也即不以典範服人者，霸道也。

・權力者本應有堅強的公義感，很可惜在台灣一旦掌握權力，就失去公義感。不少學人從政，立刻成政客，出賣公義、出賣風骨維護其權力。

・不要掏空你的生命、掏空你的人生。

・有宏觀又能看遠者，爲大人。無宏觀而短視者，爲小人。

・不喜儒道者，只有掠取也。掠取式的人生在儒家是無法存在，

只能在不道德、不公義下始能存在。

- 唯有公義才能永恆（看到很多當大官過的人，一下台就漸漸消失，原因在於當官時無公義感，一下台自然無公義撐他、照亮他。在無人撐、無陽光下，自會消失。）。

9/30
- 公義是評量國家或社會的每一事件的一把尺，因此這把尺必須超越權力和金錢的誘惑，不向權力和金錢討好和靠攏。只有無私、良知、責任，才能維護公義，不看人的頭臉，只看公義和真實的頭臉。

- 有公義才是永恆的、超然的、公正、客觀、中立。

- 一就是一、二就是二。功利社會的人經常一可說為二、三、五，二可說五、十、十五……。

10/1
- 台灣的政治結構體是建立於政、金、商三權合立，而非什麼五權分立、三權分立。金權是政權的金主，商權是政權的金主兼樁腳，金商是政權的生命，政權與金商進行利益輸送。因此，政、金、商之連體嬰共生體，是三權合立。什麼三權分立、五權分立是騙人的。

- 二十一世紀做事講求效率、明確，因此說話要簡單、重點明確，不要醉言醉語，更不要贅言、贅語、贅文、贅句，說實在話、說解決話。

10/2
- 前面提及政金商三權合立，其實應加「黑道」。黑道是政權的大樁腳，黑道在政權中占有重要分量，不可缺之一席，因此應是四權合立的政府，即「政、金、商、黑」四權。

- 院會聽取林盛豐政委有關合歡山主峰景觀設施的報告，其實三十三年前我即經常帶滑雪隊到合歡山訓練，因此對合歡山相當了解。三十三年前曾發行在雪景中的明信片，其中有我的背景在內，足見我三十三年前已走過合歡山，對合歡山相當了解。

- 「九二八教師遊行」報告，總統、游院長、教育部長均祝福他們遊行活動順利成功，如此一來遊行有何意義和目的？是向誰訴求、向誰遊行？動員十萬人，無對象、無目的，不只浪費社

會資源，也是可笑的事。

- 領導者不是只有責備處罰，應具智慧、經驗、能力、解決問題，協助部屬處理解決問題。

- 游院長說這次教師遊行很理性。遊行目的應有訴求，不滿意、反對政府措施或改革事項，最主要是要達到「解決問題」，不是理性和不理性的問題。如果理性就不解決問題，那是錯誤觀念。每逢遊行，主政者均要求理性，我認為政府如不解決問題，群眾應以非理性對付，否則何必遊行？因此，主政者應面對訴求解決問題，而非要求遊行者要理性。

- 台灣政府的施政，僅止於游擊戰式的施政，無法進行整體戰，因領導者僅是游擊手而已，無宏觀、無智慧、無能力做整體規劃，對整體背景和動態因素不清楚，因此無法控制整體整局。自然無法進行整體戰，只限於游擊建設而已。

- 關於BOT須有法律明確規定，領導人員負絕對責任，依合約進行，不能隨便修改，如此才能進行

10/4
- 真實和公義是一體的。衛生署代署長涂醒哲性騷擾案，鬧得天翻地覆。其實是單純事件，事實只有一個有或沒有，何必勞師動眾，從游院長、法務部長、檢調人員，甚至涂全家人呢？
還有社會已不存有公義和真實感，誰的人就挺誰，成為人與人的戰爭，不客觀上尋求真實，台灣永無真實的一天。

- 游錫堃在立法院預算質詢時竟說「有人打壓內閣」，儼然以統治者心態說話。內閣擁有一點五兆預算，還有軍隊、警察、檢調人員，誰敢動它汗毛，人民是內閣的俎上肉而已，哪有能力打壓內閣呢？況民主政治，內閣應受監督，當然有打壓成分在內。
若如游所言，內閣受打壓，表示內閣的無能，內閣又無存在的價值。游錫堃的「打壓內閣論」，有辱政府的清譽。
世界上無一個總統、首相掌握至高無上的權力，還有打壓內閣的論調，真是占了便宜又賣乖，如果連內閣都被打壓了，那人

302

民早就被壓死了。

- 能打壓內閣只有總統和軍隊。人民或民意代表抨擊、批判內閣，不是打壓而是監督，游錫堃應有這點起碼的常識。如果人民不能發表反對意見，是獨裁專制。人民發表意見甚至反對意見就是打壓內閣，那內閣等於金身，不能摸還談什麼民主、自由？

10/5
- 讀書人只有權力感而無正義感，更無真實感、責任感。悲哉！
- 權力比公義重要，利害比真實重要，這是功利社會的形態，人類的不幸。
- 是非為利害之本，而非利害為是非之本。
- 權力和金錢的反動勢力正在消失公義和真實，是人類最可怕的事。

10/6
- 用小人的手段取得的權力，同樣會以小人手段執政。如俗語說「錢從那來就從那裡去」。
- 短短數十年人生，無法堅持原則，甘為權力和金錢作倀，可惜！
- 五大宗教的力量敵不過政治人物的破壞。
- 人類之亂在於政治人物，政治人物不修為，宗教永無奈。
- 政治人物之囂張在於宗教自甘墮落。每逢宗教大會如法會、彌撒，均請那些政治人物也即爛貨來捧場，那些汙染源破壞大會的氣氛。因此宗教力量被政治人物玩弄，宗教永難解決人類問題。
- 宗教力量應團結對付政治人物，只要政治人物有靈性、有靈修、有公義、有真實，人類才能和諧、幸福。
- 唯有打敗政治人物，宗教的理念才能存在，否則宗教只不過是政治人物的工具而已。
- 宗教如需骯髒的政治人物來捧場，宗教永不會出息的，這種宗教是騙人的。
- 政治人物是抵銷宗教力量之源。

- 宗教應拒絕政治，否則宗教會被政治吃掉。
- 宗教無法解決人類問題，在於宗教能量不及政治人物的權力。
- 宗教是靈界力量自然力量，爲何會受制於人爲的政治力，宗教的存在值得反省和質疑。
- 藝術功利化，宗教功利化，政治功利化，文化功利化。如此，就無藝術、無宗教、無文化、無政治可言。
- 過去的「官」是兩個口，現在的「官」更厲害，可能是三個口以上。因此現在「官」寫爲「官」。

10/7
- 司法政治化，治安政治化，文化政治化，財經政治化，學術政治化，軍隊政治化。公義與眞實在權力的壓制下，社會自然無公義、無眞實。
- 公義與眞實已成爲稀有。不管從權力核心、司法、民代、媒體、學人，要看到有公義、眞實臉孔的人，已很難看到，也很難找到，你說這個社會像人嗎？
- 阿扁的外孫出世，並不遜於古代太子誕生的宮廷盛況，媒體故意炒作，頭條新聞報導不斷，加上一大堆官商拍馬屁的盛況，顯有陷阿扁於不義。
  古代封建帝制，太子是未來世襲皇帝，因此太子出世文武百官前往道賀，舉國歡騰是理所當然。現在是民主時代，現在的太子未來不必然爲總統。

10/8
- 唯有「公義獨裁」始能救世人。
- 政治無公義，只有眞正的司法才有公義，很可惜台灣的司法已淪爲執政黨整肅異己的工具，已談不上公義了。
- 做官的應吃稀飯讓人民吃清米飯，這是我從事公職的理念。
  可惜大部分做官的心態是自己吃清米飯＋魚翅、龍蝦、鮑魚……山珍海味，展現權力的傲慢，過著榮華的生活，忍心人民吃稀飯，甚至三餐不繼度日子，過著苦難的生活。
- 權力的傲慢爲專制時代思想，權力的謙卑爲民主時代思想。可惜台灣取得權力的人，大多享有權力的傲慢，還在專制時代的

死胡同裡。

10/9・現在的讀書人只讀「利害」，而不讀「道理」，紅頂學人、學客油然而生。

・讀書人無風骨已不值得尊敬、尊重。

・台灣的墮落在於「公義細胞少」、「利害細胞多」，因此，只有「利害的對立」而無「公義的整合」。

・為了私利排斥公義，為了利害拒絕公義，就是掌握多大權力，只是「罪惡」，對人對國均無正面功能。

・政權如有私心無公義，則任何政策施政，就是多大的國政設計，好聽的報告和多漂亮的語言，均難期有績效的。台灣正陷於此泥沼中而無法自拔。

・權力是靠說謊而得來，權力是靠說謊而存在，因無公義意識，說謊成為權力的來源。

・由選舉語言出身、社運分子和投機者組成的內閣，能做事嗎？

・話多、文字多均足以模糊做事的焦點，妨礙真正做事效能的透明度，因此我主政時最不喜話多、文字多的浪費時間的報告和書面資料。其實做事是「應做與不應做」、「做與不做」、「能做與不能做」而已，不是演講比賽或作文。演說與作文與做事無關。

・院會以利害治國，是為權力、為自己和少數人的利益，是炒短線、是短暫的小人治國。以公義治國是為國為民，是炒長線，是永續的君子治國。

10/10・當今社會只要有權有錢都願做狗爬，連讀書人更然。俗云「有錢使鬼會推磨」。

・口號統治。改革不是空的口號，須先改革自己，不是只改革他人。如果是只改革他人，自己不改革，等於不改革，改革只是口號而已。

・找有公義和真實的人、朋友和環境一起活，否則如無水的魚，無法生存。

．如果政黨輪替是換一批人來當官，來得新利益，則何必多此一舉呢？新的一批官過去反對國民黨的理念，一當官就忘了，一當官，搖身一變，也如國民黨享受清福榮華，對得起人民嗎？

10/11 ．無廉恥，只會拍馬屁，數重人格之徒當官，過去拍李登輝，現在拍陳水扁。非學者、非專家、非民代，更無行政經驗，竟可擔任閣員，足證輿論讚嘆登龍術。

．執政黨不像執政黨，在野黨不像在野黨，角色不清、權責不明，這個國家的希望在哪裡。

．「有權無國」權力當為私人所有。以權力做人情，權力當為個人財富，無國家觀念，也無為國家做事的念頭，更無為國為民的責任感。

．政治人物為自身的利害，如切片般的精細，可說到了發角的地步。人生不幸才會碰到發角的人。

．無道德公義，政治淪為從政者利害交易的行業。因此現在我對政治人物深感厭煩。

10/12 ．過去是非善惡分明，現在是非善惡不分。古早人看歌仔戲、布袋戲，忠奸好人壞人分得很清楚，無論老幼大家看到奸臣、壞人均怒氣沖沖，人人要誅之而後快。現在的人不分忠奸好壞，只分利害，寧選黑金，也即選奸、壞，奸臣、壞人反而吃香，造成反淘汰的社會。

．是教育革命而非教育改革。

．昨天立法院總質詢，立法院長和各黨立委、陳總統、游院長均參加陳宏昌之父陳萬富的告別式，致國會空轉一天，政院部會首長枯坐一天，這種情況下，與其說「拚經濟」，不如說「拚告別式」。
過去我曾說一場全國性的文化活動（南瀛獎頒獎典禮）比不上一場告別式。告別式冠蓋雲集、車水馬龍，文化活動門可羅雀，這款國家競爭力何在？

10/13 ．過去人性豐富，物質貧乏。現在物質豐富，人性貧乏。

- 有豐富人性，才有自然眞善美的人生。

10/14 · 不誠信沒有邏輯的人格分裂者治國，何等不幸。

- 看到檯面上的人物未取得權力時，滿口理念、希望……取得權力後啞巴，只滿足自己的做官，理想、希望、責任等於零，甚至展示權力的傲慢，做負面的工作，悲哀！

- 很少做官後有責任感，大部分一旦當上官，除力圖再升官外，好像已達人生的高點，對國家社會和子孫的責任全失。

- 教育革命之首在於人本教育。人本教育是根，其他教育改革是枝節葉。無根，旺盛的枝葉很快枯萎消失，這點道理從事教育的人怎麼不清楚？因此，教育革命在於人本教育。

- 政治人物不少吃「雙北奶」（吃國民黨也吃民進黨），吃「單北奶」比較有原則，而我是吃自己的奶長大的。吃「雙北奶」的，可能是血統不明的人才會這樣（「北」是台語音）。

- 總統府又聘請陳瓊讚等十人爲顧問，民進黨執政後，法定國策顧問、資政，聘請金主、酬庸、選舉樁腳，現在又聘請額外的顧問，一方釘新樁，另方寵絡國民黨的人轉入綠營。由此可看出民進黨人的私心，領導人的自私、公器私用、破壞制度，成爲「樁腳政府」。

- 國民黨敗選後，「李登輝之友會」之成立，如雨後春筍。如扁友會、連友會、宋友會，這是專制封建個人崇拜的產物，全世界民主國家迄未聞過有成立任何統治者之友會的組織。在美國迄未聞有華盛頓之友會、林肯之友會，在英國未聞有邱吉爾之友會，連專制的蘇俄或中共都無成立毛澤東、周恩來之友會，就是蔣介石、蔣經國都不敢成立之友會。無知幼稚喜拍馬屁的台灣人才有此舉動。

10/15 · 行政首長如要強辯或硬拗，其施政必敗。

- 國會議員與行政首長均無解決問題的交集。議員作秀，以漏氣官員爲職志，無用心了解問題、解決問題，而官員以強辯、硬拗回應，著力點不在解決問題、不在有責任感，彼此維護各人

面子和政黨的利益，這種國會永無功能。與政治學上的國會完全有別。

- 無公義感和真實感的言行是野蠻的、罪惡的、殘忍的、低能的、害人的，這種人只能當打手而已。
- 現在有公義感和真實感的言行已很少了，也很難看到了。
- 無私，心永不打死結。
- 學運成官運。過去參加學運的人對國家有理想，如今當了官，完全失去理想，只為做官說話，為做官宣揚，所以我說：「學運成官運，學運人士成為官運人士。」

10/16
- 權力和金錢可革人之命、可剝奪人格、可癱瘓人的尊嚴，什麼民主、自由、人權，只是維護權力和金錢的美麗語言，裝飾品而已。
- 權力下和金錢下的民主、自由、人權等於無民主、無自由、無人權。
- 人的品質不好（無倫理道德、公義、真實、自私），權力成為私有，金錢壟斷一切，只有墮落、腐化，這種結構的政府社會要拚經濟、拚民主、自由、人權、拚文藝，均是假的、騙人，永遠好不起來。
- 人的品質不好在於教育，功利教育是反教育，愈教愈不好，是反淘汰的教育，是反教育的兇手。在功利教育的結構下，任何教育改革均是徒然，越教越壞、越改越爛。
- 現在台灣如無好的教育改革如推動人本教育，已無法挽救。人只在無是非的權力和金錢下混，人不像人、官不官，領導者不像領導者，學人不像讀書人，一點教養都沒有。
- 治本一勞永逸，治標永治不完。有智慧才能治本，聰明的只能治標。現政府只能談熱鬧滾滾的治標，無能力做治本的工作。
- 行政工作並不難——
  一、針對問題：事實在那裡、問題在那裡，只掌握事實、問題，腦海裡只有事實和問題四個字則可。

二、要解決問題：把存在的事實和問題處理解決，以企業理念
　　經營之、管理之。

　　因此我對行政工作的理念感到很簡單，心中只有事實和問題，
如何處理解決而已。

· 我一生從事公務工作，心中只有為國家、社會、人民和下一代
子孫，只認公義和真實，不「為某某人」或「認人」而工作。
目前大部分的人，只認人工作而已。

· 只要有選擇性執法，什麼法都沒用。選擇性執法是人治，也即
專制獨裁。

· 無私無心結，心中開朗，只有問題和解決問題，很單純，永遠
面對問題、針對問題、解決問題，言之必有物、無空話，說負
責的話，會做事與不做事之分而已，看這點就清楚。

· 人格已商品化，一日三變、數變，人格可公開拍賣。

· 理想與現實無法對話。

· 國家的競爭力端看有無公義的社會，公義的社會端看國民的品
質和司法、警察、軍隊是否中立、公正、超然、獨立，而司
法、警察、軍隊能否中立、獨立、公正、超然，端看元首有無
私心。元首須有絕對的公義感，元首如有私心，司法、警察、
軍隊都很難超然、中立、獨立、公正地行使職權，必須看元首
的頭臉生存，自不會有中立、獨立、超然、公正角色。

10/18 · 是官不是人，是權力足以使人腐化之源。很多人當上官就忘了
自己是人，不是人取得權力，當然腐化。我永遠是人，不是
官，當政府的職務只是工作而已，也即以人去工作，而非以官
心態做事。

· 西瓜偎大邊：過去我曾說我不會偎大邊，因我不是西瓜。況大
邊的人往往會欺侮小邊的人，因我不欺侮人，所以我不需偎大
邊。

· 當一個人的架勢（包括權力、外在的囂張）壓過心靈時，他的
言行往往是瘋狂的。

- 權力與心靈不平衡時，也會瘋狂。大部分的人當嚐到權力滋味時，心靈就消失。
  因此與權力對話時須謹慎小心，否則會死得很難看。
- 過去與權力者見面有好感，現在與權力者見面是不幸。過去的權力者有典範，現在權力者只有傲慢。
- 只有利害無是非的權力結構組成的國家，只有炒短線、虛僞、空轉的自我膨脹而已。
- 有是非的無私，才是眞無私。無是非的無私，可能是有私。有利害的無私，是不可能的。
- 權位是有限，至高是總統、皇帝、國王。人格是無限的，超歷史、超國界，是永恆的。
- 有權位的人，無法爲蒼生解救苦難，無智慧和能力爲國家社會解決問題，是悲哀！也是罪惡！
- 公職人員應「親理不親人」。理是公的，人易徇私。惜大部人性弱點，以「人」解決「理」，不公義，以「理」解決「人」，一定公義。

10/20
- 台灣的流氓過去只有黑道，現在最怕的是政治流氓、讀書流氓，還有員外（財團）流氓。
- 無公義的政治人就是流氓，無公義的讀書人也是流氓，無公義的財團也是流氓。
- 有權力＋硬拗＝最恐怖。

10/22
- 權力和金錢固然足以使人快感，但權力和金錢也足以使人致命（毀掉），因此權力和金錢是人生的危險地帶，不要太熱衷，要特別謹慎面對，不可貪之無厭。
- 民主政治是鬥臭政治（爲了勝利不擇手段、不管朝野吹毛求疵、抹黑、製造是非、無中生有、謾罵、鬥爭、鬥臭，造成反淘汰的社會）。
- 權力不僅足以使人腐化，也足以使人瘋狂。因此取得權力的人不是腐化便是瘋狂。

- 意識形態與公義無法對話。
- 不說公義話的人，不是心狠，便是瘋狂。
- 不喜愛公義和真實的人，算人嗎？像人嗎？
- 有黨派就無公義，「公義」閹割掉，黨派才能存在。公義與黨派不能對話，黨派難容公義。
- 有智慧始有公義，無公義只有聰明。
- 參政的人不應有私心，如有私心就沒完沒了。
- 唯才是用其實是唯「奴」是用、唯「財」是用。唯奴是用的好處是一、永遠在他的下面，不會高於他，二、易控制。

10/23
- 無私與智慧成正比例，私心與聰明成正比例。
- 治國者應具高度智慧（無私）、國家大格局、國際觀、歷史使命感、未來子孫和道德人格典範等條件，如未具上述條件的治國者，比歌仔戲裡的治國者更差。目前台灣的治國者均缺此條件，他們是靠機會而執政。
- 台灣的政治人物，為政權（執政）不誠實，公然說謊、虛偽做假報告、騙人民，以維護其執政權，人民無可奈何，如何查證呢？不誠實、公然說謊、虛偽報告（包括書面），是台灣政治人物的天性。悲哀！
- 學術權力化，學術功利化，學術黑金化，三者是台灣的致命要因。

10/24
- 我的人生：明辨是非，堅持原則，維護公義，捍衛真實。
- 權力足以使學術和人格頓時崩裂。
- 權力之毒不亞於鴉片。有些人以金錢買鴉片得到一時的癮，導致一生的荒廢。現在有些學人以其學術及讀書人之風，換取權力，得到一時的官癮，導致學術和人格的破功，實在划不來。
- 大部分人為了當官，失去公義感和向上提升使命感，因此我與做官的無法對話，這是何等的痛心。

10/25
- 成就是在受尊敬、懷念和效法（典範）。任何不受尊敬、懷念、效法的成就，是負面的成就，對人、社會、國家均有傷

害，會被唾棄。

- 心術不正的人是小人、偽善，他的舉動極盡和善、懇切，其實是利用人，把不疑有他的人，當工具達其自私自利的目的而已。原國民黨的權貴一夜成為民進黨寵兒，令人鼻酸。

- 意識形態之爭：一、統獨之爭，二、本土與中國之爭，三、藍、綠之爭，四、價值與價格之爭。意識形態是對立的，很難妥協，只靠鬥爭而解決。

- 台灣的選舉除了選黑與金外，是說謊比賽、罵人比賽、抹黑競爭而已。因此選舉是趕流行，毫無意義，甚至是破壞人性、破壞倫理道德的主兇。

- 為何政務官不說實話？無私才有誠信，才不會說謊，也不必說謊。無私就無壓力，因不必說謊所以才無壓力，說謊自有壓力，說越多壓力越大。誠信不說謊的人，永無壓力永遠輕鬆，自由自在。

- 自私是說謊之本，無私是誠信之本。

- 無私自有共識，自私難有共識。

- 功利社會的人，心中無「私心與無私」那把尺。尤其政務官心中無公私之分，無私心與無私的界限，如何執政？把權力當成他家的，當成自己的，公信力如何來，國事不亂才怪。

- 無私自無壓力。

- 有些人為爭權奪利，一生在壓力中折磨地渡過，最笨。

- 無私最瀟灑，私心最醜陋。

10/26 · 台灣的領導人均以Price（價格）治國，難怪公義、道德不存。真正的政治家是以Value（價值）治國，公義、道德才能存在。

- 看到民進黨挺李的大遊行由陳總統、副總統、院長、各部會首長、立委、縣長兵分二路大遊行，並批馬的鏡頭有感——

一、至高無上權力傲慢的大展現。

二、對付一位台北市長，比過去國民黨黨政軍聯合作戰更甚。

三、民進黨部分人小題大作。

四、演出一場權力＋硬拗的獨腳戲。

- 無公義和良心的民主比獨裁專制更惡劣，無公義的政治就是獨裁專制。

- 以「價值治國」，而非以「價格治國」。

10/27
- 如果非說利不可，應是公利，而非私利。

- 台灣政界人士出書，大多「書的內容不如其人」，也即「書與人不合」。大部分是只要有地位就叫人包裝、裝飾，連自身都無照過鏡，就出版。

- 政治高於宗教等於反教化。

- 宗教功利化也是反教化。

10/28
- 台灣的自欺——

一、APEC中李遠哲在企業高峰會三分鐘致詞，媒體大幅報導是演說，不是騙人嗎？

二、李遠哲今年被輪派座位於布希邊，大肆宣傳，使人誤認台灣地位的提升。

由此可見台灣人的無知和幼稚，執政者很容易騙人民。

- 現在是狗官時代，無是非、無公義的狗官紛紛出頭，心中只有主人而無人民（走狗官）。

- 如果政治不是典範而是野蠻，何必參政呢？然政治人物就比不上妓女了。

- 講價格的人，心中有慈悲與寬容嗎？唯有講價值的人心中自有慈悲與寬容。

- 政治應是誠信而非藝術。

10/29
- 無公義的國民，只有利害的國民，惡人混水摸魚成為主流地位。因此每日看到惡人在舞台上的鏡頭，批評人家、謾罵人家、抹黑人家、硬拗的動作，深感痛心。生存慾漸漸消失，很感嘆與他們活在一起，不幸也。

- 意識形態高於一切，政黨之私高於一切，也即意識形態專制、

政黨專制，畸形國家也，很難用語文形容的國家，民主、人權、人道永談不上。也許意識形態專制、政黨專制適合台灣國情，人民也樂於接受此制，如此我無話可說。

- 無歸零的人格，無歸零的公義，無歸零的道德，無歸零的邏輯。無從做起，只有混亂、抵銷、對立、無是非……。

- 民進黨員為黨而戰也為己而戰。親民黨為黨而戰，戰力強。國民黨員少為黨而戰，大多只為己而戰，國民黨非亡不可。

- 新政府成立，只要對他們有利的腐敗法制，均當為寶地繼續延用。對他們不利的原來好的法制，則廢棄，另定對他們有利的法制。因此政黨輪替毫無意義。

- 剛出社會為現實而活，現在是為理想而活。這個社會大多為現實而活，很少為理想而活，連具理想的讀書人也競相為現實而活。

- 理想與現實無法對話，因此為理想而活的我，能對話的不多，頗感孤寂。

- 為何閣揆答詢無法理直氣壯，為何無法乾脆利落，無法明確清楚？原因：一、無實力，二、有私心，不可告人者，三、掩蓋事實，推諉塞責，四、無政務官的氣度和風格。

- 陳總統高掛在辦公室的字句「慈悲沒有敵人，智慧不生煩惱」。我的看法亦可說「寬容無敵人，無私不煩惱」。

- 為了做官失去自由最可憐。

10/30 · 公事應以公權力處理解決，如以慈悲寬容處理，就是公私不分，將公權力當成他家的，慈悲寬容則成人治，獨裁專制了。

- 人與人之間的關係應以自然的慈悲和寬容相處，但公事自應依法辦理，如不依法而以徇私的慈悲或寬容處理，不只無法達到公義，且會造成圖利問題。

- 外國制度固然好，但人民也好，好制度配合好人（私心較低、社區意識強）能落實。好制度引進到國內，國人的品質不佳，不但無法落實，反而製造很多問題。

- 意識形態治國，政策推動、效率均將抵銷，只有大聲的表面口號很難落實，原因——
  - 一、私心、無公義，全民無法認同和共識。
  - 二、意識形態相同的人才能執政，專業專家因無意識形態，無法進入政府工作，如何推動。
  - 三、只要意識形態相同就能掌握大權，誰能服？多數公務人員在無公義的制度下，誰願奉獻心力，為公服務呢？
  - 四、只要意識形態相同，不做也能掌權，就是舞弊照樣升官，如此誰能服？
  - 五、只要意識形態掛帥國家法令如何好，政策如何好，外國制度引進，均在不公義前提下抵銷，甚至造成負面。
- 國家資源無窮盡，執政者不管以口頭或書面欺騙老百姓百分之二十，短期也不會被識破，因此現在經營政府最容易。
- 只要有私心和意識形態治國，這個國家不會好，只有腐化墮落。短期可用欺騙人民手法，達成其執政的正當性而已。
- 理念和層次差太多，無法對話。
- 看到部分內閣閣員的臉孔心中只有權力、做官的滿足感。然我從八年縣長、政務委員、總統府國策顧問以至中選會主委，心內從無權力感和做官感，只有典範感和責任感。
- ^{11/1} 依法依制度行政，特權關說施壓自然消失，公義才能存在。專制獨裁是人治，人治是特權、關說、施壓的溫床。
  可惜台灣政府聲聲句句說是依法行政，由於選擇性辦案的人治存在，特權、關說、施壓仍然搶手，公義很難存在。
- 不了解真實、不重真實，說話自然無力，只是作秀而無法解決問題。
- 現在只要有意識形態就可以吃一輩子了。
- 正事不做，偏事直直做（作秀、婚喪喜慶活動，首長最熱門）。
- 為功利為利害為爭權奪利而消耗珍貴的生命，划不來。

315

- 人逢權力，眼必濁（眼濁是瘋狗目），難怪取得權力的人如同瘋狗（狂犬）。
- 權力不只足以使人腐化，也可使人性消失，因此取得權力的人較無人性。
- 權力如果是公義就不會腐化。
- 有權力的人吃卡壞的，無權力的吃卡好，統御的原理在此，政治一定清明，全民一定團結，執政才有效。
- 台灣的權力者享受榮華富貴，人民叫苦連天，與政治的目的相違。
- 閣揆、部會首長被立委修理到大家都皮了，臉皮也厚了，已麻木不仁地習慣，這些人來處理國事怎能治好？
- 鄭金鈴、鍾紹和聯合質詢說洛桑管理學院公布的國家競爭力，台灣由十八退至二十四名，經濟由二十九退至四十名。游答為何挑不好的項目，並舉電子化政府第一名為例反駁鄭。鄭舉失業率五點三五，游答香港等國家比我們更差⋯⋯由此可見，政府並無誠意要治好台灣，這種耍法，樹立最不好的典範，原來台灣的政府是如此。
- 內閣面對質詢是應付敷衍、耍來耍去，只要把總質詢時間拖過，其餘的可安心當官，更可過著傲慢的官氣生活。

  其實，民主政治設計的國會總質詢是國政的重要環節。在台灣當為官員的苦日子，官員盡量規避問題，不敢面對問題、解決問題，因此質詢當為兒戲，當為做官一年兩度的陣痛而已。因此我曾說「亂問亂答」。

  其實立委問政品質低，也是使質詢權被閣員耍來耍去的玩意。

- 好的政府是找問題、面對問題、解決問題，很可惜台灣的政府躲問題、怕問題，甚至民代提出問題，官員迴避問題。有病說無病、辯無病，怕責任、怕碰問題，這是壞政府。
- 無私是健康之本，公事絕對無私，私事無私才不會煩。該給你的自然會給你，不該的也不必強求，強求也無用。

- 無私才自然，才有眞實。
- 高潮固可最高的滿足，可是是一時的、短暫的，也是短命的。高潮過後自然法則是低潮，也可能是短暫的、一時的。但人總喜高潮。無論是精神上、心靈上或物質上的高潮。花盡所有資源，包括體力無限代價，只爲求短暫一時的高潮，高潮過後馬上面對跌入谷底的低潮，划得來嗎？

  可惜人都想不開，好高騖遠，寧可犧牲任何代價以達一時相對性的高潮。然高潮是一時的，如果高潮是永久的，高潮就無感受，高潮自無意義可言。

11/2
- 在無民主素養的台灣，民主成爲人與社會的毒瘤——
  一、無是非甚至顛倒是非。
  二、無倫理也無道德。
  三、人性受破壞。
  四、公義眞實不存。
  五、人心腐化、墮落。
  六、教育也受破壞。
- 無私無敵。
- 男女婚姻與政治婚姻：古代男女婚姻很少離異，現在司空見慣，離一次離兩次都有。西方國家離婚如家常便飯，東方也將趕上。

  至於政治婚姻，西方國家較少，東方國家則不少。尤其台灣，政治離婚多。大部分入黨均基於利害而非理想或感情，因此一旦無利可圖就退黨，另加入有益的黨，該黨如已無利可圖，又退黨，又加入他黨，因此政治婚姻較複雜。

11/4
- 權力和金錢是「是非不分」的兩大麻醉劑。
- 價值與價格不能對話。
- 如果說我有意識形態，勉強可說有公義的意識形態和眞實意識的堅持。
- 台灣人在功利社會下，每日過著矛盾的生活。言行不一的矛

盾、表裡不一的矛盾、虛實不一的矛盾，矛盾的生活過得慣，不是心靈有問題便是神經分裂。我一生的生活重邏輯，無法過矛盾生活。

11/6 ・政治介入專業，專業等於零。權力介入真實＝不真實。

・權力落入無公義的人之手，等於落入土匪之手。權力者如無公義，將成為一切罪惡之源。台灣目前現象是如此，有活地獄之感！

・權力如無公義，權力是萬惡之源。權力如非典範，權力是最可怕的。現在我最厭惡權力者，權力是最恐怖的。

・無公義的權力不值得爭取，縱然取得也無意義、無光彩、無價值可言。

・看到內閣閣員的面孔，看不出有公義的性格，除范振宗外，幾乎在享受權力的榮華。

・權力如不是典範，要權力幹什麼？

・矛盾永不清楚，矛盾的社會是亂不完、鬧不完、沒完沒了。

・靜態問題易解決，動態問題難解決。靜態與動態不能同日而語。

・官員臉上的表情：做官慾大於做事慾，利害慾高於公義慾，私心慾高於使命慾。

11/7 ・台灣口號是民主，主權在民，其實是：金權高於政權，政權高於民權。擁有最高權力者也是看財團的頭臉，財團永遠是權力者的老闆。

至於政府官員如走狗，為了當官甘願受盡委曲、糟蹋，看人的頭臉，唯唯諾諾地生活，一點尊嚴都沒有。

人民在選舉時，可能得到握手的一時主人，選過後「主權在我」，哪有人民存在的餘地。這就是金權高於政權，政權高於民權的道理。

・無公義感的人，如植物人。

・台灣政權落入無公義、無是非領導階層之手，首長無權主張公

義，更不能有是非之分，否則立即下台。無公義、無是非的人，如能與政府合作，也是政府的寵兒。

很可惜有是非之分、有公義的人難存，寂寞、孤獨。

權力落入無是非者之手，公義只有死路一條。

‧公義和真實均為永恆的，官位、金錢、職位均為短暫的、一時的。

‧政黨比黑道幫派更惡劣。黑幫為非作歹，怕人家抓。政黨為非作歹，有公權力作後盾，強力保護其違法亂紀。

台灣的政黨利益高於國家全民，加上有公權力保護，非常不公義，比黑幫更差勁。

11/8 ‧公義和真實是不能妥協的。

11/11 ‧我的血與淚迄今仍高度沸騰，並不因地位提升、事業成就或年齡增多而減退、枯竭，而變成無血無淚。

11/12 ‧道德意識、公義意識、真實意識、人道意識是我的四大意識形態，如果人類都具此四大意識形態，人類可和平也有幸福。

‧所謂多元化就是騙來騙去化，所謂多元價值是分裂價值。

‧我無法容忍無公義的事，其餘的事可容忍。

11/13 ‧是尊敬您的人格而不是尊敬您的官格，是尊敬你的典範而不是尊敬您的權力。

‧UNTAD在日內瓦公布世界百大經濟體排行，台灣排行第十六經濟體。晶圓代工占全球市場達百分之七十二點九，筆記型電腦占百分之四十九，LCD監視器產量占百分之四十一，IC設計、數位相機TEF LCD等世界第二位。二○○二年台灣每年產值三千零八十億美金，大陸一兆兩千億美金。

台灣人口兩千三百萬，大陸十二億四千萬，大陸人口是台灣的五十四倍，土地是台灣的兩百六十七倍，但產值是台灣的三點九倍。

台灣衰退之五因素——

一、廠商大舉西進產業外移，造成失業率居高不下。

二、資產持續縮小，造成台灣金融體質持續惡化。

三、全球經濟猛烈向下調整。

四、景氣持續悲觀，造成投資持續衰退。

五、中國搖身一變成為僅次於美國、日本、德國的全世界第四大工業生產地。

· 基於客觀條件的決策，始能解決問題。

11/16 · 有尊嚴才是民主，有尊嚴才有人權。

· 挑戰尊嚴的兩大因素，是權勢和金錢，也即權勢和金錢是無尊嚴之源。權勢和金錢可壓制人的尊嚴，心裡變態的人，喜以權勢和金錢玩弄人的尊嚴為樂，因此大家拚命地爭權奪利。

· 唯有有道德和公義修為的人，才有尊嚴觀念，有尊嚴觀念的人才有民主精神的人權觀。有人性的人才有道德修為和公義精神。

· 有人性才有人權，無人性談什麼人權。

· 有的人喜過著利害的生活，有的人喜過著「是非分明」的生活。

11/18 · 無公義不能算清流（政治人物自以清流騙人）。

· 權力和財團掛帥的國家，連讀書人都無風骨而向權力和財團靠攏，不向公義、道德、真實靠攏，悲哉！這個國家既不是以公義、道德、真實高於一切，而是爭權奪利的弱肉強食的社會，則活在這種情景下的人民最悲哀。

· 我天賦的道德智慧和公義意識太強，在功利社會易得罪人，生活很痛苦。

· 言行不一致，不是言行神經分裂，便是騙子。

· 不煩不惱，只煩公義消失。

· 廉恥心太強，有權力也自然謙卑。無廉恥心的人自然傲慢，傲慢是無恥的人才能做得出來。

11/19 · 政黨的利益不只高於國家人民，甚至還高於上帝、釋迦牟尼佛、穆罕默德。

- 講道理的人，才會言行一貫，不變來變去。不講道理的人是反反覆覆、變來變去。
- 後座力和副作用是決策前應慎加考量的重要因素
11/20
- 私是處事之癌。
- 無私──宏觀──透明──無礙──無爭──順暢──完滿。
- 政治是黑暗之源。文化政治化，無文化。教育政治化，無教育。藝術政治化，無藝術。體育政治化，無體育。學術政治化，無學術。司法政治化，無司法。社區政治化，無社區。人性政治化，無人性。宗教政治化，無宗教。
- 馬英九在辯論後說：「選舉是是非而不是輸贏問題。」我很贊同此看法，但馬是否能做到？
- 價值是理想、治本。價格是現實、治標。
- 三十年前我曾說萬惡之源在民代。現在我感到，私心、利害、政治考量（化）也是萬惡之源。
- 言行不一致的人無資格談「人權」。
- 信口開河的人也無資格談人權。
- 不誠實的人無資格談人權。既敢對大眾公然不誠實、撒謊，可見把人當成什麼，如此還談什麼人權。
- 唯有在無私、公義、道德、真實之下，才有理直氣壯。
- 黑金是高層的祖宗、老闆，國家有望嗎？
- 蔣經國時代，蔣政權不准與財團、黑道掛勾，做得很徹底，因此過去無黑金政治。自蔣時代結束後，台灣開始進入黑金政治，為了選票與財團結合，也與黑道夥伴關係。十多年來，以黑金治國而成為黑金時代。政黨輪替，金權政治比過去更嚴重，而黑道也選擇性地取代，仍然是黑金時代。
11/23
- 以權力說話而不是以解決問題說話，因此說得動聽但無法兌現。
- 以靜態思考而說話是無法解決動態中的問題，如靜態靶易打中，動能靶就很難了。

- 有掌握動態的智慧和處理動態能力的人，才眞正能做事，能解決問題。
11/24 ・自己不是人才，自然不愛人才，不用好人才。
- 政客以利害隨時變臉。
- 自私是對立之源。
- 政客美麗的謊言是「打過蠟的」。
11/25 ・貪權力比貪金錢更惡劣（不正當取得權力即貪權，不正當取得金錢即貪錢）。
- 政務官爲政務負政治責任而辭職，上級不得做人情而批「慰留」。
- 慰留文化就非責任政治。
- 台灣式的政黨政治，情治人員、軍警調、監委、司法人員均應禁止入黨，否則永無公義可言，上述人員將是執政黨的工具，在野黨與人民是俎上肉而已。
- 公義的兩大殺手一是權勢，二是金錢。說利害就無公義，說是非才有公義。
11/27 ・典範較無爭議，其他是口水強、硬拗的天下。
- 如無治國理念和大格局的國家歷史、全民意識的政治人物執政，這個國家是沒有什麼希望的，只是政客們利益熱鬧場面而已。

  古代皇帝享有特權，人民不滿，起革命推翻之，改爲民主選舉，現在選出來的人仍享特權。過去皇帝一人特權，人民受不了，現在皇帝幾百位，人民受得了嗎？
11/28 ・權力足以使人說謊，連耶魯大學博士的學者爲了權力變成說謊專家，可惜！很多學界也然，爲了權力公然說謊，令人不齒。
11/29 ・只能說、寫、看「道德」「公義」是毫無意義。能感受道德公義的人性光輝才有價值。有感受才有行爲，也即有感受才有德行和公義。
11/30 ・過去罵民進黨罵黨外的國民黨高官，今日也來參加，立場何

在？原則何在？志氣何在？是不是爲了當民進黨的官而參加的？如有廉恥，他們是無資格參加。（參加黃信介逝世三週年有感）

· 民主人士雖對國民黨挑戰、討伐，但很少有典範，這是台灣民主運動的遺憾。信介仙比任何民進黨人士可能更受人尊敬。

· 爲了黨派的利益，編了很多合理化的美麗謊話，做爲這撮人永久既得利益的立論基礎，對眞正奉獻者是一大侮辱。

· 無典範的民主運動完全失去民主意義，反而造成天下大亂的國家。

· 我不贊同史實消失，也不贊同燬造史實，因史實是前人的成果。但你可創新，有本事可開創無限的事蹟，但不可否定史蹟。

· 史蹟＋創新＝豐富。

· 幼時的地瓜葉、蘿蔔乾（菜埔）、醬菜再加上現代的魚翅、鮑魚、龍蝦，不是更好嗎？何況現在大家反而喜歡菜埔蛋、地瓜葉、杏仁茶，而不喜吃膩的魚翅、鮑魚、龍蝦……甚至稱魚翅等爲垃圾食品，你怎可否定過去！

· 否定史實是不道德的，捏造史實更不可原諒。

· 主張人權，自己的行爲無人權。主張民主，自身無民主的氣度。因此人權、民主是政治人物騙人的藉口

12/2 · 典範助選與權力助選：打總統牌助選固然是王牌，可惜台灣的總統缺典範條件，只有權力條件。如無典範只靠權力助選，效果有限，甚至有反感的副作用。如果總統有典範，助選效果必佳。因此我認同典範助選，唾棄權力助選。

12/3 · 爲爭權不擇手段的比爲爭財不擇手段的更厲害，唯爭權無罪，爭財有罪。

· 爲選舉，謝長廷將吳敦義、黃俊英移送法辦（硫酸錏案），創造全世界現任移送前任法辦的惡例，這叫做清算鬥爭。

· 如果現任可清算前任，民主選舉就有問題。

- 頭腦生鏽的種類，一是金錢鏽，一是權力鏽，這兩類使人不是痴呆便是腐化。

  防鏽劑有三，一是道德，二是公義，三是真實。無道德、無公義、無真實，不是生權力鏽，就是生金錢鏽。頭腦一受鏽卡住，就失靈了。

  難怪社會上反常、墮落、無恥、無知。

12/4
- 道德、公義、真實是頭腦的去鏽劑，有道德、公義、真實，腦筋永不生鏽。
- 與頭腦生鏽的人對話，比與虎謀皮更難。
- 政治人物大部分眼睛起濁，起瘋狗目，為錢為權亂罵亂咬。
- 功利教育之下，成自私自利的社會，國家領導人、首長、民代，只有自己、黨，而無國家、社會、他人存在。一切以其自身利益、現實、炒短線、應付，把公器當成自身或其家人、黨派所有，如此運作根本無道德、公義、真實存在的空間。因此社會只有對立、硬拗，拿到權力的人，以權力壓制對方，選擇性辦案，無公義的空間。功利社會公義是弱勢，權力、金錢高於公義，這種社會結構只有腐化、墮落、反淘汰、惡性循環，永無願景可言。
- 政府無法做好原因，在於首長無整體觀念，更無規劃能力和系統一貫的意識，因此無法掌握立場、原則、整體方向，均以枝節、零碎的主張和發言做官，須知道技術零碎是無法解決整體問題，只是抵銷來抵銷去，成不了大事。
- 黨的利益高於國家、人民、公義，非民主也，是「黨主政治」。

  很可惜參政人士對此並無釐清，因此表面喊民主、自由、人權來欺騙人民、國際人士，實際上仍然是黨的利益高於一切。這種幫派式的政治，黑幫式的政治手段，比專制統治更惡劣。
- 如果大家均能無私，以國家利益、全民利益、公義社會為出發點參政，將無對立、抵銷的情事，如此社會才能祥和、團結。

如果參政人員均以私利、黨的利益高於一切，則尖銳對立、抵銷、鬥爭、吵不完、鬧不完。祥和團結是不可能的。唯有公義，自不會有誰聽誰的問題。

- 游院長應以原則政策性指示，並非枝節性、零碎地指示，否則內閣就不成內閣，而成為執行單位，難怪范振宗說「游不得其法」。

12/5 ・新瑞都案、拉法葉案、國安局密帳案均牽涉高層，但司法單位不敢辦，這是所謂民主結構的政府嗎？韓國有種的司法單位把兩位總統全斗煥、盧泰愚收押判罪，最近將金大中兩位公子收押起訴判罪，台灣算什麼，台灣敢嗎？台灣能與韓國比嗎？無資格與韓國比。

12/6 ・范振宗說被李總統培養過的最後一個一個被打倒，如宋楚瑜、馬英九，被他拉過手的，存活率並不高。

12/8 ・台灣掌權者大部分無典範的條件，無典範的權力不值得尊敬，無典範的權力應唾棄之。

- 患有「權力傲慢癖」的人是最無人權觀念，因此無資格參政。

12/9 ・要讓些給人活，不要獨活、獨吞。

- 硬拗是橫柴抬入灶。

- 謙卑是統治者的靈魂。

- 流氓學人太可怕，硬拗的算學人嗎？

12/10 ・有人權的所在自有權利說是或否，甚至都「不說」。任何人無權要求人說是或非，或非說不可。惜台灣的媒體強力要求人表態，這是忽視人權的。

- 人的生存空間不容受侵犯、受壓榨、受控制，這是人權的真義。

12/11 ・酬庸性和私人利害因素的用人政策，是績效不彰和效率不高的主因，扁政府敗於濫用人才之故。

- 口號與效能不能對話。

- 有權的人有「協助」無權的人「解決」問題的義務。

12/12・有權的人不能「吃」無權的人。

・意識形態只是鬥爭光會鬥爭而已,不是做事也不會做事。

12/14・參政的人,如無倫理道德的素養,一定是瘋面瘋面。

12/16・權力傲慢的人,只會吃人、害人、騙人、辱人,絕不能服務和奉獻。

・權力是短暫的,典範是永恆的。

・能整合化、系統化、單純化是生命最快活的事,不只不虛耗且能解決很多問題。人生最痛苦的是活在複雜、死結、死胡同內。

12/17・所謂民主就是有權的人不可罵無權的人。

・我是靠攏(近)典範,而不是靠攏(近)權力。

・典範、風範是行為、行動,與無行為的口號不同。

12/18・治國的人應具條件:一、道德風範,二、無私、誠信,三、高度智慧,四、能力與謙卑,五、責任感和「絕對的公義」,六、宏觀和長遠的歷史使命感。

・統治者常以「用人唯才,適才適所」欺騙世人。其實是酬庸性、利害性和選舉動員能力,而決定用人原則。這種組合的統治團隊,絕無可能做出什麼事,只能為統治者效勞和工具而已。
所謂要拚經濟、拚治安均是口號、口水而已,除非天會掉下來,否則永遠是靜態的口號、口水,欺人騙世的伎倆。

・口號、口水都不需本錢和代價,行為、行動均須付出本錢和代價。也即風範要付出代價,口號是作秀。

・無私的用人,才是做事,私心的用人只是營私害公。

・謙卑的權力才不會濫用權力,更不會有特權。

・無能力和自私的首長,用人哲學是「一言堂」的人物。

・靜態的規劃容易,動態的規劃就不容易。靜態的規劃是如意算盤,動態的規劃才能命中問題(落實)。靜能的規劃是好看而已,動態的規劃才能落實。靜態規劃是畫餅,動態規劃是做

餅。

・假酒、毒酒可公然充斥市場，政府何在？無政府、無責任的政
府才有假酒、毒酒到處販賣，害死人。

・權力與金錢是不公義之源，不公義的權力和金錢應唾棄之。

・權力和金錢，是不擇手段之源。

・無謙卑就不會尊重他人，自不會有愛心、愛民。

12/19・元首參加私人公司的剪綵、週年活動或工廠太多，是布樁、獻
金和利益輸送，忽略國家整體建設規劃和發展。表面上看起來
是關心產業發展，實際上是選舉行為，是自私。

・表面上是民主政治其實是黨主政治、幫主政治。

・文化工作者向權力靠攏，是文化的悲哀！權力靠攏文化，國家
才有希望。

12/22・民主社會只有典範能永恆，除非獨裁專制有永恆的權力外，任
何權力僅是短暫、易消失，唯有典範永不消失！

12/23・是尋典範而不是尋權力。

・台灣有「每日一瘋」，還有「瘋人之友會」，大家跟著「起
瘋」，是瘋人的天下，真是台灣人的悲哀！

12/24・享受權力傲慢的人很快消失，權力謙卑的人典範永在。

・無典範的總統，歷史將是留白、空檔，只是個人和家人目前的
榮華和傲慢，受害的是眾多的人民、子孫和歷史。

12/25・說維護公義的話，勿說維護自己的話。很少人說維護公義的
話，大多是說維護自己的話。

・亂流式的思考是危險的。

・無私為快樂之本，無私為助人之本。

・面對權力和金錢，藍綠一樣黑。

・權力足以使人性消失，權力者較無道德感、公義心。

・權力足以使人不像人。

・掌權者常以權力說話，而不以人說話，也即說「權力話」而不
說「人話」。

- 面對權力必無骨氣，其實面對權力更應有骨氣才對。
- 無公義反應是麻木。

12/26
- 政治如淪爲說謊、奸詐、欺騙、豎仔、陷害、自私……則政治比魔鬼更可怕。台灣的政治是如此，我不僅冷感，更厭煩極了。

12/27 （監委巡行政院有感）
- 虛榮心、虛官心──快感。
- 公義是人格的標準，無公義的只有官格和錢格，無人格可言。
- 權力＋硬拗＝黑天地暗。
- 選擇性執法的人是最不公義，也是最無人格，什麼青天，是黑天也。
- 績效是看內容，而不是美麗的名詞和動人的語言和表面文章。台灣的政治人物只有美麗語言和表面文章，是騙人的。
- 人類最高境界是道德、公義、眞實，這是我的價值觀。
- 自己的榮耀建立在他人的痛苦和壓抑他人尊嚴之上，台灣政界普遍現象，他們的聰明在此。
- 心中只有「利害尺」，而無「公義尺」。
- 什麼「生命共同體」，而是「利害共同體」。
- 古代廉恥是人的生命，現代廉恥已不存了。無廉恥的國民，與動物園內的獸民何異？這個社會是人的社會嗎？應是動物園區，而不是人類社會。
- 監委、大法官、試委均由總統提名，否則無機會擔任，因此監委、大法官、試委均應看總統臉色行事，並非以公義行事，這些人遂成爲總統的工具，形成「利害共同體」。
- 享受「官癮」都來不及了，哪有時間和精神照顧他人（台灣的官態）。
- 總統應是「公義」的主宰者。一位總統如無「公義」條件、素養、能力，這個國家就完了。總統「無公義」，官員自無公義，人民亦然。

- 一個國家有無希望，端看有無公義共同體。如果是利害共同體，這個國家一定完蛋的。
- 如果是利害共同體，什麼法、什麼制度，均無濟於事。是人治的國家。
- 人的教育沒有辦好，只辦其他的教育是無濟於事。
- 無公義的人不能「用」，更不能做朋友。
- 教育失敗才無公義的國民，只有利害的國民。
- 太極拳是做官的本領，太極拳打得好，官就越大。
- 開會時在桌面上什麼都可解，散會後什麼都忘掉了，這是台灣開會的意義。
- 無公義就不會有團結，無公義的團結，穩死的。
- 不少學界當起官後都變臉，奇怪（不是奸臉便是瘋狗目）！
- 我最看不起「唯權力」而「無公義」的人。不少人為了權力，甘願犧牲公義，得意揚揚地主導社會。
- 無公義的政府團隊能給國家和人民做些什麼？利害的團隊在短線上只有維繫其政權，整體上人民必遭殃。
- 他無「心肝」但有「心官」（台語）。
- 對照式的交聚，始能解決問題。各自表述式的開會是形式的，是浪費時間，並非在解決問題。
- 開會如果是解釋問題，而不是解決問題，則何必開會呢？
- 政策和決策是整體性、銜接性、長遠性、歷史性，政務官應有政策和決策能力，也即應具政策和決策的條件始能勝任。
  內閣閣員如果是路邊的攤販，怎能擔任政策和決策的工作呢？不少閣員不知政務官的定義，更無政策和決策的條件，如此以酬庸和利害組成的內閣團隊，能給國人做些什麼？
- 監委巡視行政院李伸一的報告有感：如果人權只限於犯罪和受刑人之權益，則人權失去意義。人權最主要是人的尊嚴和公義的維護，是針對全民的，與民主有密切的關聯。
  目前一談到人權僅指限於白色恐怖，犯罪人和受刑人權益的保

障，對全民尊嚴的維護不提起，是無知、錯誤的。

- 人權教育應從互相尊重的修為著手，不尊重他人就無人權可言。尊重才有尊嚴，有尊嚴才有人權，這是簡單的人權觀念。

- 靠運氣靠機會的當官，國人有希望嗎？

- 監委結構由於酬庸和分贓的結果，並無御史的風骨和整飭官箴的威風，無典範自無火力。因此今日的巡視浪費一整天，輕鬆無壓力，更無解決什麼問題。監委的存廢實有檢討的必要。

- 施政如均以選舉為考量依據，則注定失敗。

- 決策和制度不因政黨輪替或公職人員輪替中途而廢，否則民主制度是危險的。

- 有根的改變是正常的，最怕是無根的改變。

- 說利害的是小人，說公義的是君子。

- 是公義（是非）的切入而不是利害的切入。

12/29 · 自然是永恆的，人為是短暫的。

12/30 · 我過去說過，加入國民黨是要利用國民黨、吃國民黨才加入的，因我不利用國民黨、不吃國民黨，因此我不加入國民黨。如今應驗了，國民黨失去政權，很多人紛紛離開國民黨，甚至反打國民黨。過去吸國民黨奶水長大得勢，現搖身反而支持民進黨、靠攏民進黨，也有當國民黨的大官，過去利用國民黨當大官，吃定國民黨，現在國民黨倒下去，大家紛紛另找新權勢、新主子，這些人還像人嗎？難道他們是幾位爸爸生出來的嗎？不符公義。

12/31 · 不是為吃飯而說話，也不是為權勢（升官）而說話，更不是為代價而說話，而是應說典範話，說公義話，說真實話。
如果是說「吃飯話」，說「權勢話」說「代價話」的人，只不過是工具、走狗、劊子手而已。

- 「尊嚴」是受尊重的意思，有典範自然受尊重，無典範誰會尊重呢？因此無典範就無尊嚴。

- 無是非就沒完沒了。

- 法院的積案大部分是政治人物的案件，因政治人物較有辦法，不是用權勢施壓、關說，便是用金錢摧毀法官的神經，有罪的就盡量拖，拖到五年、十年後社會已忘掉了，才偷偷地做無罪判決，以解脫政治人物的罪責，因此積案法官有問題。當然法官會以證據薄弱或調查證據爲由，拖延的說詞，或以愼重以免冤枉當事人爲由，作爲拖延之理由。
- 決策應基於無私（包括個人與黨派），整體性、長遠性、歷史性而釐訂，切勿基於私心（個人之私或黨派之私）勝選、短視而決策。
- 有智慧的人是從公義的角度切入問題，聰明的人是從利害的角度切入問題。
- 我一生最討厭說「官話」而不說「人話」的官員。
- 官格是一時的，人格是永久的。做官是一時的，朋友是永久的。權力是一時的，典範是永恆的。物質是一時的，精神是永恆的。價格是一時的，價值是永久的。聰明是一時的，智慧是永恆的。現實是一時的，理想是永久的。
- 權力是他家的，眞是可惡。

2003年

・無典範就無資格在台上說話。

・世界無一位元首在台上罵人，只有台灣的元首藉權力經常罵人，這就是所謂權力的傲慢。

・要在台上說話，應先修身修為，有立德、立功、立言的條件，始有資格在台上向人說話，否則誰要聽廢話，誰會相信呢？

・陪同總統參加總統府升旗典禮的，只有六大工商團體的龍頭（林坤鐘、王又曾、黃茂雄、戴勝通、李成家、唐雅君），並無工會和農會龍頭參加，足見總統府只重財團不重農工。

・舞台幾乎被無典範修為的政客占走了，台灣有何願景！

・台灣應建立典範政治，唾棄口水政治和口號政治。

・在人性消失、無倫理道德、無是非（無價值觀）的社會，我的生命未死，但生活早已死了。

・權力足以顛倒是非，權力足以顛倒黑白。

・權力足以毀滅公義。

・政府——

　　一、舉高債，子孫負擔。

　　二、國營事業綠化俾提供綠色糧草及選舉動員，而不用專業公正人士。

　　三、政策買票。

　　四、拼選舉並非拼經濟。

・公職、公營首長絕對要中立、公義，否則民主成惡性競爭的鬥場，永無公平、正義的社會。如此，大家就不必拼政績，只拼選舉就可達到執政。

・要說「公義話」不說「自己話」。

・公義標準是基於無私。

・不要說無過程的結論，也不可說無理由的結論。

・謙卑與傲慢可從嘴臉和舉動中看出來，不必爭論。

・有的人拼命賺錢，有的人拼命要做大官，但我每日跑五公里可能大於賺錢或當大官，因此我不拼賺錢也不拼當大官，我只拼

跑五公里。只要跑完五公里，我覺得比賺錢、當官更有成就感。

· 爲了做官甘願說違心話、做違心事，一定活得很辛苦，也怪可憐的。矛盾中生活，不活也罷，活不瀟灑是很苦的。

· 政治癌普遍存在，政府只靠氧氣延續存活率，國家希望何在？

1/8 · 政治高於公義的環境下，官員的公義意識只好消失，否則官位就難保了。

· 一切爲政治而不是爲建設，一切爲政治而不是爲公義。

· 新政府對各部會首長的形式嚴格監控，如教幼稚園般地幼稚，使首長無政務官的格調。無政務官格局的首長，如何決策、如何施政？

1/11 · 只有口號的互動，而無行動的互動。美麗言語是執政者之絕，無實際行動和眞實結論，都是在騙人民的、騙社會的。新政府領導人的美麗語言，過去國民黨均說過，現在也照說，並創些新的美麗語言。

這種無眞實的語言，都無濟於事，都是空轉的、虛僞的，其意義只在選票。

· 不知道要怎麼說，不做事要怎麼說，說來說去只是爲做官、升官。

· 人治架構下的發言均是假的。如說眞話，官位很快消失，因此在人治下的開會，形式意義大於實質，不想當官的才能說眞話，要當官，只有假話一途。

無眞、有假，這個社會有救嗎？這個政府是虛僞。活在虛僞政府下，生命只是浪費、空轉。

· 無做無資格說話，這是我的座右銘。

· 國家整體發展綜合經營規劃意識系統化的潛力和掌握，施政始能成功。

· 國家，長線；選票，短線。如果是爲了選票爲了執政，只有炒短線。

- 野蠻性存在的人，才會硬拗。硬拗是最惡質的，最看不起這種人。
- 頭臉政治：文化的官僚體系，是無人敢負責推動政務的主因。雖說很好聽的話，但很難做到。
- 能做會做才是政治，可惜政治淪為打太極拳和口號、口水。

- 現在教育主張多元化，不重原則（人本）造成天下大亂。

  多元──枝節──亂

  原則──根──共識（歸零）

  亂中很難有共識，誰怕誰的社會，無共識是沒完沒了。因此我們的教育是主張枝枝節節的多元教育，不重視人本教育（單元），無法歸零，自然變成「沒有共識」的社會。因此政治亂、社會亂、家庭亂、教育亂是正常的，無共識基因的社會，天下不亂才怪。

- 縣長時代的措施，管線單位破壞道路，我採取三大措施──

  一、新鋪道路前限期各管線單位應於限期前鋪好，逾期不得施設。

  二、道路鋪好後，管線單位不得施設。如有施設再挖路時，我以毀損罪向法院提出告訴。如電信局在我剛鋪好的山腳路三春段遭破壞，按鈴告訴。

  三、舊道路管線單位要埋設管線時，須先提出申請，申請時須切結被挖道路須全面重鋪柏油，不是只鋪挖的部份回填而已。因回填等於破壞，根本無法恢復原狀。因此須全面重新鋪設。

- 台灣政治人物慣於「口水政治」還不夠，又加上「墨水政治」（書面或書本）。口水政治和墨水政治大都是騙人的，應以「行動政治」代替口號政治、口水政治、墨水政治，否則永遠是空轉的。

- 信口開河的人是不會有信用的。

- 唯有公義國家才能發展。如果為了私利或黨派利益或為了選

票，昧著良心扼殺公義，等於拒絕國家發展。

- 領導人自己吃不好，讓人民或在野吃好，才有說服力、才有公信力。如領導者自己吃好，享受榮華富貴住昂貴的豪華別墅、山珍海味，人民吃不好，誰會服？誰會相信？誰會跟你合作？還遑論什麼團結呢，不要把人民當傻瓜。

- 自己吃不好，才有說服力。如果自己（官員、領導人）吃比別人好，就無資格說話，縱然說也是白說的，是風涼話。

- 有典範的人才有說服力，有典範的人，人家才相信、才尊重。無典範的人說話是製造亂源、混淆是非，把人當什麼？

- 阿扁在執政興革座談會閉幕典禮上一再強調，新政府做得很辛苦。我想新政府的「嘴」相當辛苦，亦即說得很辛苦，並非做得辛苦。阿扁那張利嘴仍充滿傲慢、霸氣、批判他人，把責任推給在野黨，可是大家還是相信阿扁的。國親兩黨無知、無能，想要政黨輪替不易，看來二○○四年還是在阿扁之手！

1/14
- 在權力圈內和金錢圈內，是看不到公義的。許多人在未取得權力和富有時會主張公義，一旦取得權力和金錢後不只避開公義，甚至還賊害公義。

- 生活在無典範只有權和金錢的國度內，每日生活於逆流或亂流的衝擊中。

1/15
- 權力的傲慢，無公義之例──
一、權力者吃好（榮華），無權力者吃不好，公義何在？
二、有權（力）的人，罵無權（力）的人，不公義！
權力的謙卑，才有公義──
一、有權的人吃不好，讓無權的人吃好。
二、有權的人不可罵無權的人。

- 典範是永恆的，也是累積起來的，是長線的。權力是短暫的，是短線的，非累積的。

- 無典範的權力者，產生硬拗、傲慢、權術、弱肉強食、無誠信，只有口號、口水，無公義、無真實的空轉，是墮落、腐

敗、反淘汰、惡性循環的後果。國家的陰影，子孫的苦難，即將來臨。

- 當你問小偷有沒有偷東西？小偷一定答沒有。當你問大官有沒有違法？大官一定說沒有。這是人性的弱點。明明偷東西，偏偏說沒有，明明是違法，偏偏說沒有。人民半信半疑，模糊不清。
  我們需要勇於承認的小偷，勇於承認違法的大官。

- 大官最可怕的是明的一套，暗的一套，還有選擇性執法（人治）。

- 謊話是毋須本錢，不需代價，最省本，而效果最大的，騙選票，聽了會爽易於上當，達成目的。因此台灣政治人物最敢死命拚謊話，而不是拚經濟、拚改革。拚謊話比較簡單、動聽。

- 權力如無法與財團和黑道一刀兩斷，政治永無清明，公義自難存在。

- 權力與財團、黑道密切掛勾，由黑金所得的利益比貪汙更大，又無風險，因黑金是權力者獲利的白手套。

- Call in 節目上經常出現的，大多是硬拗專家，是負面、是垃圾。有良心、有公義、有真實的人太少。

- 我的天性中所具備的權力概念是為公權力，為公義、為國家、為子孫歷史的權力。如此才有意義，也才有好感。否則權力是令人厭惡的、是可怕的、是不可碰的，比刀槍還可怕。

- 權力落入無道德、無良心、無公義的人之手，比落入土匪之手更可怕！

- 地下權力不亞於地下經濟，也即黑市權力不亞於黑市經濟，均為政治腐敗的主因。

- 戰時靠勇氣而不是靠道德。

- 權力是典範，才有追求的意義和價值。如權力不是典範，權力將比洪水猛獸更可怕，不值得一瞟。

- 首長有無私心，端看其用人則知。酬庸性、人情、紅包式用

人，均出自公器私用的私心，因此用五流的人，不只公務無法
推動，甚至製造問題，阻礙進步。

1/17 ・這個社會存著不是造謠便是不信任感，所有媒體不是咬定便是
否定，尤其政府更甚。如果是全面透明化，可能不會有咬定或
否定之事，人民才不會搞得「霧煞煞」無從信任。

・健康須自然對自然，如自然人對自然食物一定健康。如人對人
為食物（添加物、抗生素、農藥、生長素），一定不健康。

・黑金政治就是惡勢力。

1/19 ・如無私心，絕不會如威權時代讓軍、警、調、司法人員介入政
黨。

・黑金之粒加上有黨派的情治之湯，足以毒害台灣人民之命。

・台灣是「有黨無國」的幫派政治，而非「政黨政治」也。加入
幫派的人，只有為其幫派的利益而鬥，否則加入幫派有何意
義？軍情治人員如可加入幫派，將成黑幫共和國，而非「台灣
共和國」。

・國民黨與中共鬥爭，強令軍、司法、情治人員加入國民黨或共
產黨，成一黨專政，稱為獨裁或威權政治。政黨輪替後民進黨
照樣迫使高階警察首長加入民進黨，與國民黨、共產黨何異？
過去黨外時代，對抗國民黨就是對抗黨、政、軍、情治人員
聯合作戰。現在的民進黨仍然是國民黨或共產黨的那套（奧
步），將是台灣人民未來對抗的新對象。

政黨與軍、法、情治人員（檢調警）結合，台灣永無民主，是
專制政治。台灣人民應群起對抗反制討伐，甚至發動武力全面
戰爭，直至黑幫政權、專制政權消失。

1/20 ・現在台灣是奸人加小人得勢的時代，忠臣加君子是無用武之
地，甚至是被害者。反淘汰。

1/21 ・我的生命過程，心靈生活豐富，物質和灰色地帶的生活貧乏。
我認為心靈價值是人類特有的。

・民進黨無知、國民黨無能，人民的願景在那裡？人民無奈，只

有無奈！

・人文的競爭力比物質和科技競爭力弱，是人類的危機。

・壯志未酬身已老。

・如果權力和金錢不爲公義，要權力幹什麼！要金錢做什麼！

・有權力不拚公義是罪惡，有金錢不拚慈善也是罪惡。

・如果拚經濟拚改革只是口號、口水，不如拚健康。

1/22　・足協改選——

一、馬永成以恐嚇口吻在足協改選前夕喊停，請政治界官位比我高的人擔任，不是呂秀蓮副總統，就游錫堃院長。本人認爲如果由高層接任，對足球未來發展有很大幫助，且可補我外交發展空間。爲了國家，爲了足運，我深慶得人，同時馬永成說，高層加入對目前足協只有加分。

二、在不按諾言，害我以高層接任騙足球界人士，在無理由下宣布停止改選。

三、現在冒出邱義仁是與龔先生陰謀，奪權成爲派系鬥爭奪權的戰場，與馬永成所說完全不一樣。

四、我領導四年來：

（一）國際關係良好，亞洲第十三屆女足在台灣舉辦。

（二）女青年奪亞洲盃亞軍。

（三）爭取世界盃五人制賽在台灣舉行。

1/23　・如果我需要錢是爲做更多的公益和慈善工作，如果是爲自私，金錢對我毫無意義。我追求權力是要爲公義、爲眞實、爲國家、爲下一代、爲人類歷史。如果是爲自私，權力是兇器、是垃圾。

・看到日本足球發展的報告，感慨萬千，人家已爬上天了，台灣還在地上爬來爬去、鬥來鬥去，政府無責任又要在地上插一腳，助長紛亂而不覺恥辱。

・我們的政治也然，用矮仔步，以口號、口水欺騙世人，犧牲公的資源，換取黨派和私人的利益，以假的成功自我膨脹、轉移

目標、混來混去、騙來騙去，使台灣永在墮落下空轉而自豪。

- 專制時代還有些公義，總勝所謂民主時代的無公義。

- 專業碰到政治就不專業了，宗教碰到政治就不宗教了，藝術碰到政治就不藝術了。我很佩服日本國寶級歌舞伎阪東玉三郎在銀座演出，大臣或總理大臣前往觀賞，只能在台前觀賞，不能進到後台向他們（舞伎）致意或嘉勉。因為藝術家的地位高於政治人物，這是專業的權威高於政治權威。

- 綠色恐怖不遜於白色恐怖。

1/24 ・政權落入私心（野心）重的人之手，只有騙人的人權民主之口號（口水）而已，政權只是用來對付、清除對手，異議人士而已。

這是黑天暗地的年代，看不到公義、看不到真實，只聽到美麗的語言和嗎啡的麻醉。政黨輪替只是權貴的輪替、黑金輪替、恐怖的輪替、比爛的輪替，是台灣人悲哀的悲哀！

- 將權力當成他家的，他們不只享盡權力的傲慢，享盡榮華，他們眼中只有利害、財團、黑金。只要能維護其政權者，魔鬼也是他們的班底。這種人治國，吾人還能活嗎？

- 民主和人權只是專制，恐怖護身符，也是獨裁、殘暴、合理化的美麗口號而已。

- 權力是展現典範的舞台，而不是私產。權力如無法展現典範是邪惡的。

- 好的決策是為整體、為對方著想的決策。如果只為自己著想的決策是最壞的決策。

1/25 ・凡事考量他人，不考慮自己，一定成功的。

1/26 ・當縣長自己不風光，全力為縣民風光，卸任後縣民一直相當懷念我，唯功利社會可能很快就會忘掉。難怪很多人一當官，把權力當他家的，大撈一筆，享盡權力的傲慢、風光、榮華。

1/29 ・名為國家永續，實為政權永續。政權永續第一，是執政黨的目標，而不是國家永續。

- 元首、副元首、院長、部會首長講話時專門批評他人、謾罵他人，從不檢討自己、不謙卑、無典範，此種權力的傲慢能囂張多久？
- 閣揆小兒科，如幼稚園園長在教幼稚園般的滔滔不絕說了一番幼稚話，如此決策者，只是說爽話，浪費時間，無重點、無策略更無結論。
- 首長無公義心，部屬自然不敢有公義心，因此整個政府無公義存在。
- 現在是用人唯「財」、用人唯「票」，而非用人唯「才」的年代（票是指選票與鈔票）。「唯票」的用人政策，賢能之士難有機會為國效勞。
- 如無法從解決問題切入，則任何方案或說話，均無意義。
- 政務官是說「政策」而非說「枝節」，很可惜用枝節來充政策，難怪決策枝節化。

1/31
- 說「治本的話」才是負責，說「治標的話」是應付。說「治本的話」才有智慧，說「治標的話」只有小聰明。
- 倫理道德、公義、真實被邊緣化，成為弱勢、被害者，還像人類世界嗎？
- 瞥仔政府存在的一日，國家無前途，人民無願境。

2/1
- 言行意識神經分裂，是台灣教育上一大敗筆。由於「說另外說、做另外做」的文化，造成一流的口號政治、口水政治，不需「做」就可治國。
- 無道德、無公義、無真實是我厭煩政治，看不起政治，心灰意冷地遠離政治的主因。
- 無私、道德、公義、真實八字，是我人生的核心價值。

2/2
- 我曾說過西瓜偎大邊。我是人，不是西瓜，當然不會偎大邊，會偎大邊的不是人是西瓜。

2/6
- 與無三不朽的權力相處至為痛苦。中選會的中立、獨立又不能不維護，因此只有過著不如意的矛盾日子。

- 院會眾官群像：很多人在未取得權力前充滿理想性、衝刺性，一旦得了官位就忘掉了，甚至沉淪地維護其下沉腐化的官位，而失去良知和責任。

  我永不向現實屈服，永為理想、歷史奮發，看不起腐化權力。
- 官位的誘惑力不遜於金錢。過去批判拜金主義，現在有拜官主義，與拜金並駕齊驅，為人格兩大沉淪。
- 政務官的腦海裡只能有原則、理想、歷史、整體可行性，如果口號太多、雜質太多，其決策成效不高，也是有負面的。
- 決策者如專門談論雜七雜八的雞毛蒜皮事而忽略主體性、原則性、整體性、理想性、可行性，自無好的決策。因決策的好壞端看決策者的品質。

- 官位是金錢的標的，難怪大官顯要都向財團靠攏，看財團臉色。官位可以買也可以賣，足見官位的上司是金錢、是財團，當然政府的上司也是財團。財團可控制政府也可控制大官顯要，您說悲哀不悲哀！
- 政客的嘴臉，未得權力前「主權在民」，得權力後「主權在我」。
- 台灣近年來道德淪喪、公義不存、真實不在，導因暴發戶與權力聯手踐踏道德、公義、真實所致。
- 無私、道德、公義、真實，始有資格治國。現在的政客大多是反無私、反道德、反公義、反真實之流當道，這個國家只好沉淪。
- 台灣的民主誰執政，政府就屬於他，如廟寺管理委員會，選上才拜，選不上的就不去拜，害死神。

  台灣政黨輪替後執政黨所辦的活動，如展覽文化、政治活動，在野黨不參加。執政者好像將政府國家當成他家的，而在野者也認為政府是他人，未便參加，如此觀念和廟寺管理委員會有何差別？足見的民主觀念差一大截。
- 權力的傲慢，朝野永難合作共識。國家成為執政者私有財產，

在野無認同的機會和義務，因此國家無法成爲全國人民所共
有，只有分裂。

權力的謙卑，朝野才有合作共識，國家爲全民所共有，朝野才
能團結。

權力傲慢是國人分裂的主因（主政吃清米飯，在野吃稀飯），
權力謙卑國人才能團結（執政者吃稀飯，在野吃清米飯）。

· 國家應屬於全國國民所共有。這個觀念如無共識，政黨將成爲
分裂國家的元兇。

· 未得權力前你是主我是民，得到權力後你是民我是主。

· 台灣是鬥爭式的民主。選舉一次鬥爭一次，資源斷層一次，賢
能也遭殃。鬥爭是不擇手段、無是非、無公義、無眞實、更無
道德，因此賢能也難免受鬥爭。後任鬥爭前任，現任鬥爭卸
任，惡性循環、反淘汰，社會永無典範，眞正賢能政治人物難
受尊重，甚至被鬥臭而感孤零，人民又無是非地靠攏權勢，造
成賢能公義之士的流失。無典範、無表率，只存腐敗的權力、
腐化的典範和垃圾的歷史。

· 人家說不要「得理不饒人」，現在「無理也不饒人」，眞是野
蠻（部分政治人物）。

· 硬拗團隊、豎仔團隊。Call in（TVBS、民視）節目，參加者的
專業幾乎是硬拗專家和豎仔臉。

· 前捷克總統哈維爾著書《無權力的權力》非常有意義。我認爲
「無權力的權力」就是無私，就是謙卑的權力，與我經常的主
張完全一致。

· 取得權力的人看前面也要看後面，不能只看前面而不看後面。
同樣不能只看上而不看下，也許多看下會好一點。

· 統治哲學：自己吃不好讓大家吃好，自然歸你統治，如自己吃
很好讓大家吃不好，誰會聽你、服你？（執政者）自己吃卡壞
的，讓在野吃卡好的，在野自然閉嘴。

自己吃卡壞的才有資格執政。自己吃卡好，別人吃卡壞的，將

被推翻。

自己吃卡好，別人吃卡壞，必定腐化、腐敗，無公義的。自己吃卡好，別人吃卡壞，政權必倒。

2/12 ・權力的傲慢是最不道德的。權力當爲自家的，才會傲慢，權力是公的，個人怎可傲慢？

2/13 ・宴會的四害：一、吃毒，二、浪費時間，三、不三不四的話，四、浪費生命。

・執政者如果是享用權力的傲慢，如果是自己吃卡好，在野吃卡壞，將是沒完沒了。

2/14 ・心行、言行均應一致。能做的心、能做的言，只有做做做……才有意義。

能做、可做的才想、才說。不能做、無法做的不必想也不必說。

如果能「心行合一」「言行合一」心言才有意義、有價值。

・經濟突飛猛進，國民所得增數十倍，外匯千億美金，惜政治仍沉淪於口水政治、口號政治甚至黑金政治、幫派政治。

・像人就幸福，不像人就不幸福。

・無倫理道德的富有不是人的富有，而是其他動物的富有。

2/15 ・爲慈善而取得權力和金錢，非爲自己情緒的昇華而取權力和金錢。後者是罪惡滿貫，前者才能受尊敬和懷念。

2/16 ・阿扁說今年希望「口水少一點，雨水多一點」。其實誰的口水會比他多？也許他是口水的水源頭。

・無私一身輕，無私就無壓力。

・壓力源於私心，也是源於自身。

・無私的壓力不是壓力。

・俗語「無官一身輕」，我認爲「無私一身輕」。無私，做官也一身輕，無私可抵銷你忙碌的壓力。

・多元化社會就沒有是非嗎？要有是非的多元化，不能沒有是非的多元化。

- 權力＋金錢＝髒化。宗教＋金錢＝髒化。
- 權力如果不是典範，不值得理會。

2/18
- 李明亮辭衛生署長的原因，紀展南醫師前晚在劍湖山二樓晚宴時說，謊話不敢說，真話不能說，是他辭職原因。
  因此現在要當官只有「敢說謊話，而不說實話」的人，才能獲賞識。
- 謊話不敢說，真話不能講。
- 文筆流暢、口水橫流，但與人的心靈和行為不合，造成今日堂皇美麗的虛偽社會，政客、文客、學客、詩客皆然。
- 真實只有一點點，口水那麼多，文筆也那麼多。真實在口水和文筆中的成分太少，甚至零成分。
- 典範才是真實，以身作則的行為才是真實。
- 不要聽其口水，也不必看他的文章，因為口水中或文章中，可能「零真實」。

2/19
- 典範在功利社會已遭破壞無遺。
- 無典範就無價值觀，價格觀之下無典範。
- 無典範就無公信力，無公信力政府能存在嗎？
- 只有厚黑的人才能主政。厚黑治國，厚黑也談人權。披著人權、民主、自由的外衣，進行厚黑治國。
- 典範治國而不是厚黑治國。
- 厚黑治國下無人權、無民主、無法治、無公義、無真實、無人格可言。
- 奸：表面偽善、偽君主，底下心狠手辣、小人、殺人不眨眼、洪水猛獸、惡毒、恐怖。奸人治國。
- 白道不見得比黑道好。
- 院會專提雞毛蒜皮事、囉囉唆唆的枝節，非政務官格局，真是小兒科內閣。
- 權力者無「批」的權利，只有「做」的義務。

2/20
- 人本不能多元化，物質和科技均可多元化。人本如可多元化，

就無人格，教育也不必要了。現在是單元人格對抗多元人格的時代，單元人格的人活得相當吃力。

2/21
- 靠意識形態起家的，無法治國。很多人靠意識形態當官或升官，這種人是無法做事的，他們只會硬拗或製造問題和豎仔步而已。

- 民進黨一再強調本土化、去中國化，然民進黨縣長陳明文竟爭取故宮設分院於太保，如此何來本土化？相反地替中國文化宣導和發揚（矛盾至極）。

2/22
- 不要把「價格觀」混為「價值觀」。有資格說價值觀的不多，大部分只能講價格觀。

- 政治人物聲聲句句說服務、奉獻、犧牲，其實是自己吃好、自己享受、吃人、犧牲他人成全自己。

- 民主就無個人的權勢，也即民主不能有「勢頭」。

2/23
- 「勢頭」是專制封建思想的產物，如果要談民主，就不能有勢頭。惜今日的參政者，哪一位不是為享勢頭而來？權力一取得，威風凜凜享特權、走路有風、勢面十足，拍馬屁者爭相排隊，無一點民主常識和行為。

- 人不能多元化，只有單元化，人如可多元化就變成雙面人、多面人，其他均可多元化，為免與人混淆，似可改為多樣化或多體化。

- 「價值觀」是建立「人的尊榮」之觀。與「人的尊榮」無關，應以「價格觀」稱之。
  價格觀是有利與不利之觀，是無關「人的尊榮」之觀。
  價值觀是「是與非」之觀，是有關「人的尊榮」之觀。
  孟子說「無是非之心非人也，無是非之分既非人也」，還談什麼價值。

2/24
- 公職人員如無是非心和公義感，將是白當的。

2/25
- 台灣近代史只有口水史、抹黑史、鬥爭史和權力傲慢史，而無典範史。

- 教育的失敗造成負面的人多，正面的人少，也即正派的人少，邪派的人多。
- 智慧是創造正面的，負面是無智慧的人的傑作。
- 人說人話、鬼說鬼話、錢說錢話、官說官話。現在人話少，鬼話也不多。錢話和官話最多，錢和官在支配人，壟斷一切。錢和官是強勢，人是弱勢。
- 無典範就無資格批評他人，意識形態治國非民主也。

2/26
- 暗的操作與選擇性辦案是最可怕的，最恐怖的。
- 民主社會必須忍受無能（壞人）統治有能（好人）的反淘汰生活。取得權力的人不一定是賢能，也許是黑金、豎仔、騙子、缺德者……必須忍受，面對他們的統治。
- 不可信任書面的數字和報告，只能信任真實和感受。書面報告與事實往往不一致，書面可騙人，事實才不會騙人。書面只是參考，事實才算數。我主政時不喜聽報告而只喜看事實。
- 古代「能君必能聽，能臣必能言」，現代我認為「能君必能看，能臣必能為」。
- 司法機關為何只重事實和證據，而不採信辯護人或當事人滔滔不絕的辯詞、陳述或洋洋篇幅的答辯書，書面資料？顯示「真實」、「事實」是執政者單純的認知和信物。
- 主政者不是只聽取形式的報告或了解情況而已，而是面對狀況、問題，能如雷達般的迅速反應，提出具體解決問題方案和消除問題的方法。並非「永遠的知」而已。
- 主政者言詞過多是不良示範，言多定模糊真實，稀釋真實、焦點。結果只是主政者權威爽而已，無心解決問題。
- 看事實不聽報告，是我主政的原則。聽報告浪費時間，又無法解決問題。以我急性子，馬上能解決問題、看到事實，才能解脫，否則「知而不決」是痛苦的。

2/27
- 台灣有台灣之父，也有台灣之子，也有「權力之子」，也有「錢力之子」，也有「權力之父」、「錢力之父」。

2/28 ・智慧是超越地位的。有智慧的「有地位」才是應該的，無智慧的「有地位」是不應該的。

・罵人最好不要，如果一定要罵，要站在公義的立場罵，不可偏頗於一方，為討好一方或為一方的工具而罵人家。

3/5 ・不少學人或知識分子為了當官，寧願緊抱腐爛政權，並甘充魔鬼的辯護人。難道這是人生嗎？無格！

3/6 ・傲慢、高姿態處世，如同有錢的亂開亂花，對人生是減分的。

・政治人物做不公義甚至不合法情事被揭發時均否認，如同小偷，警察或法官問他有無偷東西，小偷也是說「沒有偷」，與政治人物相同地否認，足見政治人物與小偷無異。這是人性的弱點，惜人民不會如追查小偷般的去追查政治人物。

・權力的傲慢是忘了人生是段漫長歲月，非三、五年的權力人生，當權力失去後，他的餘生如何活，如何過日子呢？因此權力傲慢的人，是無知、幼稚、短視、炒短線、輕浮的人。

・政黨固可輪替，但公務員不可輪替，古代「一朝天子一朝臣」，但不可「一朝天子一朝人」。

・我好，人民不好，子孫無前途，不快樂；我不好，人民好，子孫有希望，快樂。這是我死腦筋的感受和不可救藥的想法。

3/7 ・國是論壇群像：立委問政品質差，不是「買來的」便是「罵來」的。他們在國會殿堂內大聲咆哮，無智慧說公道話，只有為其黨的利益或個人利益，抹黑官員、製造問題、混淆視聽、模糊公義。這種人能堂堂站在國會殿堂說話，公然玩弄國人，是全民之恥。

・西瓜偎大邊的人稱為西瓜人，絕不做西瓜人，要做公義人。

3/8 ・中共總理溫家寶不說廢話，多一個字也不說。和我的性格相似。

・無私、智慧、典範、氣質、人格，是永恆的、無限的。私心、權力、金錢、物質、聰明，是一時的、短暫的。

3/9 ・硬拗文化破壞了道理文化，口水文化破壞了真實文化。無道

理、無眞實的社會，人的意義何在？

3/10 ・多元化、多元是非、多元是非的社會，等於無是非的社會。多元化、多元人格，等於無人格。

3/11 ・價值觀在「典範」而非在「權力」，無典範的權力非「價值觀」，而是「價格觀」。

・康有爲言「有法制而無道德以爲之本，則法律皆僞，政治皆敝。」

・只有亮麗的塑膠文章和口語，而無靈性的眞心、情感，所書所言均假的。

3/12 ・台灣人心中早已無公義那把尺了，只有功利那把尺。

3/13 ・官兩個口，兩個口攻一個口的老百姓、在野，官一定贏。兩個口，一個說好聽話，一個暗中操作，表裡不一，騙人。

・社會至多是口水道德、口水倫理。

3/14 ・總統雖無「明權」，但有絕對的「暗權」。

・不誠實的權力是台灣的亂象。

・說謊是權力者的專利。

・權力不僅足以使人腐化，我想權力足以使人失去人性，權力足以使人瘋狂。

・權力是殘忍、殘酷的。取得權力的人往往無人性，因此權力是殘酷的。

・權力不只傲慢還拗蠻。

・華盛頓自己訂定的標準：一、與善良的人結交爲友，二、親愛家人。

・人逢權力則失理性，是以權力說話而不是以人說話。

・權力是最自私的財富。

3/15 ・國家利益高於政黨利益，正政黨也。政黨利益高於國家利益，幫派也。

3/17 ・寧永爲人，而不爲政治人，因政治人不是人。

・原以爲政治是典範，如今覺得政治是殘酷的，與我的性格不

合。幸我從政二十多年來均堅持黨外，以典範從政不受汙染，保持純潔，但與政治人相處相當辛苦。

3/19 ・無是非之心等於活了不明不白、不清不楚，是白活的。

・意識形態是預設立場的，是無法溝通的。

3/21 ・以利害的角度是永解決不了問題，因利害是個人主觀利益問題，自然只有爭鬥而已，沒完沒了。以是非才能解決問題，是非公義問題，無私利、私益問題，自然無問題。

・美國防部長倫斯斐在伊拉克與伊朗作戰時，武裝海珊。如今倫斯斐以重武器要摧毀海珊，以大人對嬰孩之勢攻打伊拉克，倫斯斐是一切之罪。
美國不遵聯合國安理會的決定而單邊攻打伊拉克，置聯合國於何地？從此聯合國已無存在的價值，只要大國要怎麼樣就可以怎麼樣，聯合國無可奈何、束手無策，眼睜睜地看「大人打小孩」。聯合國的公義在哪裡？

・是非是根的問題，利害是枝葉問題。是非應是清楚的，利害是扯不清的。

・執政者傲慢、私心，永難得對手的支持和合作，這是簡單的道理。因傲慢和私心是執政者家裡的事，無關公家的事，對手自可拒絕支持和合作，甚至可推翻他。
因此執政者如需對手的支持和合作，只有兩個易得的仙丹：一為謙卑，一為無私。

・無恥才會硬拗。無恥就無是非、無好壞、無對錯的問題，尤其是無恥就無責，官員無恥無責。

・說負責的話，較不動聽，無市場。說不負責的話，較簡單，因言之無物，譁眾取寵，千變萬化，民眾聽之、視之眼花撩亂，易爽，較有市場。

・一面倒的人還談什麼公義。唯有中立、公正的人才有資格談公義。一面倒的人只有功利，掛公義頭賣功利肉。

・公義已受癌細胞的侵入，公義已是奄奄一息，在加護病房等

死。

- 立法院看眾官群像：無公義做官有什麼感受，有什麼榮耀，有什麼價值？我感覺「無公義的官」，是罪惡，是惡名昭彰，是垃圾。

- 教師只有「說」而無「做」的舞台，官員只有「做」而無「說話」的舞台。

- 台灣的民主是對立、分裂，不是團結和合作，無民主價值。執政黨辦的全國性活動，在野黨不參加，有如廟寺管理委員會選舉，落選的一派不到廟參拜。這種對立分裂的民主精神，倘中國打台灣時，可能只有在朝的人去對打，在野可袖手旁觀，甚至會站中國那邊，如此台灣很快就會完蛋。

- 做官的只有「行動」而無「口水」。非官的「有口水」而無權「行動」。

3/22
- 無公義的人，中間路線是走不通的，有公義意識的人，才能走中間路線。中間路線最符合公義，符合多數人的利益。

3/23
- 有權力的人最會吃賭又要抄賭，現在的政治人物大多屬此類型的。

3/24
- 無公義就無中立，無中立才要靠行，靠行是很難中立。靠行即靠攏政黨。

- 陳建銘主持內政，與少數民族委員會審查蔡同榮公投案，因不利於主持人之意，宣布休息，就落跑了。這種不中立的主持人，害所有官員和那麼多立委在議場空等，浪費國家資源，這是台灣政治怪象。人民納稅，讓這些自私自利之徒亂搞瞎搞，真是國不國、人不人。

- 私心的人參與公事將以私害公。私心重的人不宜參與公職，利用其私心去做營利事業，相信能賺錢、事業成功，滿足其私慾。因此私心的人，從公將害公誤公，對自身也不利。

3/26
- 意識形態是無是非的。

- 是非應以道德、公義、真實為依據。

- 賊仔比人卡惡。做賊喊賊才不成賊。
- 公義、是非不存，每分每秒均在不明不白中內耗、對抗、抵銷、空轉。主席完全不中立、不超然，教育失敗，堂堂國會竟如此差，如此惡質。
- 台灣只有西瓜人，而無公義人。
- 西瓜國是無希望的。
- 什麼中華民國，什麼台灣國！其實是西瓜國，乾脆改國號為西瓜國。
- 國民黨是黑金獨裁，民進黨是白金獨裁。
- 政黨比幫派更惡。
- 無公義意識算人嗎？
- 看到各黨派在國會的態度、舉止，不遜於黑幫大哥。
- 政黨政治，軍、法、檢調、警、情治人員均應絕對中立，禁止入黨，至於其他公務員則應保持中立，但可入黨。

3/27
- 西瓜人、西瓜黨、西瓜國。

3/28
- 不可想理由來挑戰公義、反駁公義。一黨之私經常挑戰正義、反駁公義，為國會口水不停之因。
- 以意識形態（不管是統獨或黑金意識）治國，只有口水、硬拗。閣員是統獨、抹黑的屬物，完全無公義和國家存在的空間。
- 無典範（三不朽）的民主，人類將被民主所淘汰。今日人性消失、倫理道德淪落、社會無公義，人類將墮落、腐化，越來越沉淪。

3/29
- 與有道德、有禮儀、有公義的人相逢、相處、為友，是三生有幸。與功利、利害、無公義、勢利眼的人相逢、相處、為友，是倒楣一生。
- 是非，價值；利害，價格。

3/30
- 私心是活鬼纏身，自尋死路。
- 古代當官的大多是賢能之士，現在當官的，不是賢能之士，而

是「偎」對黨，不管三教九流均足擔任大官。如「偎」錯黨，不管如何賢能，均無機會為國為民效勞。故今日之官是三教九流，不值得尊重。

- 要真實的公義而不是表面的公義。當今社會不是功利便是表面的公義，表面的公義等於無公義。

3/31
- 文化是超黨派中立的，是忠於道德公義與真實。文化如有黨派就非文化也，是打手。

4/1
- 不公、不義、不真、不實，非人也。我絕不會忍受也無此雅量，可容納不公、不義、不真、不實之徒。
- 台灣總統不只有刑事免責權，連說謊、硬拗均有免責權。
- 攻擊他人可掩飾自己的缺點、弱點。
- 權力的傲慢是對立、對抗、樹敵之源。

4/2
- 人性化、官性化、錢性化、獸性化、物化：現在人性漸消失，而被獸性化、官性化、錢性化所取代，是人類的悲哀，人類的終結。
- 權力＋硬拗＋豎仔步＝腐化。
- 會議的目的在於文字美化（會議記錄的美化），無好的官僚系統，無會治國的長官，客觀因素也難配套，只是拚選舉的文宣、口水而已。不是解決問題，更無創新進步的議題。會議記錄如美麗的空頭支票，是在騙人的。
- 拚豎仔步的政府，而非拚堂堂正正君子的政府。
- 院會閱《國統綱領》有感：《國家統一綱領》已充分承認台灣屬中國，因此訂定和實施統一綱領的人是「台灣國」的致命（詳看統一綱領自明）。自訂的黑字白紙還有什麼可辯呢？誠信何在？
- 新政府只認拚選舉是正義，什麼弱勢的照顧均是選舉之後的事。
- 我無論在何處當官，我均以公義和真實為第一，因公義和真實是我生命不可缺的要素。

4/3　・現在的政治人物包括高層人士，幾乎是最不誠信的豎仔，因此不值得尊敬、羨慕。過去位居要津的人均有典範、君子表現，值得效法、學習、尊敬。

・明的一套，暗的一套，説的一套，做的一套，這就是多元化。官員應付一套，敷衍又一套，真的又是一套，也是多元化。

4/4　・一人一家代（個人管個人家的事），人家不與你好，竟打到他人家内，公道嗎？還是野蠻呢？美國打到伊拉克國土，因海珊不與美合作，美則在伊拉克國土打死伊拉克人，你説美國野蠻不野蠻？是國際間不好的示範。

・無典範就無誘因，無領導力。

・權力的傲慢，如鴉片可一時之爽，但最後還是毀掉自己。

・語言暴力比肢體暴力更可怕，政治人物是語言暴力的專家。

・無能力的人，無資格説「忍辱負重」這句話（游錫堃在葉宜津、郭正亮套招質詢時，説出「忍辱負重」。意思是游做很好，在野和媒體批評很多、很委屈，他才説忍辱負重。其實游的才智能力大家均清楚，然民進黨立委故爲抬高游的身價才套招質詢）。

4/7　・無私才有智慧，才有價值觀，才有包容心，才有愛心，才有謙卑，才有同情心，才有慈悲心。

・一生無法判斷是非，悟出眞理，是白活的。

・空嘴嚼舌、街頭運動就可搶到政權了，金錢財寶是餓虎撲羊的囊中物。

4/8　・所謂的民本思想爲天視自我民視，天聽自我民聽、民爲貴，社稷次之，君爲輕、天下有道，則庶民不議。

・不活假的。

・患官癌和錢癌的人最多。

官癌：無典範、無實力的人搶著做官，不擇手段爭來的官，心中只有官，不是人。

錢癌：拜金主義，認錢不認人。一生只有錢的人生，不擇手

段，爭財搶錢，擁抱金錢，至死不放，成為錢奴，這種人是患了錢癌。

- 官員只有效忠國家和全民，無私、超然、客觀，在道德、公義原則下為國、為民做事，相信全民會肯定，如果要選票也應以此途徑而來。

  為什麼有些官員不以此途徑取勝，而以小人、有色彩或以意識形態做事，表示向長官輸誠、拍馬屁，博得長官的欣賞、信任而升官（小人、邪步）？我認為是多此一舉，如此作法是炒短線、是騙人的。還是回歸自然、真實，只要超然、中立、道德、公義、無私、專業、為國、為民做事，相信人民會永遠支持和信任。

  有些事明明很單純，但有些人故為操作，而成為複雜化，然後再以邪步處理，表示其功勞，而向長官討好、搶功。
- 從政人員只要無私，以公義、真實、超然、客觀立場，真正為國、為民做事，均可頂住一切橫流、挑戰，甚至可強勢地壓住、反駁、教化對手。
- 「庸人自擾」是私心作祟，沒有公義，不尊重真實，主觀偏頗的產物。
- 偉峰說，可以「台灣化取代本土化」、「台灣化對抗地方化」是很正確的。本土化是地方化、意識鬥爭，台灣化才能國際化。
- 過著私心、無公義、無道德、不超然客觀的生活，一生是虛度的。
- 有些人本有公義、超然的觀念，一旦嚐到利、權力的滋味，公義、超然自然停止，甚至廢棄，改換為功利、自私的頭臉。
- 權力與公義不能對話。取得權力的人對公義、道德、超然、真實均感不興趣，聽不進去，也怕人提起，這就是所謂「權力足以使人腐化」的原因。
- 權力和金錢是破壞人性的兩顆核彈。面對權力和金錢兩顆殺傷

355

力強的核彈，如無反核彈防禦措施，人性很快會消失。

· 邪的力量最易介入或侵蝕權力，權力到哪裡邪惡就跑到哪裡，最後權力不是被侵蝕便是與邪惡合流，這是權力腐化的原因。

· 誰挑戰公義，誰反對公義，誰就是與我作對，誰就是與我為敵。如果官員無公義理念，也不堅持公義，這個政府是無救的，這個政府將成為個人的或少數人所有的。

· 權力如果是鴉片則不只害人、害國、也害自己，惜不少人把權力當鴉片成癮。

· 過去有地方士紳、人格者、有志者，均為典範。現在只有暴發戶、黑金，悲哀！

4/11 · 客觀的公義才是真公義。

4/14 · 五百億是為綁樁而編列，五百億本應做國家重大建設，不應受地方縣市長的影響而做零碎建設，如今經建會竟私自串連縣市長向立委施壓，通過總預算，而陳水扁也約朝野縣市長在官邸疏通，討好縣市長，此種措施足見民進黨是搞選票不是搞建設。

· 過去的部會首長水準高，現在部會首長在只要倕對政黨、倕對人，就是三教九流也可當部會首長、資政、國策顧問或其他高官。因此現在的高官是不值得尊敬，無法令人看得起。

4/15 · 拚建設而非拚心機。無能力的人只能拚心機，以心機取勝。

· 將近七十，只有一日遊，不像年輕時，可一年遊、一個月遊或七天、五天、三天遊。沒有選擇的餘地，只能一日遊，再幾年就要半日遊了。

4/16 · 權力在身就不成人。

4/17 · 從政是為歷史而非為自己。

· 主政者應「自己呷卡壞，在野人民呷卡好」的觀念修為主政，一定贏得全民的擁戴。如果主政者「自己呷卡好，在野人民呷卡壞」，那就沒完沒了。

· 官員只會自圓其說而卸責，也即自圓其說的時間占最多（解釋

問題的時間），解決問題沒辦法。自圓其說是解釋，是騙人的。

- 國家在政客眼中是羊頭而已，真正賣的是黨的利益，即狗肉。以用國家的名器，達到黨派的利益。
- 明的硬拗，暗的更甚。
- 政府的報告數字是騙政績、騙選票、騙政權而已。
- 是用能為黨做事的小人，不用為國做事的君子。
- 執政黨不管大小弊端、錯失、罪過，標準答案是硬拗的不承認。

4/18
- 私心的人，不會負責。如監委為了官位只聽命總統，不會負監委的責任。同樣，司法人員為了當官，只聽命上級官員的指示而甘願拒絕公義。因此台灣的大官說「依法」、「證據在哪裡就辦到哪裡」，是政治語言，欺騙世人的。
  現在是司法史上的黑暗期，為何如此？是司法和法務首長主導的結論。司法成為整肅政敵的工具，由陳定南開始。
- 政黨輪替是表示政黨主政失敗輪流他黨主政。二○○○年是國民黨主政失敗，人民唾棄而選民進黨主政，國民黨失敗的責任應為黨主席和該黨的執政團隊。如今黨主席、高層均不負責，反而跑到敵對黨的陣營，世界上無這種情事。

4/19
- 政治科技家，專為政治基因解碼，是我的本行。

4/20
- 無道理的強詞奪理就是硬拗。
- 不知恥者，不講理也；不知恥者，不謙卑也。無恥者，無理也；無恥者，無禮也；無恥者，無誠也。與無恥之人相逢、相識，是人生一大不幸。

4/21
- 做比說重要。
- 我只認公義而不認人。

4/23
- 人格是因無信用而貶值，一生失信，十次人格破產。
- 私心共構的政府，只有沉淪而無希望。
- 是人，但無人格，何用？

4/24 ・國民黨血統：新黨、親民黨。

黨外血統：民進黨。

有些人從國民黨血統＋民進黨血統成混血兒，我的血統一直是黨外血統，不西瓜效應，純黨外血統。我永遠不是混血兒，也非雜種。

4/25 ・一流的人為國家說話，二流的人為黨派說話，三流的人為個人說話。台灣的國會議員大多為黨派、為個人說話，很少替國家說話。人民的眼睛不亮。

・西瓜人越多，越無公義，無公義的國家，是五流的。

4/28 ・國民無公義的腦筋，表示教育的失敗。我們的教育無法教出有公義的國民，實在可憐！

・台灣的教育只能教出功利人、小人、豎仔、西瓜人、價格人，無法教出，人格者、君子、公義人、價值人。失去教育的意義。

・國會的主席如無中立，只為其政黨服務，實在無格。如今早立法院審查「創制複決法草案」，出席委員在九點、九點三十分均未達法定人數。擔任主席的民進黨籍委員葉宜津則偏袒於民進黨，不宣布流會，甚至一再延會時間。親民黨立委沈智慧提議散會，葉不處理，反而宣布「休息」。如此藉主席地位濫用權力，完全不中立，但也無可奈何！

・無善根的人，取得權力和金錢就沒完沒了。

・國民黨時代，總統府國策顧問和資政很少財團人士。民進黨時代，財團人士大量湧入。足見民進黨是黑白金政權。

・民視講的九節目，只有我能說，別人說會罵到自己（台灣廣場）。

・資政即出資的人，如大財團的負責人，大量出資給執政者才當資政。

5/1 ・一、雷達——飛彈，擔任縣長時我處理問題的方式如雷達掃描，再發射飛彈消滅。

二、掃瞄——切片，擔任行政院政務委員，對政治問題解決步驟則透過掃描以切片進行診斷。

三、政治基因——解碼，現在則破解每個人的政治基因。

- 無強力的道德基礎參政的人，玩政治玩久了，不是成政治植物人，便成洪水猛獸。

- 做官不是權力的傲慢，更不是榮華富貴。做官應是典範，是自己呷卡壞，人民呷卡好。如果做官的有上列修為和觀念，天下太平，人類之福。

- 政治血統複雜的人是政治雜種。

5/2 ・吃虧才能得到尊敬。

- 無人性、泯滅人性，均為禽獸不如。

- 為公義、為真理做事，而非看人的臉色做事。

5/6 ・半畝方塘一鑑開，天光雲影共徘徊。問渠哪得清如許，為有源頭活水來。（朱熹詩作）

5/7 ・口水＋鬥性＝執政者的特性。只要有口水和鬥爭的本能，政府均納入團隊。

- 政治是解決問題，不是口水和鬥爭。

- SARS淪為執政者作秀和政治語言的場面，解決和配套在哪裡？

- 權力的傲慢、無公義，比黑道幫派更可怕、更殘酷。

- 權力足以使人忘掉是人，取得權力的人往往跟人不一樣（不像人）。

- 權力既非典範（三不朽、道德、風骨、風格、風範），何必與權力為伍？權力如非典範，是恐怖的。

- 中立的職務如大法官、檢察總長、法務部長、監委、考試委員、中選會委員、公平會委員、中央銀行總裁、理事，不應有政黨色彩，執政黨更不可介入運作，否則這個國家只有腐化，絕無翻身之日。

- 政治語言即說好聽話，解釋不解決，掩飾真實，強辯鬥爭，欺

世騙民。

- 執政者對每一問題，均應具掌控力、解決力和執行力。無法掌控、無法解決、無法執行，只是口水、空轉而已。

- 政治要好很簡單——

　一、責任政治：執政黨負施政成敗之責，在野黨負監督之責。

　二、中立機關應絕對超然、中立，政黨絕不介入，中立機關人員獨立、中立，行使職權不受執政者或政黨干預。

　政治責任分明，加上中立機關中立、超然、獨立，政治自然清明。如果責任不明又無真正中立的中立機構，國家必亂。

- 與價格觀執政的政府為伍，是浪費、空轉、罪責。

5/9
- SARS政治人物表面上很認真，實際上搞鬥爭，批馬英九比防治SARS重要，也希望看北市能處理錯誤，伺機查究責任。鬥爭式的治國，台灣無希望。

5/10
- 諾貝爾獎要好好珍惜，不要什麼都摻一腳，久而久之慢慢貶值。

5/12
- SARS特別預算五百億案：衛生署兩百三十九億、交通部一百零六億、國科會二十億、內政部十五億，教育、文化、退輔會、勞委會、農委會、海巡署、陸委會、環保署、新聞局、財政部等二十七億。我認為濫編、濫用，執政黨趁火打劫，充分為大選，以公的資源作為吸收選票之本錢。在野黨也為了選票贊同執政黨五百億特別預算，太不負責。

5/14
- 生命與時間應調和，生命才會豐富。權力和金錢是生命和時間無法調和的主因，也即時間和生命錯亂的主要因素。

5/15
- 台灣政府是口水政府，口水橫飛，做事無步。很可惜一年一兆五千億在口水中耗掉。

- SARS越來越嚴重，政府無知，專家無策，人民受殃，國家受創。

- 治國不難，只要統治者無私心，萬民同欽。

- 政治人物大多私心重，顯然也是豎仔。真正的豎仔是政治人物

居多。

5/16 ・政治人物大多是爲利害而選邊，而非爲公義而選邊。

・具無私的基因和公義的基因，始有資格治國。

・無私的人連説話都不會占人家的便宜。大部分的治國者「私心
＋權力」太恐怖。

5/17 ・從不因當官而對個人有所昇華。

5/19 ・無形力量比有形力量厲害。如人類的疾病，有形的病即看得
到、感受得到的，容易治療，如胃痛、感冒、外傷。無形病最
可怕，即看不到、無法感受到的，如癌症、糖尿病、膽固醇、
高血壓。平時不覺不舒服，待感受到時已太遲了，因此無形病
也是無形殺手，往往成不治之症。

・媒體工作者應是公義的天使，如果媒體工作者不具公義本質，
則成爲另類的工具、殺手。當今媒體工作者很少有公義感、有
新聞道德，大都是混飯吃。權力和金錢均可「使鬼會推磨」，
權力和金錢是媒體人士的最愛，藉新聞自由之名，堂堂正正搜
刮權力和金錢，是人民的悲哀！

・一個人有無道德、公義、人格，端看他的文章和言行。

5/20 ・人比事業好（讚揚林修明）。

・浪費時間比浪費金錢更可怕。

5/21 ・政府的用人，不是財團（財團推薦的人）便是椿腳，只爲選舉
考量，並不爲人民及國家考量。

・數十年珍貴的生命無法活在公義的環境，很不甘心！

・如果人類無道德心和公義感，將比洪水猛獸更可怕。

・大官只向「利」點頭，不向道德、公義點頭。只要對其「有
利」，就是殺人放火犯，他也是對其點頭。當然大官最精明、
精算、唯「利」是圖，只向財團、椿腳、小人、權力低頭，而
對君子、公義、人格者則吃夠夠。

・立法委員不以國家、整體性問政，大多是枝節性、工具性、私
利性爲出發點而問政。因此以枝節、工具、私利來支解國家利

益，支解整體利益。我們的國家就是在這些人不斷地支解而虛耗中破碎掉。

‧破碎的國家很難整合，SARS之亂、之害爲例證。

5/22 ‧主政者只有做與拚的義務，無權解釋和口水。可惜台灣的主政者只能做解釋、拚口水而已。

5/23 ‧人格教育的徹底失敗，造成道德淪落、公義不存、是非不明、無廉恥、無價值觀的社會。治國者內心只有選票和財團，整個政府的運作僅以選票和錢財爲考量，置國家存亡、人民生死於不顧。

在此種心態下，台灣人的品質降低，政治人物更可惡，台灣只有沉淪，很難提升。

‧私心、無智慧、無是非、無國家、無人民、無典範的治國者，如何治國？只靠口水起家的治國者，永難治國。

5/28 ‧不可掛台獨的頭，賣貪汙腐化之肉。

‧陳水扁最可惜！是三級貧戶之子，當上總統竟與大財團掛勾，緊抱財團實不該。

‧權力與財團結合比獨裁還獨裁

‧鄭深池當交通銀行董事長，是阿扁的失策——

一、鄭只是長榮集團的女婿，未當過銀行職務，從民間企業一路成爲國家大銀行的董事長，國民黨五十年不敢用，阿扁敢用。

二、長榮集團與交銀，往來頻繁，用長榮的人當交銀董事長，難令人民信服。

三、長榮是高鐵投資人，交銀竟拿兩千八百億給高鐵，如此大數目竟不避嫌，很難解釋。

‧我們是尊敬典範而不是尊敬權力。在電視看大官顯要在鏡頭上展示權力的傲慢，這是短暫的、炒短線的，一旦權力消失時很快被唾棄、咒罵。

5/29 ‧活在千篇口水、到處說謊的台灣，您的眼睛和耳朵是多餘的，

對盲人和聾人也許適得其所。

- 無私、智慧、實力、能力、公義，擔任公職才有意義，否則只能享受權力的傲慢，一時的風光，是短暫而幼稚的。

- 政治人物由於缺乏倫理道德的修為，又無智慧判別是非善惡，往往站在惡的立場上口水倫理道德，等於自己罵自己，自己都還不知道。

- 所謂多元化社會，係指無原則、無善惡之分、無是非之分的社會，社會必亂。

- 政府正將選戰高手安插到國營事業中擔任操盤手，國家財產成選戰籌碼，國親兩黨在想什麼？

- 俗語說「人不為己天誅地滅」，這句話只能適用於一般人民，倘官職或公職人員，如都「為己」，則貪贓枉法均免負責了。

5/30
- 蕭萬長被扁編入綠營是必然的。阿扁是靠國民黨分裂起家，台北市長、二千年總統均是，明年大選因國親合作，扁如不挖角，自無當選機會，因此民進黨的策略只靠挖牆角才有希望。為何扁不以總統的權位拚出真正政績，來瓦解藍陣營，只想以炒短線挖人牆角呢？因民進黨很少企業管理人才，是靠罵起家，口號政治第一流，口水戰也很少人能匹敵，用口號、口水戰勝藍軍而已。既無斐然政績，當然要挖國民黨牆角才有機會，無知！如此看來，下屆仍是民進黨執政。

5/31
- 台灣功利教育相當成功，但人本教育徹底失敗。台灣教育著重價格觀的教育，但價值觀教育則掛零。

- 政府的團隊不少是豎仔面的。

- 靠挖人牆角始成功的是小人。

- 無利害自有新鮮，無利害自有溫暖

6/1
- 財團是用錢做人而不是以人做人，有人的價值嗎？

- 李登輝說「阿扁是豎仔」、「會選舉不會治國」。

6/2
- 要用解決問題的幹才，不用解釋問題的豎仔。

6/4
- 功利社會現象——

一、説官話、説錢話，不説人話。

二、「用官」做人，「用錢」做人，不是「用人」做人。

· 治國至少應具條件：一、典範，二、智慧，三、做事能力。

6/5 · 無典範的價值觀，任何大官顯要均不值得尊重。

6/9 · 簡單、清潔、樸素，是我最愛。

· 有的人喜歡權力和金錢，有的人喜歡典範和公義。但權力和金錢為害人類最大，且是一時的。典範和公義是人類文明歷史的維護，是永恆的。

6/11 · 口水戲及文字戲是空轉的主因。

· 披著權力的外衣，滿腹私心、私想、私慾，政治人物大多如此。

· 無人本條件的智庫和競爭力是假的，是負面的。

· 我一生最痛恨公職人員利用權力賺錢（包括營私舞弊、貪贓枉法、害人害國），是不公義的。

6/12 · 無恥的人，自無榮譽感。無恥的人，自無人格觀。

· 台灣的政壇已被無恥之徒攻占，因此無典範、人格、榮譽之聲。

· 有的人熱愛忠良，有的人熱愛奸惡。有的人看到忠良會爽，有的人看到奸惡會爽。

· 政治人物大都為無恥之徒，他們的罪惡是高明、是人性墮落的演員，是最看不起的無賴。

6/14 · 無是非的人道主義者等於無人道。

6/16 · 看不到正義就如看不到太陽，無公義就是黑暗。在黑暗中生活，就如在黑牢內生活。

6/17 · 無公義就無白天，就無光明磊落、無透明化，只有黑箱作業、黑暗操作、偷偷摸摸，無公義的社會、無公義的政府。

· 執政黨無能、無恥，在野黨無知、無賴，這個國家只好落入無恥、無能、無知、無賴的人之手，人民何其辜！

· 權謀是一時的，禍害是無窮的，權謀者應三思。

- 有實力就不需權謀。
- 權力和金錢是專橫之源。

6/20
- 無廉恥就無是非、無真偽，什麼事都做得出來。民進黨政府是無廉恥的政府，無廉恥才敢硬拗。

6/21
- 軍隊不只無法國家化，還比國民黨時變本加厲，全面綠化、腐化，將來與敵人打戰如何打下去，為誰而戰呢？
  由於無法國家化，將領政客化，而失去軍魂，黃埔精神不存，軍人成為選舉和鬥爭的工具，領導者應負全責。
- 不只軍隊綠化、腐化，連警察也綠化、腐化。警察、軍隊均不中立，成為黨派和個人所有，連國家都不像，還高談什麼民主、人權呢？

6/24
- 在台灣只要喊台獨或本土、愛台灣的口號，你就可公然貪汙、利益輸送、濫用公的資源，不需道德、公義。
  而我認為無道德和公義的社會，什麼台獨，什麼本土，什麼愛台灣，均為假的。只是以台獨、本土、愛台灣為口號，掩護其貪贓枉法、謀財害命、貪汙腐化而已，是最不台獨，最不本土，最不愛台灣的敗類。
  真正台獨、本土、愛台灣的，必是有祖先的倫理道德，最有公平正義的精神，才是真正台灣人的精神，否則都是假的、騙人的，是台灣人的悲哀！
- 人格：人應只有人格無他格。官格：只有官格而無人格。錢格：只有錢格而無人格。
- 賣台：只有執政者才有權賣台，在野無權，誰要買呢？高明見是在野無權，非賣台主體，執政者才是賣台的當事人。非執政者自非當事人，非當事人之行為，有法律上國際法上之效力嗎？也即當事人不適格。
- 民進黨主張台獨，只是騙選票而已，根本無膽宣布台灣獨立。國親兩黨應表態支持台獨，並限阿扁六個月內宣布台灣獨立。民進黨或阿扁如不敢在期限宣布台灣獨立，表示他們以前所說

的台獨是假的、騙選票，以後無資格談台獨。

6/25 ・依法行政是公務人員的基本常識。游內閣及許志雄竟不依法行政，而以行政命令辦諮詢公投，如此無法治觀念的行政院，怎能實行法治政治和民主政治呢？

・新政府的政務官無政策性觀念，大都說枝節性的雞毛蒜皮事，難怪無整體政策。政策是原則問題，政務官是釐訂掌握政策、推動政策，並非在事務性枝節問題。

・政治人物對政治問題的敏感度、反應度、真相度、解決度，均應充分掌握。

・無廉恥就死不認錯，就永不反省，不反省的人是最可怕的（北市三線二警官酒醉開車肇事還開溜，是無恥又不反省。警官如此人民怎麼辦）。

・認錯是美德。

・喜與認錯的人結交為友。

6/26 ・台灣政府所頒勳章、獎狀，大多是酬庸性的，真正對國家社會有貢獻的不多，大都是與政府首長有利害關係，或利益輸送者。因此台灣政府的獎狀、勳章沒有什麼意義。

6/27 ・阿扁在非核家園會議上宣布核四公投，理由是公投是人民的基本權利。既是人民的權利，依中央法規標準法第五條規定，關於人民的權利、義務應以法律定之，在無法律規定之下，以行政命令舉辦公投是不合法的。既認公投為人民基本權利，應制定「公投法」，在未制公投法前，貿然以行政命令辦公投，以後什麼都可不需以法律定之，而行政命令訂之則可，如此中央法規標準法是假的，不必遵守。

・人格比權力重要，權力是一時的，三、五年的事。人格是永恆的，是典範的。現在的政治人物大多是有權力而無人格的。

・交通罰單只要交立法委員處理，交通裁罰單位就免罰立委有此特權，是不可思議的。倘全國人民的罰單均交立委處理，而全部免罰，交通違規免設了！民主國家竟有如此公然的特權存

在，真是怪事。

6/28 ・昨天黃輝珍接任新聞局長，這位過去唯二經歷的國民黨黨報中央日報社長及國民黨發言人，只為國民黨宣傳批判民進黨，如今國民黨倒後，又進入民進黨權貴，令人羨慕。

・台灣人格教育徹底失敗，功利教育相當成功。

・無廉恥就無人格，無原則就無是非。

・人格就是生命，無人格就無生命。

7/1 ・典範、德範、楷模、道範、母儀、風範，只出現於死人的輓聯（額），成死人專用榮典。其實現在活人竟很少具典範、德範、道範、楷模、母儀、風範的內涵。

・英國歷史學家阿克頓（Lord Acton）於其著名小說《權力的滋味》中的名言——「權力使人腐化，絕對的權力使人絕對腐化」。

・台灣如果大家均自私自利、黨私黨利，則不必設校辦教育了。如果大家都自私自利、黨私黨利，表示台灣的教育徹底失敗。

7/2 ・過去在野黨或黨外時代，以解嚴、開放黨禁、國會全面改選、開放報禁為「罵本」。現在已解決，罵本就沒有。後來以台獨意識形態、本土化為罵本，現在國親不反對台獨，支持統獨公投，使民進黨的罵本也消失了。以後民進黨要再找其他的罵本，否則就破功了。

・人格的矛盾，最易折磨生命。

・私心重的言行，不值得一瞧。過去專制者低調而少作秀，現在民主是高調作秀，天天看獨裁者及其家人的秀（鏡頭），以權力作秀比獨裁政治更甚。故口口聲聲喊民主，然其言行則是典型的獨裁者。

7/3 ・現在該是「人生重建」的時候——

　　一、生命重建、生理和心理的重建和年輕化，身心健康第一。
　　　　須從飲食、運動、保養，重新做起。

　　二、生活重建

（一）生活單純化：不應酬、不與不喜歡（無倫理道德、無公義、無廉恥……）的人見面。

（二）飲食簡單、自然、淡然，不要山珍海味，是為健康而不是好吃。

（三）重睡眠，早睡早起。

（四）多接近大自然、鄉村、旅遊。

（五）公事放下，過自然、自由自在的人生。

（六）繼續慢跑和運動。

（七）生活精緻。

三、精神重建

（一）重典範，始終如一。

（二）立論著書：語錄、回憶錄、言行論。

（三）重價值觀

四、時間重建

（一）休閒時間增多。

（二）睡眠多、午睡。

（三）訪親朋好友時間。

（四）家庭相聚時間多。

（五）不受控制時間多。

（六）看意義的書籍

‧我不入黨的原因──

一、台灣的政黨是黨的利益高於一切，高於國家利益、高於全民利益，與黑道、幫派無異，非政治學上的政黨，加入如同加入幫派。

二、台灣的政黨無公義只有黨利、黨私，即只有利害，無是非的幫派而已。無公義的組織如同土匪、強盜，是犯罪集團公然堂堂正正的犯罪組織。

三、政黨之名，幫派之實。幫派的惡鬥、分贓，不值得混。

四、無國家、無人民、無公義的組織是幫派而非政黨，是幫派

政治而非政黨政治。

7/4 ・這個社會已無廉恥兩個字。政治人物從不敢說廉恥，媒體也不
敢說廉恥，社會上也無廉恥可言。因為大家無廉恥，自然不敢
說廉恥，自己無廉恥更不敢說廉恥。廉恥既已消失，與畜牲、
禽獸何異？無廉恥只有厚臉皮、只有豎仔步、硬拗步而已。無
廉恥的價值觀，非人類也。

・我永遠站在公義這邊，既不同流合污也不狼狽為奸，更不營私
舞弊，不招群結黨。

・大部分政治人物、官員，取得權力後開始腐化，因取得權力後
就想得好處，被拍馬屁、榮華富貴、享嚐權力的滋味、賺錢、
搞關係……這些均為腐化之因。
其實取得權力後應做好典範，好好經營國家，用心造福人民，
提升人民品質，創造歷史的奇蹟、維護人性、倫理道德，使人
類永續存在，應有此使命感和責任心。

・無廉恥的人，自無骨氣，自無風骨可言。

・台灣讀書人寧為權勢說話，而不為公義說話，寧為權勢撐腰而
放棄公義，讀書人自甘墮落到這種地步，台灣還有什麼希望？

7/5 ・說是非不說利害必忠，說利害不說是非必奸。

・有權力無典範實在可惜。

7/7 ・「整碗捧論」是「權力是他家的」的觀念和證據，也即「權力
私有化」的封建思想。

・無靈性的人是為個人的利害而活，有靈性的人是為是非而活。

・台灣的政黨就是幫派，入黨如入幫派。

・敢拗的提去吃。

・誰拿錢誰負責。

7/8 ・只有台灣獨立，但無司法獨立、軍隊中立、監察獨立、學術獨
立、警察中立、選務獨立。
如要爭取台灣獨立，更應爭取司法獨立、軍隊中立、選務獨
立、學術獨立、監察獨立和警察中立。

- 司法、軍隊、警察不獨立不中立，將成爲幫派爭權奪利的工具。
- 一位無私心的領導者至少應維護司法、軍隊、學術獨立，如有監察權也應維護監察獨立，當然警察的中立也很重要。絕不可破壞司法獨立、軍隊中立（國家化）、學術獨立、監察獨立、警察中立、選務獨立。
- 政黨輪替後法院仍然是執政者開的，軍隊還是黨軍，警察、監察還是執政者的工具，則輪替後的政黨與威權時代的專制政黨有何差異。
- 有私心不可能做好事，也不可能書讀好，也即私心的人做不了什麼好事，書也不會讀好，是空轉、是浪費心力、虛耗時光。
- 權力容易取得，典範不易做到。
- 立法院「豎仔的話」太多，不是「豎仔話」便是「牽拖話」，非常無水準，永遠是空轉。

7/9
- 官場炒短線、錢財炒短線，連親情也炒短線。
- 政策如能執行徹底，必須如推土機或收割機的操作清潔溜溜，如此才有績效。
- 膚淺的領導者只是表面作秀和浮面的動作，至多是技術面的處理，無原則性、根本性、治本性、整體性的解決和策略。
- 與膚淺的人對話浪費時間。

7/10
- 不知害羞（不知廉恥）和厚臉皮是人性消失的主因，也是人類墮落之癌細胞。救社會、救人類，應提倡知廉恥和不厚臉皮運動。
- 無實力的地位如穿不合身的衣服（如瘦人穿高大的西服），很難看。政府不可將公器濫用給樁腳，如政府顧問酬庸給三教九流的樁腳。

7/11
- 做官容易，立典範難。

7/12
- 權力非維護公平正義即邪惡，有權力的人違反公義是罪惡。

7/13
- 先進民主國家的政治人物，均有國家意識和爲公服務的共識。

台灣的政治人物絕大多數是自私自利，權力是他家的，公家資源也是他家的。

7/16 ・台灣人太功利，人與人之間只有利害，無是非公義。利害的人是無理性，容易暴躁衝突。加上台灣氣候炎熱，火上加油，無法如歐洲人祥和有禮的環境，自然無和諧的社會。

・民主有兩種——

一、是為國家、為人民、為子孫歷史的民主，如歐洲、美國、加拿大屬之。

二、只為個人利益或政黨利益、自私自利的民主，台灣屬之。名為民主，其實有「為公」和「為私」兩種民主，為私的民主比獨裁專制更可惡。唯有為公的民主，才是真正的民主。

・人類真正無私、有智慧、有公義心的人不多。人類的文明和存在，是靠這一批人的用心計較才有今日。大部分雖是人類，但其行為和心思與其他動物無異。

・回歸自然才能永恆，才能長壽。

・不求名利自無壓力，才能自由自在。

7/18 ・我的固執是堅持有邏輯的生活，而排斥矛盾的生活。

・心神上的健康隨時可控制，至於肉體上的健康只好聽天由命。

7/19 ・電視一打開，看到那些政客、學客拗來拗去的鏡頭，真是毛骨悚然，太恐怖、太慘不忍睹了，因此視開電視為畏途。

7/21 ・有良知的人，才有智慧，無良知的人沒有智慧，只有聰明而已。

・壓力有正面也有負面的，如果是正面的壓力越大越好，如果是負面就不要壓力。如同花錢，如果是讀書，投資，均有正面結果，花錢是有代價的。如果花錢是花天酒地、賭博、吸毒、吃喝玩樂，那是負面的，就不該花這些負面的錢。

・雙面刀鬼或西瓜人是奸臣才能做到。忠臣絕不會是雙面刀鬼，也不當西瓜人。西瓜人必奸，雙面刀鬼更奸。

7/22 ・享有與付出必須平衡、對等，如享有比付出多，是不公平，是鴨霸。

・私心、傲慢、腐化才有朝野對立。無私、謙卑、淨化，什麼銅牆鐵壁都阻不了朝野的和諧團結，亦即無對抗的誘因。

・鋒頭大家搶，責任無人扛，台灣有希望嗎？

7/23 ・智慧比名利重要，擁有名利而無智慧是空殼的。

・私心重的施政均為虛偽的、假的、形式上的騙人，連數字都是偽編的，不可相信。

・自私的人死不認錯。

・與私心重的人說道理比與虎謀皮更難。

・無私的人，才有瀟灑的風格和人生。

・有無私、有智慧、有公義、有道德基因的人，才能治理國家。可惜現代是相反的人主政。

・新政府是「紙上談兵」的政府，只有文字和數字的遊戲，紙上政治、口號政治、口水政治紛紛出籠，這是游內閣的特色。

・學問、真理均敵不過利害因素。碰到利害，什麼學問、什麼真理均破功。包括讀書人也以利害為先，寧放棄學問、放棄真理而明哲保身，甚至謀取自身利益以切身為重。

・有紅頂學人，也有流氓學人。

・在幫派政治的架構下，踐踏無數學人，然學人也寧願為幫主效勞、效忠而不知恥，悲哉！

・政治人物和政黨在私心作祟下只有爭辯、強辯、硬拗、口水、口號，永無共識，永無結論，是永久鬧場、耗損、空轉國家資源。

7/24 ・多元化、多元人格、多元神經（精神分裂）。

・在台灣官越大謊話越宏亮、越自然。

・權力足以說「宏亮的謊話」，有權力的背書，謊話自成真話。

7/25 ・我只有公義、中立的細胞，因此喜做公義、中立的事。如碰到不公義、不中立的事，就如染SARS的痛苦。很可惜這個世間

只要有利，寧做不公義、不中立的事為榮的人不少。

7/27
- 私心重的人主政，其魔掌定伸入軍隊、司法、警察，使軍隊、司法、警察，成為統治者的工具，這就是典型的獨裁專制。惜這些政客天天喊民主、喊人權，以欺騙世人，而達永續統治。

- 無法使軍隊國家化、司法（包括情治）獨立化、警察中立化的統治者，是私心嚴重的人，是獨裁者、是專制者、是人民的公敵、是子孫的罪人。人人應起而誅之、除之。

- 軍隊、司法、警察黨派化、統治者化，則軍隊無法國家化，司法無法獨立，警察無法中立，是典型的專制獨裁，絕非民主國家也。

- 一位無私的統治者，這個國家的軍隊絕對國家化、司法絕對獨立、警察絕對中立。司法是否獨立、警察是否中立、軍隊是否國家化，介於統治者的有無私心。

- 有私心就有野心，有野心就什麼事都做得出來，有野心就沒完沒了。

- 明年總統選舉：兩博士輸一豎士（註：按李登輝曾說阿扁是豎仔）。

- 長期在幫派壟斷、幫派操控、幫派惡鬥、幫派分贓、幫派高壓下，國家和人民成了祭品，何等不幸（幫派即台灣所謂的政黨）！

- 看到那些政客的嘴臉，非常恐怖。

- 一個國家如無被尊敬、尊重的文化，則將造成反淘汰的後果。

7/28
- 自然生態的破壞和倫理道德的消失，是台灣人的大災難。

7/30
- 執政黨或執政者只有解決問題的責任，無解釋問題的權利。在野黨批評政府，執政黨應把批評問題處理解決，非口水戰的解釋。

- 權力在功利社會是春藥也是毒藥（鴉片）。權力如果是展示典範的舞台，就是補藥，否則是毒藥。

- 有智慧的人，才有公義，無公義的人，就無智慧。

- 國家只不過是政黨（幫派）和政客操弄人民的籌碼而已，因此黨派是尚黑的。

- 價值觀即是非觀，「是」才有價值，「非」縱是金錢萬貫、高官顯要，亦非價值。

- 面對政黨利害時，什麼法也沒用。法案或政策開始均說得很宏亮，面對黨利害時，法案或政策就有不同解讀、硬拗、爭論不休。

- 國民黨執政時對不當施政，我總站在公義的立場，強烈批判和反對，民進黨執政也然。

- 無公義的工作是不快樂的，但不少人寧願當官，做不公義的不快樂工作。

- 無廉恥就無反省能力，無廉恥才會硬拗，無反省和硬拗的基因是無廉恥。

- 人本非人權也。人本是做人的基本條件，是做人做事的修為，是義務。人權是人的尊嚴，平等、自由。權益，是權利。人本教育基金會，以人本之名行人權之實。

7/31
- 記得縣長卸任後回到彰化時，縣民說：「別的縣長是在任時很紅，而黃縣長是卸任後開始紅。」這句話我永遠記在心，是縣民真正的心聲。

8/1
- 無靈魂的神祇牌有何用？要有典範的神祇牌才有作用。空殼的神祇牌是多餘的

- 六十歲以上，是健康長壽的競爭力，而不是金錢財物的競爭力。

8/5
- 台聯開除蘇盈貴，顯示台聯也是以劣幣驅良幣的組織，是台聯一大損失。蘇盈貴立委問政風格堅持公義、是非分明、不妥協、大義滅親，台灣政界稀有動物也。此種人不受政黨歡迎，證明我說的台灣政黨位階是幫派而已，非政治學上的政黨。

- 各宗教的教義應是「無私」，宗教家更以無私的修為為表率。無私才無野心，無野心就不會衝突，無衝突才有和平（和

諧）。

　無私的人一切以天理、道理而爲，講天理、道理的人才有倫理，才有道德。無私的人，才有智慧辨別是非，才有公義。

　因此無私是善之源，私心是惡之源。

・典範＋使命感＝政治家。

・公義與利害競合時，以公義爲優先，利害求其次。

8/6　・任何不公義的措施均係一時的、暫時的，很快就出事，如政策性賄選。

　・學者政治化、政黨化，我最看不起的。學者應理想化、公義化、中立化，否則非學人也。

　・我對現實、勢力眼、投機分子、西瓜人最看不起，也不屑與這些人見面，以免受傷和浪費時間生命。

8/7　・李進勇有關發頭目五千元的支票，花蓮地檢接受檢舉，傳喚李進勇時，李竟說「要去潛水活動，不屑與他們玩」。此種學法律不尊重法的傲慢，是非執政者的行爲。

8/8　・有些人喜在利害中生存，有些人只在公義中生存。

8/12　・我不靠黨派也不靠幫派，我不站在黨派利益的立場，我只靠國家和全民，因此我永遠站在國家和人民的立場，站在國家和站在黨派立場自然不同。

　大多站在黨派和個人利害而說話的人，很少站在國家、全民利益說話。

　・李鴻章說：「洋人論勢不論理。」

　・教育、體育、文化，黨派均不能介入，否則教育注定失敗。體育不可能發展，文化也將遭受破壞。

　可惜台灣的政黨和政治野心家往往將教育、體育、文化當爲政黨的工具，破壞國家體制。

8/13　・什麼綠化、什麼扁化，是不正當性的。政客、野心家以綠化、扁化，破壞軍隊國家化、破壞司法獨立和警察的中立，是不道德的。

然軍人只有效忠國家和人民，而非效忠政黨或政客。司法只有獨立，任何黨派和政客均爲法制下的個體，司法人員應有抗壓的能力，爲國家效勞。警察更應中立，爲國家做事而抗壓政黨或政客的操作。

軍人、司法人員、警察，只有國家、只有人民，目中不應有政黨或政客。唯有爲國家、爲人民效勞工作才能受人尊敬，絕不可爲政黨或個人做事，應拒絕政黨和政客的干預。

- 唯有爲國家、人民工作是公務人員的天職，公務人員應唾棄爲政黨、爲政客個人工作。

- 有權力的人往往不喜倫理道德。

- 道德是權力的剋星，因此權力者討厭道德。

- 官話是一時的，人話是永恆的，鬼話是假的。因此要說人話，而不說官話。

- 權力的傲慢是不道德。權力本是公的，經過私心作祟自然傲慢。

- 只要碰到黨派和執政者的利害，道理是不存在的。

- 幼時做錯事，母親均責罵我「袂見笑」（不要臉）、「厚臉皮」，即無廉恥，是何等嚴重。如今政治人物、大官顯要，信口開河、顛倒是非、倒行逆施、公然硬拗……廉恥兩字已消失，袂見笑、厚臉皮更不在言下。

  人類的無廉恥，還像人嗎？與禽獸無異。孟子說：「無羞惡之心非人也。」無廉恥的富有社會，是人的社會嗎？

8/14
- 第一流的國家，權力與道德成正比例。很可惜在功利社會之下，權力與道德成反比例，人民不幸、國家也不幸。

- 統治階層天天不是招降納叛，便是到處拔樁、宴客，不是與財團利益輸送，便是爲選票與黑道掛勾，不是濫開支票便是政策買票，這些都是小人行爲，非君子也，也是小人治國。

8/15
- 加入黨派的人，很少主張公義，因有公義就無黨利。

8/16
- 爲對方爭權益就是爲自己爭權益。

- 台灣參與政治的人很少有國家意識、全民意識，也無智慧、無學問、無責任感，更無歷史使命感，對未來子孫的永續均無關心。因此很難找到對話的對象。
- 台灣政治精英的第一次消失，是二二八。第二次的消失，是黑金時代政商勾結下，政治家在財團操控下消失。
  現在朝野或民間要找到無私、有智慧、有道德、有公義素養、有責任感、有使命感、有宏觀、有歷史觀的政治家很難。因此台灣只有價格治國，無價值治國的環境與條件。
- 權力（官位）應是爲人類、爲國家、爲公義而存在的。權力（官位）如不爲人類、不爲國家、不爲公義，那是邪惡的。

8/17
- 台灣社會之亂、政治之亂，在於台灣人只有利害而無是非，因爲只有利害，社會無智慧、無道德更無公義可言，《孟子》說：「無是非之心非人也。」很對，我說：「只有利害之心，亦非人也。」
  有利害之心自無是非、無公義、更無道德。只有利害的社會，自無公義和道德。

8/18
- 價值取向：智慧、是非、公義、理想、人格、歷史、道德。
  價格取向：聰明、利害、功利、現實、無人格、炒短、缺德。
- 台灣的民主是騙全世界、騙人民的。兩蔣時代爲了反攻大陸雖勵精圖治，但民主選舉是賄選、行政不中立，黨、政、軍聯合對付黨外候選人，可說賄選加上不公平的選舉，完全在騙美國人。
  李、陳賄選更屬害，更不中立，黑金介入更嚴重，黨政照樣介入，不遜於兩蔣。這種賄選與不公平、騙人的選舉文化，主導了台灣五十年的政治。
  因此台灣的民主是建立於賄選、官員不中立和騙人的基礎上，執政者不管如何腐敗、如何墮落、如何毀滅，只要能執政，什麼都可以，才造成三教九流、黑金主宰台灣的政治。
  因此台灣的民主是建構於賄選、不中立、和騙人的架構上，這

種民粹，政治人物品質惡劣的情形下，並在賄選、不中立、騙選票的堅實文化下，台灣的政治無法挽救。除非有道德、有公義、無私的人揭竿而起，也即革命，否則台灣是無救的。這種騙人的民主，只有繼續腐化、墮落、惡化。

8/19 ・台灣的政治出在是「有黨無國」的民主、是「無是非觀念」的民主、「無道德」的民主、「無公義」的民主、「無法無天」的民主。這種民主對國家、人民、子孫，將造成反淘汰。

8/20 ・無公義智慧的人主政，永遠走不出「自私自利」的死胡同。因此他的施政只有黨利和私利而已，然很奇怪無國利和民利可言。

・不會做事的，才會專門說別人的壞話，會做事的，只會檢討自己，不會說人家的壞話。因為說人家壞話，可模糊自己沒有做或不做事的焦點，也可提高以為自己很不錯的現象。
這個社會以「不做事為職業」的人倒不少，然很奇怪，這些人在社會上很吃得開。

8/21 ・賄選的民主與獨裁專制，孰好孰壞？我的看法：賄選的民主並不比獨裁專制好多少，甚至更壞。

・用錢買官的民主，比古代紅包買官更惡劣。賄選有兩種——
一、為以金錢買選票。
二、為執政者以政策性賄選或以公的資源（行政資源）賄選。
後者比前者惡劣，應繩之於重罪。賄選不是民主，而是錢主。

8/22 ・無品德與禽獸無異，即非人類也。

8/24 ・健康之食，淡如水。

8/25 ・傲慢為失敗之母。

・言行意識神經不分裂，言行才能一致。很可惜台灣人患不需住院的言行意識神經分裂症，相當嚴重，造成言行不必一致的無責任社會。

・有智慧的人才能為人類、為國家、為全民、為整體和是非設想。聰明的人只為自己、利害設想。

8/26 ・要説無私的話，要説有智慧的話，要説有道德的話，要説有倫理的話，要説有眞實的話，要説有責任的話，要説有歷史觀的話，要説有典範的話，要説有格調的話，要説有可行的話。

・公眾人物一定要「無私心」。私心是一切邪惡之源，私心不會有道德，私心不會有倫理，私心不會有人格。

・無私自無障，自私自有障。障是自己構築的。

8/27 ・權力如果是傲慢，權力如果是吃人，權力如果是特權，權力如果是私利，權力如果被拍馬屁……則權力是最髒的壞東西。

・無公義的浪費生命很不值得。

8/29 ・不會檢討自己的人，活在世間是多餘的。

8/30 ・無私才有慈悲心、才有智慧，無私才有禪的境界。無私自然無欲、無非分之念、無雜念，才能安靜、穩定，這就是禪。

・名、利、權、位、勢如以人爲力爭來的，必是惡名、惡利、惡權、惡位、惡勢力的。

・實力勝過權威。權威是吃名聲的，有時是紙老虎，唯有實力才值得肯定的。權威並非樣樣都權威，如非其專業的權威，就不能算權威了。可惜台灣一旦有權威，就成萬能權威，如此誤導，台灣才會這樣亂。

8/31 ・佛道、佛法、佛理固爲名家至理，唯貴在實踐、執行，貴在「做」。爲何無法做，連有些出家人都難做，原因何在？私心在作祟，有私心，什麼事都無法做好。
唯有無私才能實踐、才能執行，才能做。
因此台灣人的心應好好滌洗、消毒、整理，把髒的、有雜質的、有病的、功利的、自私的除去。

・無私是禪修最高的境界。

・角度比方向重要。

9/1 ・無我與無私：我認爲無私才正確。無私從言行中表露無遺，是很具體的，不抽象的。因爲無私是具體的行爲，對人、對社會、對國家，隨時表現無私的反應，人民均能有明確的感受。

至於無我，覺得太抽象。無我似不存在、消失了，還能反應什麼？如果當爲無我的精神、觀念，爲人類、社會、國家奉獻，也無可厚非，唯也需透過無私的行爲，才能有無我的地步。因此我認爲「有我的無私」較具體實際，才能達到無我的精神。其實心最重要，無私心才能自然、平淡、超然、客觀。

9/3
- 私心是問題之源。
- 首長喜頒獎、剪綵、照相、書面言詞宣傳，這些均爲空的、假的、不實、騙人的。這款統治方式，國家不向下沉淪才怪。
- 台灣很快會被不懂又幼稚的政治人物玩完了。

9/5
- 什麼叫著犧牲奉獻？就是自己呷卡壞的，讓人民呷卡好的。如果自己呷卡好，讓人民呷卡壞，那就是「榮華富貴」，而不是奉獻犧牲。
- 利誘政治：台鐵罷工，交通部要他們中秋節不罷工的人發一萬元，此種利誘政治，破壞罷工權，無法解決勞工根本問題的作法是最政客的行爲，是逆向操作。
- 權威不是官位多大的問題，而是在於自己是不是有奉獻犧牲，也即自己呷卡壞的才有權威，如果自己榮華富貴呷卡好，人民呷卡壞，自然不會有權威的。

9/8
- 生命只有一次。如果在一生中無法當君子、無公義心，誠枉費一生。尤其願當小人，違背公義，自以爲傲者，更浪費生命。
- 無私，任何人就無法對付你，也無從對付你。因此「無私就無敵人」，聖嚴說：「慈悲無敵人，智慧無煩惱。」我說：「無私無敵人，也無煩惱。」

9/9
- 台灣有政客、學客，還有文客。有紅頂商人，也有紅頂學人，還有紅頂文人。文人政治化是最可怕的，文人（文化界、作家、藝術家）喜愛權位、官位或喜與高官攀關係，無是非心、善惡感，這種人不像文人。
- 參與公事、社會事，須具無私和公義。
- 做生意做到神的頭上去。

9/12 ・取得權力的人一定要謙卑，否則天下等於他家的，太可怕。

9/14 ・多元化出了雙面多鬼、多面刀鬼。

・教育的獨立比司法獨立更重要，這是縣長時代的看法。學術的獨立，不受政黨政治人物的干預、影響、介入最重要。教育人員應拒絕政治介入學校。

9/15 ・文人、老師屈就於權力之下，是悲哀！

9/18 ・有靈性的人，才有公義。有公義的人，往生後才有靈魂。

9/19 ・領導者應說典範的話，說有學問的話。台灣的領導階層，大部分不是說五四三的話，便是選舉語言沒品。

・民進黨是以暴發戶的心態執政。

9/21 ・現代的年輕人認為騙人、欺人、害人是正常習慣，對我而言，認為是大逆不道，好像我是受了錯誤的教育而他們好像是正常教育。

・無倫理道德的民主，無倫理道德的多元化，是台灣的致命。

・多元化是複雜化、無原則化、無是非化、亂源化。

・功利取向的社會，人與人之間感情疏離、親情漸失，無感情、無親情的人自不會有愛心、博愛、慈悲、惻隱之心。

・人本社會以人為中心才有感情、親情，才有愛心，才有博愛，才有慈悲，才有惻隱之心。

9/22 ・南非白人統治時代較專制，但基礎建設好、治安好、生活環境好。現在民主時代由黑人統治，建設落後、治安惡化、生活環境差。這種情形，很明顯可比較出民主好或專制好。

・民主的腐化比獨裁的腐敗更甚。民主的腐敗是多數腐敗，獨裁的腐敗是單一或少數的腐敗。

・台灣人近年來競相追求無靈性的享受和權威，是無知、幼稚、無靈性的享受，是虛度生命、浪費生命。

9/23 ・以行政命令治國就是人治，而非法治國家。以行政命令舉行公投就是人治，而非民主國家也。無法律依據的開銷是不合法的，公投要化數億人民血汗錢是違法的，人民應向主政者追

償。

9/24 ・戰後日本人的誠信慢慢地崩解，因此現在的日本人不如前。

・政治如果介入利害，則官不官、民不民。民與官、官與民只有私人的利害，而無公義，無公義的國家，國難強。如日本的金權政治不但國家無方向，人民的品質降低，大大不如前，也許會與非洲黑人拉平。

9/27 ・政治人物如不爲國家或全民利益發言，而只爲自己和黨的利益發言，是政治垃圾。

9/28 ・政治人物大多是獨裁嘴、豎仔嘴、鴨霸嘴，根本無民主和人權的味道，執政者雖喊民主和人權，但很不像。

9/29 ・三級貧戶之子，可能將台灣統治成爲三級貧戶的國家。

・在兩岸不戰爭之下，台灣人多數主張台灣獨立。

9/30 ・要有人格的學問，如廖義男是有人格的博士。

10/1 ・權力的傲慢自無解決問題的意願和能力。

10/2 ・主政者只拆樁腳而不拆國事。

・不是錢不夠用，而是時間不夠用（生命不夠用）。

10/3 ・世上如無公義，你活著有什麼趣味？不管你有多大權勢，有多大財勢。其實權勢和財勢是用來維護公義的，不是破壞公義的。

10/5 ・低姿態易成事，高姿態難成事。

10/6 ・心肝好的人，始能做事解決問題。心肝不好的人，縱學問好、經驗多，也不想解決問題。

・要作秀不如去動物園當猴子。

國家圖書館出版品預行編目資料

黃石城看台灣／黃石城著. -- 二版. -- 臺北市：
商周出版：家庭傳媒城邦分公司發行, 民99.12
（PEOPLE；10）

ISBN 978-986-120-531-1（平裝）

573.07　　　　　　　　　　　　99025851

PEOPLE 11

黃石城看台灣—— 無私見證台灣五十年手記

作　　　　者／黃石城
責 任 編 輯／周怡君

版　　　　權／黃淑敏、翁靜如、葉立芳
行 銷 業 務／林彥伶
發 行 業 務／林詩富
副 總 編 輯／何宜珍
總 經 理／彭之琬
發 行 人／何飛鵬
法 律 顧 問／台英國際商務法律事務所　羅明通律師
出　　　　版／商周出版
　　　　　　　臺北市中山區民生東路二段141號9樓
　　　　　　　電話：(02) 2500-7008　傳眞：(02) 2500-7759
　　　　　　　E-mail：bwp.service@cite.com.tw
發　　　　行／英屬蓋曼群島商家庭傳媒股份有限公司城邦分公司
　　　　　　　臺北市中山區民生東路二段141號11樓
　　　　　　　讀者服務專線：0800-020-299　24小時傳眞服務：(02)2517-0999
　　　　　　　讀者服務信箱E-mail：cs@cite.com.tw
劃 撥 帳 號／19833503　戶名：英屬蓋曼群島商家庭傳媒股份有限公司城邦分公司
訂 購 服 務／書虫股份有限公司　客服專線：(02)2500-7718；2500-7719
　　　　　　　服務時間：週一至週五上午09:30-12:00；下午13:30-17:00
　　　　　　　24小時傳眞專線：(02)2500-1990；2500-1991
　　　　　　　劃撥帳號：19863813　戶名：書虫股份有限公司
　　　　　　　E-mail：service@readingclub.com.tw
香港發行所／城邦（香港）出版集團有限公司
　　　　　　　香港灣仔駱克道193號東超商業中心1樓
　　　　　　　電話：(852) 2508 6231　傳眞：(852) 2578 9337
馬新發行所／城邦（馬新）出版集團
　　　　　　　Cité (M) Sdn. Bhd. (458372U)
　　　　　　　11, Jalan 30D/146, Desa Tasik, Sungai Besi,
　　　　　　　57000 Kuala Lumpur, Malaysia.
　　　　　　　電話：603-90563833　傳眞：603-90562833
商周部落格：http://bwp25007008.pixnet.net/blog
行政院新聞局北市業字第913號

攝　　　　影／Claymens Lee
裝 幀 設 計／張士勇
排　　　　版／浩瀚電腦排版股份有限公司
印　　　　刷／卡樂彩色製版印刷有限公司
總 經 銷／聯合發行股份有限公司 電話：(02)2917-8022 傳眞：(02)2915-6275

■ 2010 年（民99）12 月 25 日初版　　　　　　　　Printed in Taiwan

定價／900元（共一、二、三卷，三卷不分售）

城邦讀書花園
www.cite.com.tw